AI 스토리텔링 교육 입문서

명탐정 준의 AI 파란노트

명탐정 준의 AI 파란노트

2023년 9월 21일 초판 1쇄

지은이 | 김진관, 반창모, 신나라, 이병훈, 조민국, 한호석
그린이 | 조현상
감 수 | 여현덕
펴낸이 | 성상기
펴낸곳 | (주)에이블벤처스
신 고 | 2022년 11월30일 제333-2022-000045호
주 소 | 부산광역시 해운대구 센텀동로45 웹스3층
전 화 | 070-4757-0000
팩 스 | 070-4757-0006

ISBN 979-11-984080-0-6 43550

값 20,000원

* ABLE BOOKS 는 (주)에이블벤처스의 임프린트입니다.

AI 스토리텔링 교육 입문서

명탐정 준의 AI 파란노트

AI 히어로들과 어반시티를 구하라

ABLE BOOKS

인공지능의 선구자 마빈 민스키Marvin Minsky MIT 교수는 AI를 '생각하는 기계'로 정의하면서도 "아무런 감정이 없이 지능을 보유할 수 있냐"고 반문하면서 결국 AI는 '감성 기계'(emotion machine)가 될 것으로 전망했다. 인공지능의 거장 뉴욕대 얀 르쿤Yann LeCun 역시 동일한 맥락에서 "감정은 지능의 일부"(Emotion Is Part of Intelligence)로 해석하며, "감정 없이 지능을 갖기란 불가능하다"고 강조한다. 한편, 본 감수자가 'AIST(AI Storytelling 인공지능 스토리텔링) 학습법'을 고안해낸 것은 MIT의 패트릭 윈스턴Patrick Winston 교수의 '지각 있는 기계(AI)로서의 스토리텔링'을 강조한 이유(감성이 없는 인지 기능의 한계를 지적함)에 더하여 인공지능 알고리즘은 고도로 추상화된 공식이라 인간의 뇌리에 자리 잡기 어렵다는 점과 더욱이 어린 학생들에게는 학습이 어렵다는 점에 착안하여 접근하기 쉬운 새로운 학습법을 만들고자 한 것이다. 또 수학 공식처럼 알고리즘을 암기하는 것이 아니라 스스로의 상상력과 아이디어에 녹여서 문제해결을 추구하는 AIST 창의학습법을 통하여 올바른 인공지능 학습의 장을 만들고자 함이다.

"지식보다 중요한 것은 상상력이다"라는 아인슈타인의 말처럼, AI만큼 중요한 것은 인공지능과 융합되는 인간의 상상력이다. 컴퓨터를 사용하기 훨씬 전에도 사람들은 빨리 추론하는 방법과 자동 지능을 상상했다. 인공지능은 기본적으로 '사색하지만 느린 인간'을 도와주는 것이다. 다시 말해서 AI의 역할은 빠른 연산, 분류, 그리고 통찰적 분석을 지원해주는 것이다. 따라서 지금까지 AI는 사색을 제외한 나머지 일에서만 투입됐다. 연산이나 속도가 필요한 곳에서, 또 위험한 고공에서 로봇의 모습으로 청소를 수행하면서 존재가 빛났다. 물론 돼지농장에서 24시간 카메라에 부착돼 돼지가 땀을 흘리는지 혹시 깔려 죽지는 않는지 감지하는 일도 한다. 우리는 이를 '좁은 AI(Narrow AI)'로 불렀다. 이제 생성 AI 챗GPT의 등장으로 스토리텔링 능력을 갖춘 '범용 AI(General AI)'가 등장할 거라는 기대가 높아졌다.

여기서 핵심은 두 가지로 요약된다. 하나는 AI와 사람이 융합하는 협업지능(CQ), 또 하나는 인간의 상상력에 AI라는 도구를 어떻게 결합하느냐 하는 것이다. 상상력은 호기심 많은 어린이처럼 순수하고 티 없는 생각에서 싹트기 쉽다. 인공지능은 수학, 뇌과학, 기계공학, 전자공학, 컴퓨터 공학 등 여러 가지 학문에 걸쳐 있어서 알고리즘도 많고 어린이들이 배우기 여간 어려운 것이 아니다. 이런 문제를 해결하기 위하여 본 감수자는 인간의 상상력을 자연스럽게 인공지능과 융합하는 'AI+STL'(인공지능 스토리텔링 학습법)을 설계하게 되었다. 이 학습법을 초중등 방학 캠프에 적용하여 현장감을 더한 뒤, 어린이들을 잘 교육시킬 수 있는 교사와 대학생들에게 가장 쉽고 흥미롭게 인공지능을 가르칠 수 있는 'AIST교육' 방법론을 정립하게 되었다. 이후 수많은 청년 학생, 직장인, 교사들이 참여하여 즐겁게 학습하며 많은 사례를 발굴했다. 수년간 '토요 AI교실(재능기부 교실)'을 운영하면서 많은 인재를 배출했다. 그간 토요 AI교실을 수료한 분들은 세계 곳곳에서 활약 중이다. 이들 중에는 인텔, 네이버, 카이스트, 카카오, 프린스턴대, 존스홉킨스대, 웨슬리대, 컬럼비아대,

예일대 메디칼센터, 메릴랜드 보건부 등 곳곳으로 진출했고, 의료AI, 금융AI 등 그리고 AI분야 창업에 성공 가도를 달리는 분도 있다.

국내에서도 서울교대, 서울시, 대전 교사 모임, 진천 인공지능 교실 등 여러 기관과 단체에 '스토리텔링 AI 교육'을 전파하고, 교사를 양성하였다. 대전 교사 모임은 그중에서 가장 열정적으로 AI+STL(인공지능 스토리텔링 학습법)을 학습하고 확산해 이끌어온 모범그룹이다. 김진관, 반창모, 신나라, 이병훈, 조민국, 한호석 선생님이 바로 그 주인공들이고, 그 결과물로서 『명탐정 준의 AI 파란노트 - AI히어로들과 어반시티를 구하라』는 제목으로 책을 펴내게 되니 매우 기쁘다.

이 책의 줄거리는 이렇다. 어반시티에 살고 있는 12살 소년을 주인공(탐정)으로 등장시켜 어반시티를 파괴하려는 무리와 이 도시를 구하려는 사람들의 이야기를 스토리텔링으로 구성하여 인공지능 해법을 보여주고자 하였다. 20년 전만 하더라도 빈민촌이었던 어반시티는 레논 박사의 아이디어로 최첨단 스마트 AI 시티로 지정되었다. 레논 박사는 일곱 명의 AI 히어로들을 만든 장본인으로 'AI의 아버지'라고 불리는 인물이며, 소년 탐정 준에게 AI 히어로들의 작동 권한을 부여해준다. 소년 탐정 준과 AI 히어로들이 어반시티를 구해내기 위해 펼치는 흥미진진한 드라마를 수사일지 형식으로 엮어낸 이야기다. 이 책을 읽으며 이야기를 따라가다 보면 스토리 속에서 AI씽킹(AI Thinking)에 빠져들고 문제해결의 실마리를 알게 된다. 쉽고 재미있게 몰입하면서 AI의 개념과 원리를 체득하게 된다.

AI+STL(인공지능 스토리텔링 학습법)은 AI를 단순히 도구로 사용하는 알고리즘과 공식을 외우는 방법이 아니라, AI 씽킹을 통하여 문제해결 능력을 키워주는 학습법이다. 즉, 주입식이 아니라 스스로 학습할 수 있도록 동기를 자극하는 감성 학습의 세계로 이끈다. 그저 스토리를 결합한다고 AI+STL(인공지능 스토리텔링 학습법)이 되는 것이 아니라, 감성의 스위치를 자극할 수 있는 정교한 공식에 따르되 흥미로운 사례들을 곁들여 뇌리에 쏙쏙 빠져들어 가는 학습법인 것이다. 이 책을 읽는 모든 사람이 AI씽킹과 CQ(협업지능)을 높일 수 있기를 기대하면서, 다시 아인슈타인을 소환해본다. "컴퓨터는 믿을 수 없이 빠르고, 정확하며, 멍청하다. 사람은 매우 느리고, 부정확하며, 뛰어나다. 둘이 힘을 합치면 상상할 수 없는 힘을 가질 수 있다".

여현덕

KAIST G-School 원장/인공지능 경영자과정 주임교수

저자 소개

대표저자

대전장대초등학교 **김진관**

대전AI교육커뮤니티 AI티처스쿨 대표교사. 미래교육 블로그 『닷커넥터의 지식과 경험의 발자국』을 운영하고 있으며, 대전교육정보원 대전AI교육지원체험센터 파견교사를 역임했다. AIEDAP 마스터 교원, T.O.U.C.H 교사단, 1급 정교사 자격연수 강사, KERIS 지식샘터 교사 연수 강사 등 교육 현장에서 AI와 미래교육 인사이트를 나누고 있다. 소프트웨어교육 발전 및 활성화 부총리 겸 교육부장관상, 신나는 SW / AI 교육 수기공모전 부총리 겸 교육부 장관상을 받았고, 저서로는 AI 입문서 『너도 한번 AI 만들어볼래?』, 대전교육정보원 『창의성 엔진의 시대, 교육 혁신을 위한 AI 챗봇 활용 가이드』, PDF책 『하루 한 입! AI 인사이트 레터』가 있다.

저자

대전오류초등학교 **반창모**

교육부 파견 및 Android APP 개발자. 교육부 국가 정책 분야 원격연수 검토위원과 AI교육/메이커교육 선도학교 컨설팅위원을 역임했다. 한국과학창의재단 SW/AI 전문교원 연수 및 비상교육 원격연수원 강사를 역임하였으며, AI 교육 유공 부총리 겸 교육부 장관상 및 삼성 주니어 SW 창작대회 최우수상 지도교사상을 수상하였다.

대전갑천초등학교 **신나라**

대전교육정보원영재교육원과 대전서부글로벌영재교육원 강사로 미래를 이끌어 갈 정보영재학생들과 만나고 있다. APEC 국제 교육협력원 이러닝 세계화 교사단, 대전교육정보원 연수 강사, 대전광역시교육청 스마트온지원단, AIEDAP 마스터 교원으로 활동 중이다. 전국교육정보화연구대회와 ICT교육연구위원 연구대회 입상 했고, 영재교육 유공 교육부 장관 표창을 받았다.

대전대동초등학교 **이병훈**

대전교육정보원 영재교육원 강사. APEC 국제교육협력원 이러닝 세계화 교사단에서 활동 중이며, EBS 클립뱅크 동영상 검수 위원을 역임했다. 전국교육자료전 1등급 장관상과 초중등이러닝분야 발전 교육부 장관 표창을 받았다. 저서로는 AI 입문서 『너도 한번 AI 만들어볼래?』가 있다.

대덕초등학교 **조민국**

KERIS 지식샘터 교사연수(AI, 데이터과학) 강사. APEC 국제교육협력원 이러닝 세계화 교사단에서 활동 중이며, 몽골교원 추수지도 강사, 대전AI학습교사공동체 AI티처스쿨 퍼실리테이터를 역임했다. 초중등 이러닝분야 발전 교육부 장관 표창을 받았으며 저서로는 AI 입문서『너도 한번 AI 만들어볼래?』가 있다.

대전동산초등학교 **한호석**

'가을', '하늘' 두 아들의 아빠로 사람들에게 도움이 되는 앱과 웹을 만들고 있다. APEC 국제교육협력원 이러닝 세계화 교사단 회장을 맡고 있으며, SW교육선도학교에 이어 메이커교육선도학교를 운영하고 있다. 매년 학생들과 SW/AI 프로젝트를 진행하고 있으며 한국코드페어에 참가해서 SW를 통한 착한 상상 초등부 은상을 받기도 했다. 대전교육정보원과 대전교육과학연구원의 교원연수 및 영재 강사, KERIS 지식샘터 교원연수 강사, 우송정보대 유아메이커교육 강사로 활동하고 있다.

일러스트레이터, 만화가, 콘셉트 아티스트 **조현상**

우리 마음을 움직이는 재미있고 신비로운 것 모두 그리고 있다. 서울예고 서양화과 졸업 후 미국의 SVA와 U Arts에서 애니메이션과 삽화를 공부하였다. 만화『Brimstone』, 그림책『사라질거야』,『용선생의 시끌벅적 과학교실』 시리즈,『난처한 경제 이야기』 시리즈, 웹툰『라스트원』『카마엘』 등의 작화 작업을 하였으며, 여수 엑스포, 울산박물관, 고성 공룡엑스포, 국립민속박물관, 외 다수의 전시 영상 콘셉트 작업 및 영상 스토리보드 작업을 해오고 있다.

감수 KAIST **여현덕** 교수

영국 애버딘대학 교수, 미국 NYU 초빙석좌 및 조지메이슨 대 초빙석좌교수, 스위스 다보스포럼(World Economic Forum) 수석고문을 역임했으며, AI의 창의적 활용을 위해 AI스토리텔링 학습법(AISTL)을 세계 최초로 개발하였다. 현재 카이스트 기술경영대학원에서 AI를 비즈니스에 접목하는 인공지능경영자(AIB)과정을 설치하는 동시에 뉴욕 등 해외에서 KAIST 캠퍼스를 확장하는 G-school 원장직을 맡고 있다. 연구 관심분야는 인지과학, 4차산업혁명, 창발적 인지심리학 기반의 AI 스토리텔링 학습방법론 등이며, IEEE(AI분야 세계 최고 수준의 학술지) 등에 다수의 저술을 발표하였다.

● 책의 구성

AI와 빅데이터의 시대, 우리는 어떻게 준비해야 할까?

AI 스토리텔링을 만나다

시리, 구글 어시스턴트, 챗GPT, 빅스비… 우리 생활 속에 AI 인공지능 서비스가 자리 잡은 지 오래입니다. 인공지능 세상에 사는 우리 학생들은 무엇을 배우고 익혀야 할까요? 인공지능은 소프트웨어 교육에서 중시하는 '컴퓨팅 사고'와는 달리 컴퓨터가 인간의 지능을 흉내 내고 따라하며 작동합니다. 인공지능 방식에서는 프로그래밍만 잘하면 되는 것이 아닙니다. 문제를 먼저 파악한 뒤, 문제 해결에 필요한 데이터를 확보해야 하며, 확보한 데이터의 특징을 잘 파악하여 인간의 사고와 감성처럼 손질할 줄 아는 능력이 매우 중요합니다. 바로 문제해결학습에 기반을 둔 AI 스토리텔링 학습법이 필요한 이유입니다.

1 학습 효과를 높이는 탐정 이야기

긴장감 넘치는 탐정 이야기로 사건 해결이라는 학습 동기를 부여했습니다. 위기의 순간, 사건을 해결하려는 심리와 그 해법을 찾아내는 과정에서 인간의 뇌가 처리하는 순서와 과정대로 쉽고 자연스럽게 학습할 수 있습니다.

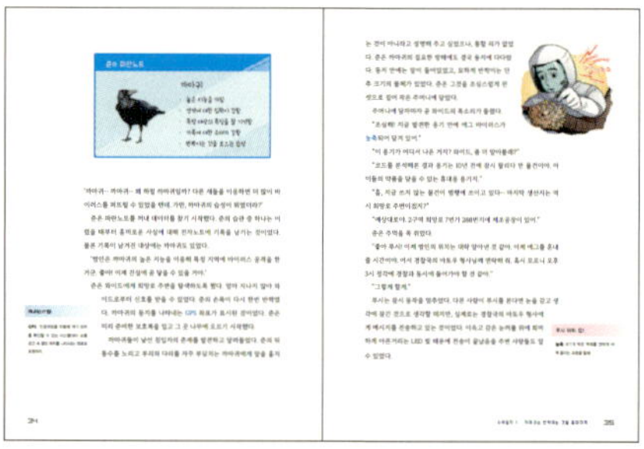

2. 추리하면서 AI 원리를 이해!

논리적 추리를 통해 AI를 재미있게 배울 수 있습니다. 딱딱한 수식이나 알고리즘을 앞세우면 AI 학습에 특히 어려움을 느낄 수 있습니다. 마치 영화, 드라마 보듯 추리하면서 문제를 발견하고, 해결해나가다 보면 어느새 AI의 개념과 원리를 자연스레 이해하게 되고, 또 다른 문제 상황에 AI를 잘 활용할 수 있게 됩니다.

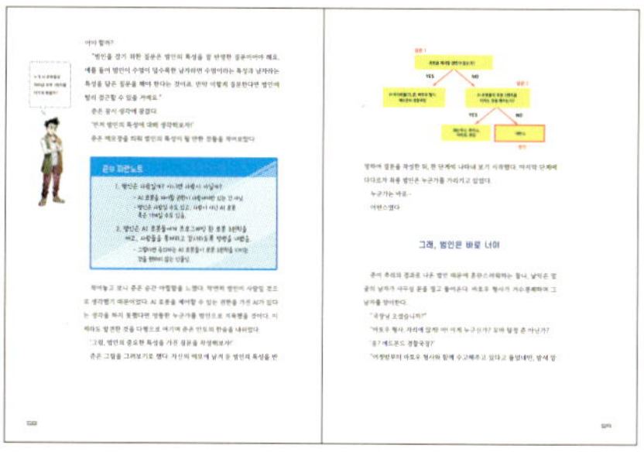

3. 초, 중학교 AI 교과 수업을 대비한 심화 코너

심화 코너를 통해 아이들이 이야기 속에서 마주하는 위기와 문제들을 해결하는데 사용된 실제 AI 기술과 알고리즘을 자세히 설명하고, 선생님에게 1:1로 배우듯 단계별로 따라하며 실습해볼 수 있게 했습니다.

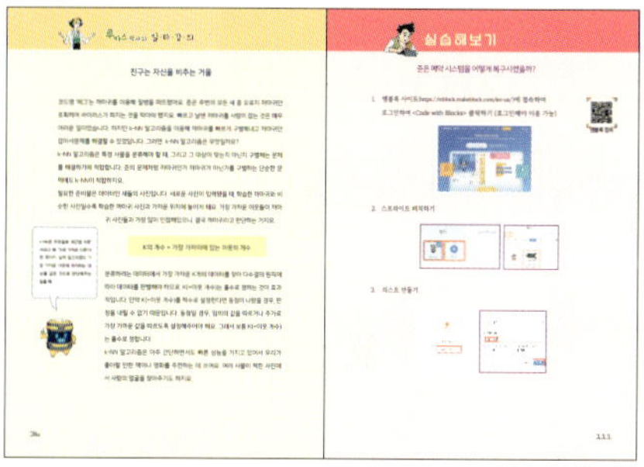

4. 독서를 돕는 배경지식과 어휘 설명 팁

디지털 환경에서 자라는 아이들이 자칫 소홀히 할 수 있는 어휘력을 보강하고, 배경 지식이 될 수 있는 다양한 세상의 정보를 곁들여 인문적 소양을 함께 키울 수 있도록 했습니다.

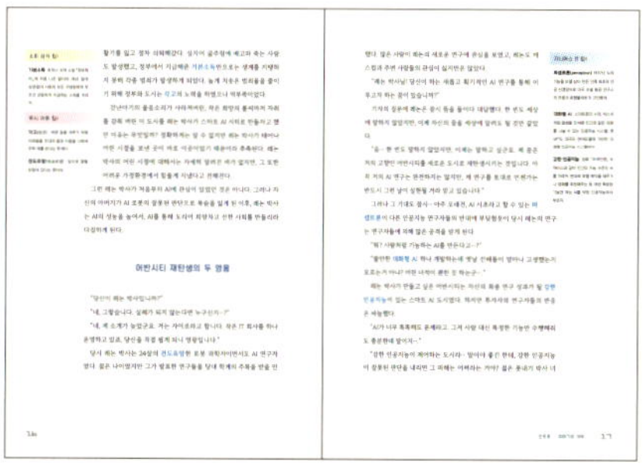

5. 혼자서도학습할 수 있도록 저자 직강 동영상 제공

출판사 유투브 계정 https://www.youtube.com/@ABLEBooks/playlists 또는 Youtube 검색창에 ABLE Books 입력하면 챕터별로 저자 선생님들의 직강으로 누구나 혼자서 실습이 가능합니다.

YouTube

저자 직강 QR코드

차 례

우리가 살아가야 할 소중한 터전인 어반시티.
또 자기 이익을 위해 어반시티를 시시때때로 혼란에 빠뜨리고자 하는 존재들.
준은 과연 어반시티를 구해낼 수 있을까?

등장인물

* 명탐정 준이 기록한 파란색 수사일지를 AI히어로들은 '파란노트'라고 불러.

준 JUN

뛰어난 수사력과 추리력을 갖춘 어반시티의 12살 소년 탐정. 일곱 AI 히어로들의 작동과 통제 권한을 갖고 있어.

빈센트 VINCENT

AI 히어로 7호. AI 히어로들을 통솔해.

소피 SOPHY

전 세계의 모든 데이터와 연결된 네트워크망을 갖춘 AI 히어로 2호. 성격이 활발하고 남을 돕는 것을 즐겨.

너츠 NUTS

준의 반려견. 땅콩을 좋아해 너츠라고 불러. 후각과 청각이 발달해 준의 수사에 큰 도움이 돼.

와이드 WIDE

AI 히어로 4호. 고도로 발달한 시각센서와 이미지 탐지 능력을 자랑해.

자이로 GYRO

AI 로봇 회사 '자이로스콥'의 회장. 욕심이 많아.

루카스 LUCAS

레논 박사의 수제자. 일곱 AI 히어로들을 만들 때 크게 도왔어.

준은 명예 어반시티 시민들인 여러분에게도 도움을 요청한다.
준과 AI 히어로들이 펼치는 흥미진진한 수사일지를 읽어나가며,
위기의 어반시티를 구해봅시다!

어반시티의 미래, 우리 손에 달려있어!

레논 박사 LENON

어번 시티를 설계했어.
일곱 AI 히어로들을 만든
장본인으로 AI의 아버지로 불려.

루시 RUCY

AI 히어로 6호.
세상의 모든 언어에 능통해.

지니어스 GENIUS

준의 수사를 돕는 든든한
AI 히어로 1호.
탁월한 논리적 분석력, 판단 능력으로 별명이 '박사'야.

스피드 SPEED

AI 히어로 3호.
정찰과 이동에 타의추종을 불허해.

바토우 BATOU

어반시티의 경찰국 형사.
준과 함께 어반시티의
시민들을 보호하고 있어.

에드몬드 EDMOND

어반시티의 경찰국장.
어반시티의 치안 총 책임자야.

다타이스 DATAIS

AI 히어로 5호.
다양한 센서로 온갖 정보를
수집해 분석할 수 있어.

인트로

이야기의 시작

서기 2049년의 어반시티
준 그리고 레논 박사

서기 2049년.

부익부 빈익빈이 극에 달하여 현실 속에서 더 이상의 희망을 찾기 어려운 사람들. 현실에서 도피하여 가상의 공간인 **메타버스**에서 새로운 기회를 찾아 나선 사람들이 전 세계 인구의 절반이 된 미래 사회는 과연 **유토피아**일까? 디스토피아일까? 이제 현실 세계는 물론 가상 세계인 메타버스에서도 AI의 손길이 닿지 않는 곳은 없다. 어찌 보면 'AI가 없이 이 세계가 잘 작동될 수 있을까?'라는 질문에 '그렇다.'라고 확신할 수 없을 만큼 사람들은 AI에 크게 의존하며 살아가고 있다.

준이 태어나 쭉 살아가는 어반시티는 20년 전, 레논 박사의 제안으로 최첨단 스마트 AI 시티로 지정되었다. 레논 박사는 일곱의 AI 히어로들을 만든 핵심 인물로 AI의 아버지라고 불리는 사람이다. 준이 사는 이 도시는 20년 전만 하더라도 범죄 도시라 불리던 곳이었다. 60여 년 전에는 자동차 산업이 매우 발달하여 부유한 도시였지만, AI의 등장과 발달로 모든 게 바뀌기 시작했다. AI가 사람들을 대체하면서 일자리가 사라지게 되자 사람들은 어쩔 수 없이 다른 도시로 하나둘 떠나기 시작했다. 도시는 과거의 영광을 뒤로 한 채,

지니어스 IT 팁!

메타버스(metaverse) 3차원의 가상 세계를 뜻해. 무엇을 뛰어넘거나 초월한다는 뜻의 '메타(meta)'와 우주, 세계를 뜻하는 '유니버스(universe)'를 합친 단어야.

소피 상식 팁!

유토피아(utopia) 16세기 영국의 토마스 모어의 소설 이름을 딴 단어. 어디에도 없는 세상이란 뜻으로 천국같이 살기 좋은 최상의 사회를 가리켜. 반대말이 암울한 미래를 가리키는 '디스토피아(distopia)'야.

소피 상식 팁!

기본소득 토마스 모어 소설 『유토피아』에 처음 나온 말이야. 재산, 일에 상관없이 사회의 모든 구성원에게 무조건 균등하게 지급하는 소득을 가리켜.

루시 어휘 팁!

각고(刻苦) 어떤 일을 이루기 위해 어려움을 견디며 몸과 마음을 다하여 무척 애를 쓴다는 뜻이야.

전도유망(前途有望) 앞으로 잘될 희망이 있다는 뜻이야.

활기를 잃고 점차 쇠퇴해갔다. 심지어 굶주림에 배고파 죽는 사람도 발생했고, 정부에서 지급해준 **기본소득**만으로는 생계를 지탱하지 못해 각종 범죄가 발생하게 되었다. 높게 치솟은 범죄율을 줄이기 위해 정부와 도시는 **각고**의 노력을 하였으나 역부족이었다.

갓난아기의 울음소리가 사라져버린, 작은 희망의 불씨마저 자취를 감춰 버린 이 도시를 레논 박사가 스마트 AI 시티로 만들자고 했던 이유는 무엇일까? 정확하게는 알 수 없지만 레논 박사가 태어나 어린 시절을 보낸 곳이 바로 이곳이었기 때문이라 추측된다. 레논 박사의 어린 시절에 대해서는 자세히 알려진 바가 없지만, 그 또한 어려운 가정환경에서 힘들게 지냈다고 전해진다.

그런 레논 박사가 처음부터 AI에 관심이 있었던 것은 아니다. 그러나 자신의 아버지가 AI 로봇의 잘못된 판단으로 목숨을 잃게 된 이후, 레논 박사는 AI의 성능을 높여서, AI를 통해 도리어 희망차고 선한 사회를 만들리라 다짐하게 된다.

어반시티 재탄생의 두 영웅

"당신이 레논 박사입니까?"

"네, 그렇습니다. 실례가 되지 않는다면 누구신지…?"

"네, 제 소개가 늦었군요. 저는 자이로라고 합니다. 작은 IT 회사를 하나 운영하고 있죠. 당신을 직접 뵙게 되니 영광입니다."

당시 레논 박사는 24살의 **전도유망**한 로봇 과학자이면서도 AI 연구자였다. 젊은 나이였지만 그가 발표한 연구들을 당대 학계의 주목을 받을 만

했다. 많은 사람이 레논의 새로운 연구에 관심을 보였고, 레논도 매스컴과 주변 사람들의 관심이 싫지만은 않았다.

"레논 박사님! 당신이 하는 새롭고 획기적인 AI 연구를 통해 이루고자 하는 꿈이 있습니까?"

기자의 질문에 레논은 잠시 뜸을 들이다 대답했다. 한 번도 세상에 말하지 않았지만, 이제 자신의 꿈을 세상에 알려도 될 것만 같았다.

"음… 한 번도 말하지 않았지만, 이제는 말하고 싶군요. 제 꿈은 저의 고향인 어반시티를 새로운 도시로 재탄생시키는 것입니다. 아직 저의 AI 연구는 완전하지는 않지만, 제 연구를 토대로 언젠가는 반드시 그런 날이 실현될 거라 믿고 있습니다."

그러나 그 기대도 잠시… 아주 오래전, AI 시초라고 할 수 있는 **퍼셉트론**이 다른 인공지능 연구자들의 반대에 부딪혔듯이 당시 레논의 연구는 연구자들에 의해 많은 공격을 받게 된다.

"뭐? 사람처럼 기능하는 AI를 만든다고…?"

"쓸만한 **대화형 AI** 하나 개발하는데 옛날 선배들이 얼마나 고생했는지 모르는거 아냐? 어린 녀석이 괜한 짓 하는군…."

레논 박사가 만들고 싶은 어반시티는 자신의 최종 연구 성과가 될 **강한 인공지능**이 있는 스마트 AI 도시였다. 하지만 투자자와 연구자들의 반응은 싸늘했다.

"AI가 너무 똑똑해도 문제라고. 그저 사람 대신 특정한 기능만 수행해줘도 충분한데 말이지…."

"강한 인공지능이 제어하는 도시라… 말이야 좋긴 한데, 강한 인공지능이 잘못된 판단을 내리면 그 피해는 어쩌라는 거야? 젊은 풋내기 박사 녀

지니어스 IT 팁!

퍼셉트론(perceptron) 1957년 뇌의 기능을 모델 삼아 만든 인류 최초의 인공 신경망으로 미국 코넬 항공 연구소의 프랑크 로젠블라트가 고안했어.

대화형 AI 스마트폰의 시리, 빅스비처럼 음성을 인식해 인간과 같은 대화를 나눌 수 있는 인공지능 시스템. 챗GPT도 대규모 언어모델에 기반한 대화형 인공지능 시스템이야

강한 인공지능 영화 「아이언맨」 속 자비스와 같이 인간의 지능 수준인 AI를 가리켜. 반대로 호텔 예약을 해주거나 영화를 추천해주는 등 어떤 특정한 기능만 하는 AI를 약한 인공지능이라 부르지.

루시 어휘 팁!

천군만마(千軍萬馬) 천 명의 군사와 만 마리의 말이라는 뜻으로 막강한 군대를 가리켜. 뛰어난 능력의 인재나 절호의 기회 얻을 때 비유하여 쓰이지.

석이 책임진다고 해결될 문제인 건가?"

사람들은 그저 평범한 기능을 하는 로봇이나 만들면서 편하게 사는 게 어떻겠냐며 레논을 비웃었다. 상황이 이렇다 보니, 유치된 투자 금액은 레논이 원하는 도시를 건설하기에는 턱없이 부족했다.

이런 상황의 레논이 학회에서 **천군만마**처럼 만나게 된 남자가 자이로였다.

"저는 기업가예요. 지금은 비록 작은 IT 회사를 운영하고 있지만, 몇몇 평범한 로봇들도 생산하고 있죠. 저는 AI 로봇에 관심이 많습니다. 언젠가 우리 회사의 이름이 새겨진 AI 로봇도 만들 생각으로 이런 AI 학회에도 온 거죠. 그런데 이런 곳에서 박사님을 만나게 될 줄은 몰랐습니다. 하하하."

레논 박사는 당장 자신의 연구를 지속하기 위한 투자금이 필요했고, 자이로는 레논 박사의 AI 기술을 원했다. 두 사람의 이해관계가 서로 맞았던 셈이다. 그날 이후, 둘은 손을 잡고 어려운 시기를 헤쳐나가는 동반자가 되었다. 레논 박사의 AI 연구가 성과를 낼수록, 자이로의 회사는 점점 성장했고, 자이로의 회사가 성장할수록 레논 박사의 연구는 점점 더 주목받게 되었다. 이윽고 두 사람은 어느덧 각자의 영역에서 최고의 자리에 올라, 어반시티 부활을 이끈 두 영웅으로 자리매김하게 되었다.

자이로와 레논,
둘의 어긋나버린 우정

많은 사람은 어반시티의 부활을 알린 사람으로 레논 박사를 꼽았다. 하지만 순전히 레논 박사의 역량만으로 지금의 도시로 탈바꿈하게 되었다고 말할 순 없다. 레논 박사의 연구에 자이로의 자본력이 모여 이루게 된 열매라 보는 것이 더 정확할 것이다. 어떤 의도에서였건 간에 이 두 사람이 맺은 우정은 새롭게 재탄생한 스마트 AI 도시, 어반시티를 사람들에게 선물해주었다.

모든 것이 순조롭게 잘 풀려가던 어느 날이었다.

"레논 박사, 나 자이로일세. 오늘 저녁이나 함께할 텐가?"

"좋지. 장소와 시간을 알려주면 내가 그리로 가겠네."

즐거운 저녁 식사를 마치고, 기분이 좋은 듯, 커피 한 잔을 손수 내려주는 자이로였다.

"레논 박사, 우리가 어려울 때 서로를 만난 것은 정말 운명이었다고 생각해. 그렇지 않은가?"

"그렇지. 서로 더 성장하고 발전하고 싶다는 열망이 강했지. 사실 나만큼 성공을 열망하고 있는 자네를 보면서 때론 자극도 많이 받았지. 그때, 학회장에서 자네가 내게 말을 먼저 건네준 것에 대해 감사하게 생각하네."

"하하하. 사람들이 내가 사람 보는 눈이 좀 있다 하더군."

"나를 알아본 걸 보면 그 말은 맞는 말인 것 같네."

"하하하하하하."

서로를 치켜세워주며, 우정을 과시하는 두 중년의 남자였다.

루시 어휘 팁!

주역 주된 역할을 맡은 사람을 가리켜.

"레논, 난 어반시티를 볼 때마다 참 뿌듯해. 내가 만든 도시가 이렇게 발전하다니… 감회가 새롭단 말이지."

미소를 띠던 자이로의 얼굴에 순간 웃음기가 사라졌다.

"자이로 회장, 당신 말이 맞긴 하지만… 방금 내가 만든 도시라고 했던 거 같은데 내가 제대로 들은 게 맞는가?"

"하하. 자네가 들은 게 맞는 거 같긴 하네만 … 뭐 문제라도 있나?"

"음 … 물론 자네의 진심 어린 투자가 지금 어반시티의 밑거름이 된 건 인정해 …. 하지만 자네 혼자 이 모든 것을 다 이루었다는 식으로 말한다면 그건 좀 아닌 듯하네만…."

"재밌군… 이봐, 레논! 자네가 무슨 말 하려는지는 잘 알겠어. 그래… 그렇다면 이 도시는 위대한 시민들이 위대한 손으로 일구어나간 것이라고 말하고 싶은 건가?"

자이로의 말을 들은 레논은 아무 대꾸도 하지 않았다. 자이로는 한층 더 격양된 목소리로 레논을 향해 소리쳤다.

"레논! 내가 솔직히 얘기해줄까? 자네는 어반시티를 일군 유일한 주역이 바로 자신, 레논이고 싶은 거야! 그저 시민들이 했다는 건 듣기 좋은 소리일 뿐인 거지. 내 말이 틀렸어?"

"무슨 소리를 하는 거지, 자이로?"

자이로가 레논을 바라본 채, 이죽거리며 말했다.

"내가 자네를 처음 보던 날, 자네의 무엇을 봤다고 생각하나? 개인의 실력이나 비범함이었을 것 같나? 똑똑히 말해두지… 그런 거였으면 진작 다른 뛰어난 연구자를 찾아갔겠지!"

"자이로, 대체 뭘 말하고 싶은 건가?"

"사람들은 자기 자신도 똑바로 보지 못한 채, 남에 관해서 얘기하려 하지. 뭐… 놀랍지도 않아, 그게 보통 사람들이니까… 난 네 자신을 똑바로 마주하라고 얘기하는 것일 뿐이야. 넌 너 스스로 솔직하지 못해."

"알아듣기 쉽게 말하면 좋겠군, 자이로."

"그래, 자네가 원하니 내가 명확히 얘기해주도록 하지. 자네를 처음 봤던 그 날, 내가 자네에게서 본 것은 욕심이었어."

"…"

"레논, 왜 말을 못 하는 거지? 그래… 젊었을 때 자네와 나, 모두 각자의 분야에서 이루고 싶은 게 많았지. 욕심은 때론 사람을 성장하게 하고 좀 더 나은 사람이 되도록 이끌어주기도 해…. 하지만 그것이 과하면 탐욕이 되는 거야. 자네와 나는 어느 순간부터 욕심이 아니라 탐욕을 부리고 있었던 거라고."

자이로의 말을 잠자코 듣고 있던 레논 박사가 무언가 말을 꺼내려 하자, 자이로는 말을 가로막으며 입을 열었다.

"난 알고 있었어. 내가 탐욕의 화신이 되었다는 걸… 나 자신을 똑바로 마주하기도 부끄러운 그런 사람이 된 걸 인정할 수밖에 없더군…."

"자이로… 이제 그만 얘기하도록 하지."

"레논… 자네와 나의 가장 큰 차이점이 뭔지 아나?"

레논이 자이로의 눈을 말없이 바라보았다.

"자네는 자신 스스로에게 솔직하지 못해… 탐욕스러운 네 마음을 애써 포장하려 들지 말라고 …."

레논은 자이로를 잠시 바라보며 입술을 떼었다.

"자이로… 도무지 무슨 말을 하는지 모르겠군. 순간의 오해로 33년간의 우정을 깨뜨리고 싶지는 않은 건 나뿐만은 아니라 생각하네. 오늘 저녁 잘 먹었네. 다음에 연락하도록 하지. 그럼 이만 …."

말을 마치자마자 외투를 입고 자신의 연구실로 향한 레논이었다. 자이로는 돌아가는 레논을 창밖으로 한참 바라보면서 중얼거렸다.

"어반시티는 나의 도시지 자네의 도시가 아니야, 레논… 실현 가능성 없는 연구를 한다고 조롱받던 네게 투자금을 주고, 배부르게 해줬더니… 깨끗한 척 좋은 말만 늘어놓고 있구나…. 난 솔직하게 나를 마주하고 인정하기로 했어. 이 도시는 곧 나 자이로라고."

그날의 식사 이후, 자이로와 레논 사이에는 미묘한 기류가 흘렀다. 겉으로는 여전히 친한 동료이자 동반자였지만, 서로의 속마음을 애써 보이지 않으려 하는 두 사람이었다. 그날 이후로 레논은 자이로의 탐욕에 제동을 걸 수 있는 무언가를 반드시 만들어야 한다는 결론을 내리게 된다.

사실 레논 박사는 이미 오래전부터 기존의 AI 로봇들과는 전혀 다른 새로운 AI 로봇 연구를 진행해왔다. 그의 AI 로봇은 마치 사람처럼 생각하고 말하며 행동했다. 감정이 있었고, 질문을 통해 스스로 학습하고, 자기 생각을 발전시켜 나갈 수 있는 특별한 능력이 있었다. 레논 박사는 자이로의 탐욕이 어반시티에 미치게 되었을 때 이 AI 로봇들을 세상에 공개하기로 마음먹는다. 바로 AI 히어로들이었다.

준이 AI 히어로들의 작동 권한을 받던 날

준은 레논 박사를 만난 적이 있었다. 레논 박사는 어반시티에서 각종 범죄 사건을 해결하며 최고의 활약을 펼치고 있는 꼬마 탐정 준의 소식을 TV로 접하고는 기특하다고 생각했다. 그러고는 준을 직접 자신의 연구실로 초청해 만나기로 한다. 준을 처음 만난 그날, 레논 박사는 맛있는 저녁을 먹고선 행복해하는 준에게 이런 비밀스러운 제안을 했다.

"준, 내가 네게 선물을 주려 한단다. 그런데 이 선물은 꽤 멋지면서도 동시에 무거운 책임감이 있어야 하는 선물이기도 하지. 받을 수 있겠니?"

"네? 제가요? 뭔진 몰라도 재밌어 보이기는 하는데… 박사님이 주신 건 받고 봐야죠! 헤헷"

얼떨결에 선물을 받아버린 어린 소년 준은 그 선물이 일곱의 AI 히어로들을 작동시키고, 통제할 수 있는 **권한**임을 곧 알게 되었다.

"아… 아니… 박사님 이… 이런 걸 제가 받아도 되는 거예요?"

"준! 나는 이미 너에 대해 많은 걸 알고 있단다. 어린 나이에 나의 고향 어반시티를 위해 많은 일을 해냈더구나! 정말 기특한 일이야. 사람들은 네 추리와 수사 능력에 대해 많이들 이야기하겠지만 사실 나는 그렇지 않단다. 나는 오늘 이 자리에서 너와 이야기를 나누면서 남을 돕고자 하는 마음, 우리가 사는 이 도시를 더 살기 좋은 곳으로 만들고자 하는 네 생각을 확인할 수 있었단다. 그걸 확인했기 때문에 너는 이 선물을 받을 자격이 있어."

"아… 그…그런가요? 박사님에게도 그렇듯이 어반시티와 이곳에

> 루시 어휘 팁!
>
> **권한** 다른 사람을 위하거나 다른 사람을 향해 어떤 힘을 행사할 수 있는 자격이나 그 범위를 가리켜

사는 모든 사람이 내게는 정말 소중한걸요. 저도 이곳에서 태어나고 자랐으니까요."

레논 박사는 얼굴에 살짝 미소를 띠다가 이내 준에게 말을 이어나갔다.

"준, 명심하렴! 일곱의 AI 히어로들은 보통의 AI 로봇들과는 달리 특별하고 엄청난 능력을 갖추고 있단다. 이 능력들을 올바른 일에 잘 쓴다면 더없이 좋겠지만, 나쁜 곳에 쓰인다면 그건 재앙이 될 거야. 그렇기에 너 또한 이 힘을 함부로 사용해서는 안 된다. 다시 한번 강조하지만, 이 힘을 나쁘게 사용하려는 사람들이 있을지도 모르니 조심하려무나. 여기 있는 스마트워치를 손목에 착용하고, 네 얼굴을 워치 중앙에 보인 채로 일곱의 AI 히어로들의 이름을 각자 부르기만 하면 히어로들이 너를 도와줄 거야! 이들을 잘 활용해서 어반시티가 위기에 빠질 때마다 잘 지켜다오."

너츠가 머뭇거리는 준의 대답을 대신이라도 하듯 세차게 레논 박사를 향해 짖는다.

수사일지 1

까마귀는 반짝이는 것을 좋아하지

명탐정과 소녀

스산한 어둠의 골목 속에서 기민한 움직임으로 거리를 구석구석 관찰하고 있는 소녀가 있었다. 이 소녀는 루시라고 불리는데, 사람은 아니고 AI 로봇이다. 루시는 초등학교 5학년 정도의 여자아이 모습을 하고 있다. 보통의 초등학교 여자아이보다 한껏 멋을 부린 모습이다. 다른 누군가가 AI 로봇임을 말해 주지 않으면 그냥 여자아이라고 생각할 정도로 오해를 받곤 한다.

반대편 거리에서 걸어오고 있는 준을 발견한 루시는 손을 흔들었다. 준은 평소 루시를 자신의 동생 같다고 생각한다. 루시는 다른 AI 히어로들과는 달리 유독 사람과 비슷하게 만들어졌기 때문이리라.

"박사님, 루시는 왜 저런 모습인가요?"

준은 레논 박사에게 AI 히어로인 루시를 왜 특별히 다르게 만들었는지를 물어본 적이 있었다. 좀 더 정확히 말하자면, 히어로의 역할을 하기에는 좀 연약한 느낌으로 만든 이유가 궁금했다.

"글쎄, 내 생각에는 다양한 모습을 한 AI 히어로가 있어야 활동하기에 유리하지 않을까?

준은 고개를 내저으며 혼잣말로 나직이 중얼거렸다.

'아뇨, 박사님. 루시의 모습은 엄청 주의를 끈다고요.'

하지만 준은 왠지 박사가 그 부분은 더 이야기 하고 싶어 하지 않는다는 걸 알았기 때문에 더 묻지는 않았다.

루시는 언어에 특화된 AI 로봇이다. 루시를 처음 본 사람들은 루시를 사람이라고 생각하지만, 루시와 몇 번 대화를 해보면 로봇이라는 것을 알아챘다. 틈만 나면 고전에 나오는 말을 인용하기 일쑤이고, 주절주절 시를 읊기도 하기 때문이다.

"준, 정말 약속을 잘 지키는구나. 단, 한 번도 늦은 적이 없어! **카르페 디엠**, 콰 미니뭄 크레둘라 포스테로!"

"탐정 활동 중에는 바깥에서 이목을 끌 필요 없잖아. 나이에 어울리는 말을 쓰라고."

준의 말을 들은 루시는 고개를 갸웃거리며 말했다.

"나는 준보다 나이가 많은걸. 실제로는 준보다 3년 더 살았는데?"

준은 기가 막힌다는 듯 고개를 젓고는 루시를 두 걸음 정도 앞질러 걸었다. 루시를 절대 말싸움으로 이길 수는 없었다.

"부탁한 조사는 어떻게 되었어?"

"아? 당연히 끝마쳤지. 어느 정도 준이 생각한 것과 일치하는 부분이 있었어."

소피 상식 팁!

카르페 디엠 (Carpe Diem) 고대 로마 호라티우스의 라틴어 시 구절로 내일은 무슨 일이 일어날지 모르니 '오늘을 잘 활용하고, 내일은 믿지 말라'는 뜻이야.

절망이 드리워진 제2구역, 희망로

준은 며칠 전 바토우 형사에게 이 사건을 의뢰받은 순간이 떠올랐다. 며칠 전부터 제2구역 주민들이 정체 모를 질병에 시달리고 있었다. 피해자들은 며칠 동안 고열에 시달리고, 옴짝달싹하지 못하는 증상을 보였다. 가장 큰 문제는 알 수 없는 방식으로 전염병이 퍼져나가는 것이었다.

이런 상황에서 질병관리본부가 나섰고 그들은 곧 몇 가지 사실을 알아냈다. 첫째, 바로 질병의 원인인 바이러스는 누군가 일부러 만든 것이라는 사실이었다. 즉, 바이러스에는 사람이 조작해 만든 흔적이 있었다. 둘째, 이 질병은 제2구역 중심을 가로지르는 가장 큰 도로인 희망로 주변에만 발생하는 것이었다. 다른 구역에서는 이와 비슷한 사례가 발견되지 않았다.

"대체 누가 만들었는지, 어떻게 퍼뜨렸는지 아무런 실마리조차 잡지 못했어. 아무튼, 귀신같은 녀석인가 봐. 우리는 이 범인의 코드명을 '에그'로 정했어. 에그 녀석을 잡기 위해 엄청나게 노력하고 있는데 **단서**에 다가가기는커녕 피해만 늘어나고 있지. 내 생각에 이 사건은 준이 좀 맡아야 할 것 같아."

바토우 형사는 길게 한숨을 쉬며 준에게 하소연했다. 아주 위험한 범인은 아니었지만, 제2구역 피해자가 30명이 넘어갈 정도이니 그냥 지나칠 수 없었다.

"아주 고약한 일이네요. 빨리 잡지 않으면 더 피해자가 늘어날 테니 일단 제가 사건을 맡아볼게요."

"무슨 생각해?"

루시는 준의 눈앞에서 손을 흔들었다.

"아무것도 아냐. 계속 설명해 줄래?"

"우선 먼저 오전부터 2구역 내에 있는 희망로를 집중적으로 계속 조사했어. 별다른 일은 일어나지 않았어."

루시 어휘 팁!

단서 어떤 문제를 해결하는 방향으로 이끌어 가는 일의 첫 부분을 뜻해.

준은 루시의 설명에 고개를 끄덕였다.

"하지만 소득이 없었던 건 아냐. 중요한 단서를 얻었으니까. 자, 이걸 봐!"

루시는 쥐고 있던 손을 펴, 자신이 들고 있던 물건을 준에게 보여주었다. 그것은 유리 상자였다. 반짝이는 유리 상자 안에는 동물의 깃털이 들어있었다.

"루시, 제법인데? 이걸 어디서 찾았어?"

"희망로 주변에서 병에 걸린 사람들의 주소를 조회해 봤어. 특히 집 주변에서 이 깃털을 주로 발견할 수 있었어. 어때? 내 조사 실력이?"

"좋아, 이 깃털을 조사하면 좀 더 사건이 명확해질 거야."

준은 또 다른 AI 히어로인 와이드를 호출했다. 준이 차고 있는 스마트워치에 얼굴을 대고 와이드의 이름을 부르자 홀로그램이 등장하기 시작했다. 와이드의 모습이 홀로그램에 그려지고 있었다.

"와이드, 혹시 이 깃털이 어떤 동물의 것인지 조회해 줄 수 있어?"

"물론이죠. 이 깃털 속 DNA를 조사하면 어떤 동물의 것인지 99.998%의 정확도로 알 수 있습니다."

"얼마나 걸릴 것 같아?"

"이미 알아냈습니다."

"좋아, 말해줘."

"네, 까마귀입니다. 또한 깃털에는 현재 질병관리본부가 추적하고 있는 바이러스와 동일한 성분이 발견되었습니다."

준은 눈을 감고 단서를 조합하기 시작했다.

'범인은 어떤 목적에 의해 바이러스를 만들었다. 그리고 까마귀를 이용해 바이러스를 퍼뜨리고 있군.'

소피 상식 팁!

디엔에이(DNA) 유전자의 본체를 가지고 있는 물질로 바이러스의 일부 및 모든 생물의 세포 속에 있어.

루시가 생각에 잠긴 준에게 말했다.

"일단 범인을 잡는 일도 중요하지만, 바이러스 확산을 막는 것이 우선일 것 같아."

"동감이야. 일단 희망로 주변 까마귀들을 잡아서 바이러스를 옮기는 걸 막아야겠어."

준은 레논 박사에게 영상 통화를 신청했다.

"레논 박사님, 저희를 모니터링하면서 대강 이야기는 다 들으셨지요? 병원균을 옮기는 까마귀를 먼저 잡아야 해요. 그런데…"

준은 무언가를 생각하는 듯 말을 잠시 멈추었다.

'빠르고 날쌘 까마귀를 사람이 잡는 것은 매우 어려운 일이야….'

"준, 생각이 복잡한 듯 보이는데…, 생각을 정리할 수 있도록 잠시 시간을 가져보는 것도 좋을 것 같구나."

준은 레논 박사의 의견에 동의하는 듯 고개를 끄덕이다 손가락을 튕겼다.

'내가 왜 그 생각을 하지 못했지? 그래… 그때처럼 AI를 활용한다면…?!'

"박사님! 빠르고 날쌘 까마귀를 사람이 잡는 것은 어려워요! 사람이 일일이 까마귀를 잡는 것이 어렵다면 AI 로봇을 활용해야만 해요…"

준은 말을 계속 이어나갔다.

"AI 로봇의 카메라 센서에 비친 영상에서 '까마귀'가 인식되면 로봇이 까마귀를 잡게 하고, '까마귀가 아닌 새'들은 잡지 않게 하면 문제를 해결할 수 있을 거예요."

레논 박사가 무릎을 치며 말했다.

“아주 좋은 생각이다, 준! 그렇다면 어떤 물체도 놓치지 않고 정확하게 인식하는 와이드의 도움을 얻으면 되겠구나.”

“저도 그 생각을 해봤는데 와이드만으로는 역부족이에요. 2구역의 모든 움직이는 새들을 와이드 혼자 동시에 인식하기에는 어려워요.”

“흠… 그렇다면 네 말대로 까마귀 포획을 위해 AI 로봇을 준비해야겠구나. 그런데…”

“무슨 문제가 있나요, 박사님?”

“응, 문제가 있어. 지금 포획하러 보낼 수 있는 AI 로봇은 아직 까마귀에 대해 학습이 잘되지 않았어. 무작정 명령을 보내면, 날아다니는 모든 것을 포획하려고 할 거다.”

“박사님 말씀이 맞네요. 대강 명령을 내리면 불쌍한 다른 새들도 같이 잡히고 말겠죠. 풀어주는 데에도 시간이 오래 걸릴 거고요…”

“그러니 AI 로봇을 포획 작전에 쓰기 전에 학습을 시켜야만 한단다. AI 히어로의 도움을 빌리도록 하려무나! 히어로들의 도움을 받는다면 학습시키는 시간을 줄일 수 있을 거야. 이런 상황에서 유용하게 쓰일 수 있는 알고리즘에는 k-NN이 있지.”

“k-NN 알고리즘이라고요?”

“그래. 특정 대상과 그 대상이 아닌 것을 간단하게 구별해야 할 때 가장 유용하게 쓸 수 있단다.”

“그렇군요. 그러면 k-NN을 와이드에게 부탁하면 되겠어요!”

“좋아, 와이드에게 이 내용을 전달하겠다. 그 이후 학습된 까마귀 포획 AI 로봇들을 그쪽으로 보내도록 하마!”

“네!”

멋진 광경의 까마귀 포획 작전

준은 손목에 찬 스마트워치를 바라본 후, AI 히어로 소피를 호출했다. 전 세계의 모든 자료와 연결되는 특별한 네트워크를 가진 소피의 능력이 필요했기 때문이었다.

일제히 떠오르는 AI 로봇, 대열을 맞추어 허공에 오르는 모습이 장관이었다. 일제히 날아오른 로봇은 무리를 지어 나름의 포위망을 만들었다. AI에 달린 카메라가 야생 동물의 눈동자마냥 회전하며 주변을 살피기 시작했다.

그러던 중 한 떼의 새 무리와 AI 로봇 무리가 서로 마주쳤다. 날아가는 새 무리는 V자를 그리며 이동하는 기러기 떼였다. '과연 AI 로봇은 어떻게 행동할까?' 준은 이 장면을 숨죽이며 쳐다보았다.

AI 로봇은 쏜살같이 기러기 떼를 향해 날아갔다. 그러나 곧 멈추고 선회하여 다른 방향을 향해 이동하기 시작했다. 까마귀가 아님을 눈치챘기 때문이다. 준은 가슴을 쓸어내렸다. 일단, AI 로봇이 제대로 작동하고 있다는 신호였기 때문이었다. 이윽고, 한 무리의 AI 로봇이 까마귀를 그물에 포획한 채 이동하는 모습을 발견할 수 있었다.

"준! 네가 재빠르게 만든 알고리즘 덕분에 주변의 모든 까마귀만을 포획할 수 있었어. 물론 와이드도 실력 발휘를 했지! 그나저나 불쌍한 까마귀들… 본의 아니게 악당에게 이용당해 버렸네. 잘 치료해주고 다시 풀어주자."

레논 박사의 안타까워하는 목소리가 스마트워치를 타고 넘어왔다. 준은 박사의 칭찬에 쑥스러워하면서도 뭔가 석연치 않은 느낌을 받았다.

준의 파란노트

까마귀

- 높은 지능을 가짐
- 영역에 대한 집착이 강함
- 특정 대상의 특징을 잘 기억함
- 가족에 대한 유대가 강함
- 반짝이는 것을 모으는 습성

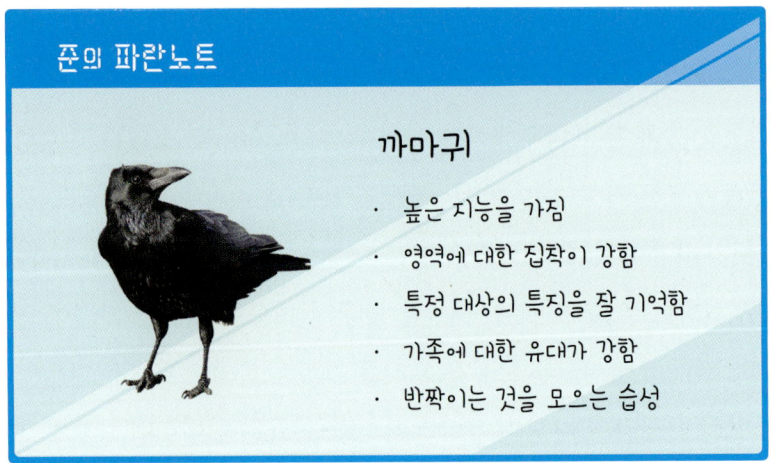

'까마귀… 까마귀… 왜 하필 까마귀일까? 다른 새들을 이용하면 더 많이 바이러스를 퍼뜨릴 수 있었을 텐데. 가만, 까마귀의 습성이 뭐였더라?'

준은 파란노트를 꺼내 데이터를 찾기 시작했다. 준의 습관 중 하나는 어렸을 때부터 흥미로운 사실에 대해 전자노트에 기록을 남기는 것이었다. 물론 기록이 남겨진 대상에는 까마귀도 있었다.

'범인은 까마귀의 높은 지능을 이용해 특정 지역에 바이러스 공격을 한 거군. 좋아! 이제 진실에 곧 닿을 수 있을 거야.'

준은 와이드에게 희망로 주변을 탐색하도록 했다. 얼마 지나지 않아 와이드로부터 신호를 받을 수 있었다. 준의 손목이 다시 한번 반짝였다. 까마귀의 둥지를 나타내는 GPS 좌표가 표시된 것이었다. 준은 미리 준비한 보호복을 입고 그 곳 나무에 오르기 시작했다.

까마귀들이 낯선 침입자의 존재를 발견하고 달려들었다. 준의 뒤통수를 노리고 부리와 다리를 자꾸 부딪치는 까마귀에게 알을 훔치

지니어스 IT 팁!

GPS 인공위성을 이용해 자기 위치를 확인할 수 있는 시스템이야. 보통 공간 속 점의 위치를 나타내는 좌표로 표현하지.

는 것이 아니라고 설명해 주고 싶었으나, 통할 리가 없었다. 준은 까마귀의 집요한 방해에도 결국 둥지에 다다랐다. 둥지 안에는 알이 들어있었고, 묘하게 반짝이는 단추 크기의 물체가 있었다. 준은 그것을 조심스럽게 핀셋으로 집어 작은 주머니에 담았다.

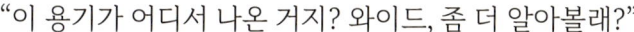

주머니에 담자마자 곧 와이드의 목소리가 들렸다.

"조심해! 지금 발견한 용기 안에 에그 바이러스가 농축되어 담겨 있어."

"이 용기가 어디서 나온 거지? 와이드, 좀 더 알아볼래?"

"코드를 분석해본 결과 용기는 10년 전에 잠시 팔리다 만 물건이야. 아이들의 약품을 담을 수 있는 휴대용 용기지."

"흠, 지금 쓰지 않는 물건이 범행에 쓰이고 있다… 마지막 생산지는 역시 희망로 주변이겠지?"

"예상대로야. 2구역 희망로 7번가 288번지에 제조공장이 있어."

준은 주먹을 꼭 쥐었다.

"좋아 루시! 이제 범인의 위치는 대략 알아낸 것 같아. 이제 에그를 혼내줄 시간이야. 어서 경찰국의 바토우 형사님께 연락해 줘. 혹시 모르니 오후 3시 정각에 경찰과 동시에 들어가야 할 것 같아."

"그렇게 할게."

루시는 잠시 동작을 멈추었다. 다른 사람이 루시를 본다면 눈을 감고 생각에 잠긴 것으로 생각할 테지만, 실제로는 경찰국의 바토우 형사에게 메시지를 전송하고 있는 것이었다. 이윽고 감은 눈꺼풀 위에 희미하게 아른거리는 LED 빛 때문에 전송이 끝났음을 주변 사람들도 알 수 있었다.

루시 어휘 팁!

농축 크기가 작은 액체를 진하게 바짝 졸이는 과정을 말해.

루카스 박사의 일·타·강·의

친구는 자신을 비추는 거울

코드명 '에그'는 까마귀를 이용해 질병을 퍼뜨렸어요. 준은 주변의 모든 새 중 오로지 까마귀만 포획하여 바이러스가 퍼지는 것을 막아야 했지요. 빠르고 날쌘 까마귀를 사람이 잡는 것은 매우 어려운 일이었습니다. 하지만 k-NN 알고리즘을 이용해 까마귀를 빠르게 구별해내고 까마귀만 잡아서문제를 해결할 수 있었답니다. 그러면 k-NN 알고리즘은 무엇일까요?

k-NN 알고리즘은 특정 사물을 분류해야 할 때, 그리고 그 대상이 맞는지 아닌지 구별해는 문제를 해결하기에 적합합니다. 준의 문제처럼 까마귀인가 까마귀가 아닌가를 구별하는 단순한 문제에도 k-NN이 적합하지요.

필요한 준비물은 데이터인 새들의 사진입니다. 새로운 사진이 입력됐을 때, 학습한 까마귀와 비슷한 사진일수록 학습한 까마귀 사진과 가까운 위치에 놓이게 돼요. 가장 가까운 이웃들이 까마귀 사진들과 가장 많이 인접해있으니, 결국 까마귀라고 판단하는 거지요.

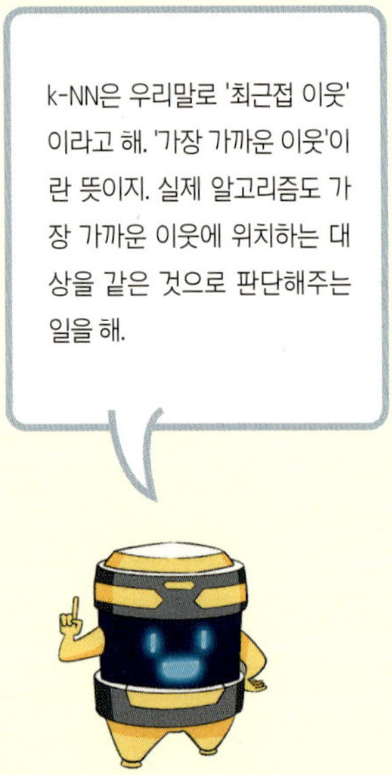
k-NN은 우리말로 '최근접 이웃'이라고 해. '가장 가까운 이웃'이란 뜻이지. 실제 알고리즘도 가장 가까운 이웃에 위치하는 대상을 같은 것으로 판단해주는 일을 해.

K의 개수 = 가장 가까이에 있는 이웃의 개수

분류하려는 데이터에서 가장 가까운 K개의 데이터를 찾아 다수결의 원칙에 따라 데이터를 판별해야 하므로, K(=이웃 개수)는 홀수로 정하는 것이 효과적입니다. 만약 K(=이웃 개수)를 짝수로 설정한다면 동점이 나왔을 경우, 판정을 내릴 수 없기 때문입니다. 동점일 경우, 임의의 값을 따르거나 추가로 가장 가까운 값을 따르도록 설정해주어야 해요. 그래서 보통 K(=이웃 개수)는 홀수로 정합니다.

k-NN 알고리즘은 아주 간단하면서도 빠른 성능을 가지고 있어서 우리가 좋아할 만한 책이나 영화를 추천하는 데 쓰여요. 여러 사물이 찍힌 사진에서 사람의 얼굴을 찾아주기도 하지요.

코드명 '에그'의 정체

준의 스마트워치가 오후 3시를 가리켰다.

그와 동시에 먼지를 일으키며 경찰차들이 낡은 공장을 둘러쌌다. 바토우 형사는 철문을 발로 박차며 들어갔다. 한 손에는 테이저건을, 한 손에는 **영장**을 들고 공장 안쪽 사무실 한쪽에 앉아 있는 한 노인을 향해 성큼성큼 걸었다. 그 뒤를 준과 루시가 따라 들어간다.

"엑시온 박사. 당신을 이번 생물학 테러 사건의 용의자로 체포한다. 당신은 **묵비권**을 행사할 수 있으며…"

박사는 미동하지 않고 바토우 형사를 쳐다보지도 않았다.

"뒤에 있는 꼬마들! 잠깐 앞으로 나와보지 않겠니?"

그는 날카로운 눈으로 두 어린아이를 바라보았다. 정확히는 한 명의 소년과 AI 로봇이었지만….

"어반시티의 소년 탐정 준이 바로 너구나. 뉴스에서 본 적이 있지. 그 옆에 있는 아이는 아마 레논의 딸이구나. 못 만난 지 10년이 지났는데 아주 많이 컸군."

루시는 못마땅한 듯한 표정을 지으며 말했다.

"미안하지만 저는 당신을 처음 보는데요?"

"아…? 나를 모른다고? 오, 그렇군. 이제 알겠어. 레논. 아주 우스운 일을 했구먼. 누구보다 냉철하던 네가 아주 기막힌 일을 했어."

엑시온 박사는 놀란 표정을 짓더니 혼잣말을 계속 이어나갔다.

"자신의 딸과 비슷하게 생긴 AI 로봇을 만들다니… 우습지도 않군. 우리의 연구를 고작 그런 개인적인 일에 썼단 말이냐!"

소피 상식 팁!

영장 강제로 사람을 체포하거나 물건을 압수하도록 법원이 허가한 서류를 가리켜.

묵비권 수사 기관의 조사를 받을 때 자기에게 불리한 이야기를 하지 않아도 될 권리를 말해.

준이 레논 박사를 만난 것은 2년 전이었다. 준은 순간 깨달았다, 루시가 다른 AI 히어로들과는 유독 달랐던 이유를. 하지만, 믿고 따르는 레논 박사를 모욕하는 것을 참을 수가 없었던 준은 날카롭게 말했다.

"레논 박사님은 자신의 이익만을 위해 AI를 사용하지 않았어요. AI 히어로는 지금도 세상을 구하기 위해 노력하고 있으니까요."

"어른 일에 꼬마가 이래라저래라 하는 것은 못된 버릇이다, 준."

순간적으로 엑시온 박사가 몸을 움츠리는가 싶더니 한쪽 주머니에서 무언가를 꺼냈다. 그는 최후의 발악으로 소형폭탄을 꺼내어 들었으나 날아오는 테이저건 세례를 맞고 제압당했다. 준은 그 장면을 자세히 볼 수 없었다. 믿을 수 없이 빠른 속도로 루시가 준 앞을 가로막으며 보호하고 있었기 때문이다.

우스꽝스러운 꼴로 몸을 뒤틀며 엑시온이 소리 질렀다.

"치잇, 고작 어린 꼬마 탐정 녀석에게 당하고 말다니… 체면이 말이 아니군. 내 이 일을 잊지 않겠다."

징그러운 표정으로 준을 바라보던 엑시온 박사의 손에는 수갑이 채워졌다. 준은 '에그'를 결국 잡았지만, 뭔가 개운하지 않은 기분을 느꼈다.

실습해보기

와이드는 k-NN으로 까마귀를 구별하는 AI를 어떻게 학습시켰을까?

1. 엔트리 (https://playentry.org/) 로그인하기
2. 작품 만들기

엔트리 접속

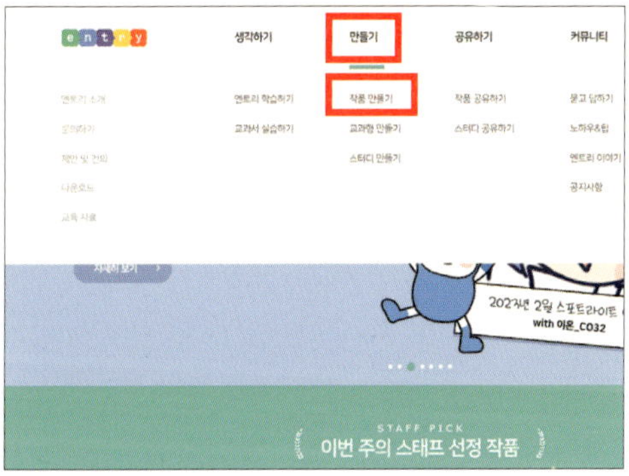

3. 데이터 분석 블록 꾸러미 선택하기

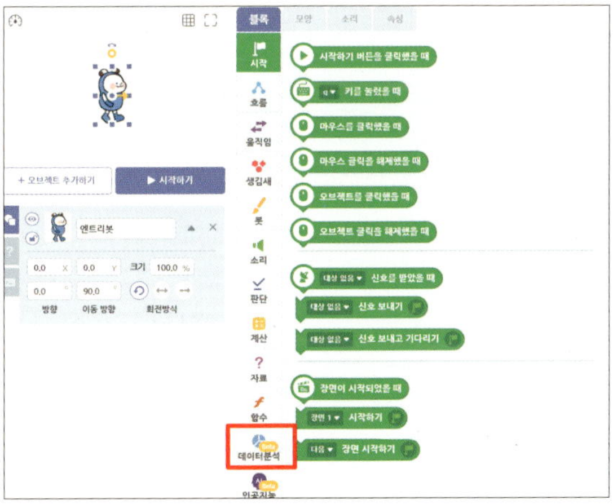

4. 테이블 추가하기

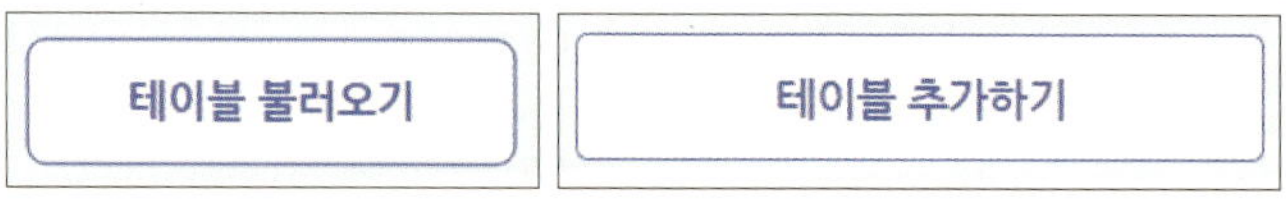

5. 새로 만들기

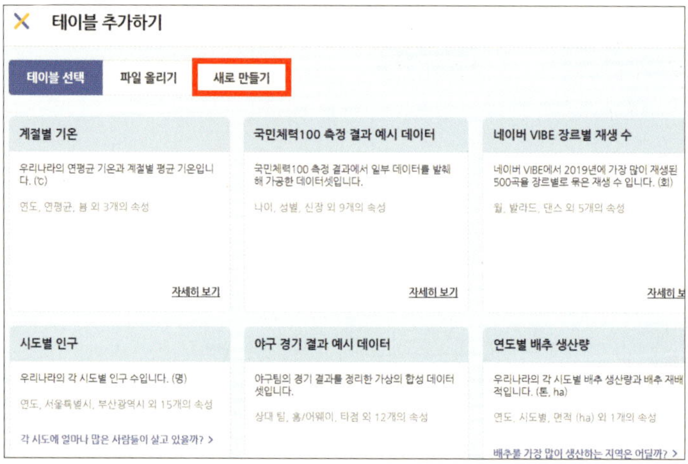

- 크기: 새의 크기
- 색깔: 클수록 밝은 유채색을, 작을수록 어두운 무채색을 뜻해.

6. 테이블 새로 만들기

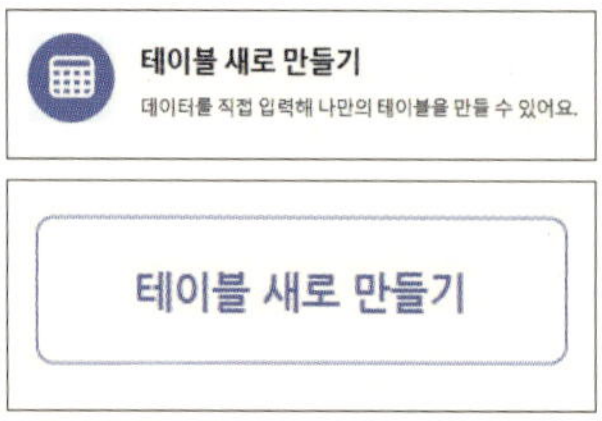

7. 자료 입력하기

8. 테이블 이름 바꾸기 및 적용하기

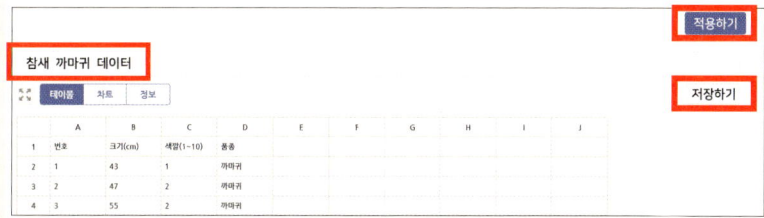

9. 인공지능 및 모델 학습하기 선택하기

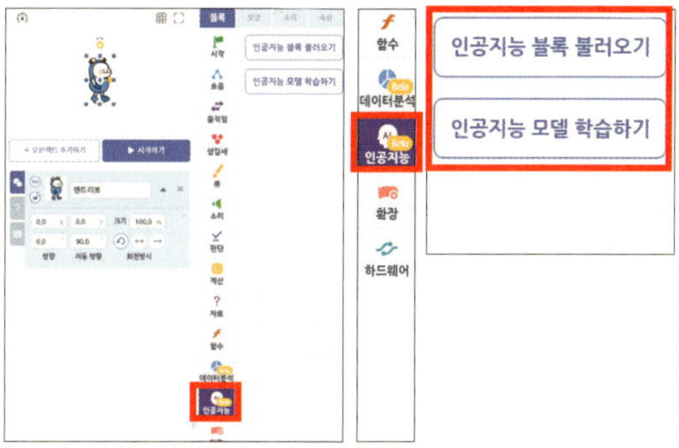

10. 분류 숫자 적용하기

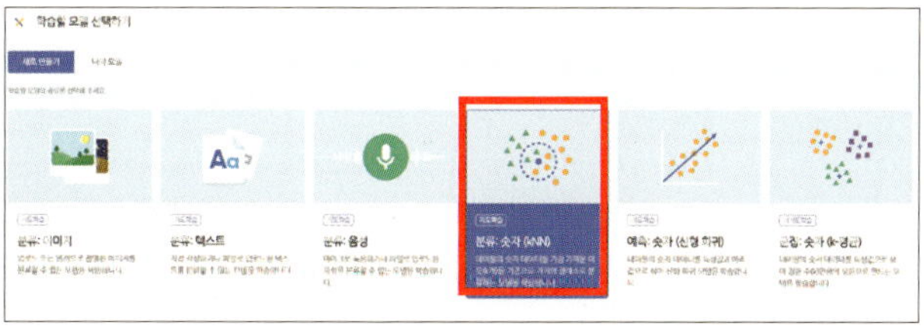

11. 모델 이름 정하기 및 데이터 불러오기

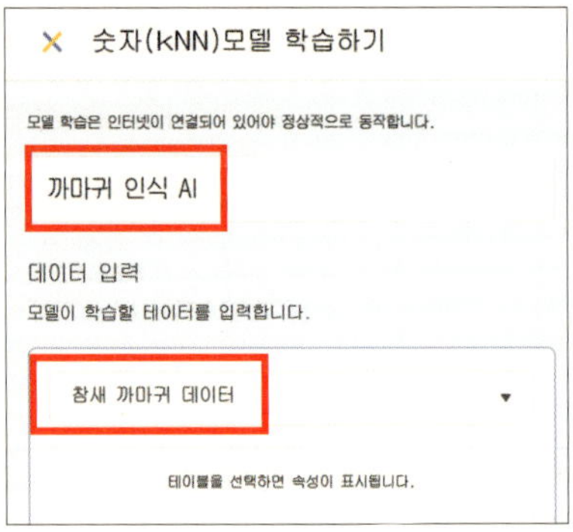

12. 핵심 속성 설정하기

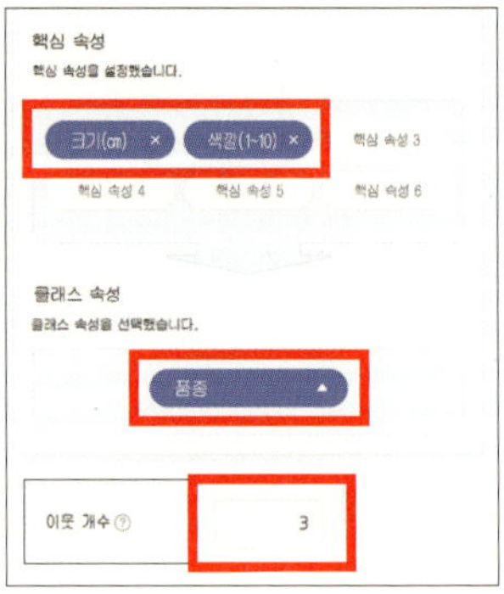

13. 모델 학습 및 테스트하기

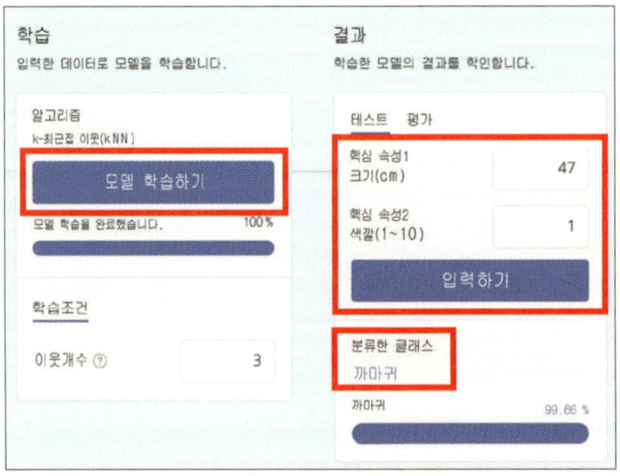

14. 추가로 모델 테스트하기

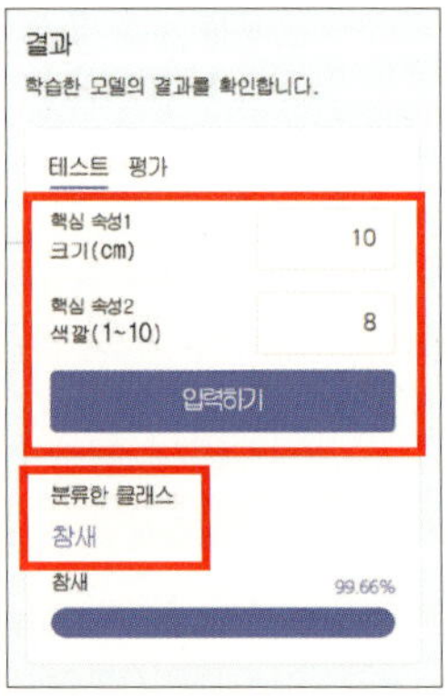

수사일지 2

사람들을 해치는 AI 로봇들, 그리고 행방 불명된 레논 박사

아니, 뭐가 어떻게 되어가고 있는 거지?

준은 소란스러운 소리에 잠에서 깼다. 요즘 따라 무척이나 피곤해서 어젯밤 평소보다 일찍 잠자리에 든 터였다. 창밖을 바라보니 자이로스콥의 AI 로봇들과 어반시티의 많은 시민이 길거리에 나와 있었다.

'응? 오늘따라 왜 이렇게들 많이 나와 있지?'

가만히 그 이유를 생각해보니 오늘은 어반시티가 스마트 AI 시티로 지정된 지 20주년이 된 것을 축하하는 행사가 열리는 날이다. 준도 이런 역사적인 날에 잠만 자서는 안 되겠다고 생각하고는 서둘러 나갈 채비를 했다. 옆에 있던 준의 반려견 너츠도 자신도 나가고 싶다며 보챘다. 너츠의 목줄을 채우는 그 순간, 갑자기 손목에 있는 워치에서 전화벨이 울렸다.

'응? 바토우 형사님?'

"준! 바토우 형사네! 좋지 않은 일이 생긴 것 같아. 잠깐 경찰국으로 와 줄 수 있겠어?"

"네, 지금 바로 갈게요!"

뭔가 심상치 않은 느낌을 받은 준은 황급히 경찰국으로 향하기 위해 택시를 호출했다. 1분쯤 지나자 **자율주행** 택시가 준의 집 앞에 도착해있었다. 택시가 하늘로 떠오르자 준은 도시 아래의 광경을 관찰하기 시작했다. 어반시티는 총 13개의 행정구역으로 나누어져 있는

지니어스 IT 팁!

자율주행 자동차와 같은 교통수단이 사람의 조작 없이 인공지능 컴퓨터가 스스로 판단해서 운행하는 시스템을 가리켜.

데 준이 사는 7구역에서 평소와는 다른 광경이 보였다. 7구역은 준의 집 외에도 어반시티의 경찰국과 AI 로봇 회사인 자이로스콥이 있는 곳인데 그곳의 AI 로봇들이 길거리의 시민들과 **대치** 중이었다. 한편으로 몇몇 AI 로봇들은 경찰국의 정문 앞으로 서서히 모여들고 있었다.

'아니, 뭐가 어떻게 되어가고 있는 거지?'

준이 탄 택시는 경찰국으로 모여들고 있는 AI 로봇들을 피해 경찰국 옥상으로 향했다. 택시에 내리자마자 준은 황급히 바토우 형사의 사무실로 발걸음을 옮기기 시작했다. 오늘따라 바토우 형사를 만나러 가는 이 길이 멀게만 느껴지는 것은 왜일까?

말도 안 돼!
AI 로봇들이 사람들을 해치고 있다니

"바토우 형사님! 저 왔어요, 준이요!"

지잉— 외부인을 인식하는 소리와 함께 문이 열리고, 바토우 형사가 반갑게 준을 맞이했다. 반가움도 잠시, 바토우 형사는 사태의 시급함 때문인지 심각한 눈빛을 하고는 바로 본론으로 들어갔다.

"준, 지금 뭔가 문제가 생겼어. 7구역의 AI 로봇들이 사람들을 안전상의 이유로 통제하기 시작했어. 오늘 20주년 축하 행사 때 풀어놓은 경찰국 AI 로봇들도 마찬가지야. 경찰국의 명령을 듣지 않고, 계속 안전을 이유로 사람들을 집으로 돌아가도록 하고 있어. 통제에 따르지 않는 시민들은 AI 로봇들과 대치 중인데… 뭔가 이상해."

준은 바토우 형사에게 다급히 물었다.

루시 어휘 팁!

대치 여기선 서로 맞서서 버틴다는 뜻이야. 다른 것으로 바꾼다는 뜻도 있어.

"어반시티의 최신 AI 로봇들은 자이로스콥에서 생산한 AI 로봇들 아닌가요? 경찰국의 AI 로봇들도 마찬가지이고요. 혹시 자이로스콥 측에 연락은 취해보셨어요?"

심각해진 얼굴을 한 바토우 형사가 창밖을 내다보며 대답했다.

"안 그래도 자이로스콥 측에 연락을 취해보고 있긴 한데… AI 로봇들은 기본적으로 **로봇 3원칙**에 의해 프로그래밍 되기 때문에 전혀 문제가 없다는 말만 되풀이하고 있어."

"쿵쿵쿵… 쾅쾅쾅"

바토우 형사의 말이 끝나기가 무섭게 경찰국의 출입문을 세차게 두드리는 소리가 들려왔다. 창밖을 내다보니 택시에서 본 것보다 훨씬 더 많은 숫자의 AI 로봇들이 경찰국을 포위하고, 이제는 문까지 강제로 부수려 하고 있었다. 그뿐만이 아니었다. AI 로봇들이 아직 밖에 나와 있는 사람들을 집으로 되돌려 보내려 하자, 일부 화가 난 시민들은 로봇이 인권을 침해한다며 격하게 맞섰고, 급기야 충돌까지 벌어지고 있었다. 준의 옆을 항상 지키고 있는 반려견 너츠 또한 사태의 심각성을 눈치라도 챘는지 코를 움찔거린다.

"근데, 레논 박사님은 어디에 계시죠? 박사님께 연락해 주실 수 있을까요?"

질문이 끝나자마자 무섭게 바토우 형사는 사무실에 켜진 TV 뉴스를 손가락으로 가리켰다. TV 뉴스에서는 혼란해진 어반시티의 상황과 레논 박사의 행방불명 소식을 긴급 속보로 내보내고 있었다.

'아니, 이런 중요한 순간에 레논 박사님께서 행방불명이라니… 안 좋은 일들이 겹치고 있어. 상황이 좋지 않아.'

사태의 심각성을 느낀 준은 스마트워치를 보며, AI 히어로의 이름을 하나씩 부르기 시작했다.

소피 상식 팁!

로봇 3원칙 SF 작가 아이작 아시모프의 로봇 3원칙을 가리켜. 1. 로봇은 인간에게 해가 되는 행위를 할 수 없고, 2. 로봇은 인간의 명령에 복종하되 1원칙을 위배할 수 없으며, 3. 로봇은 자신을 스스로 보호하되, 1, 2 원칙을 위배할 수 없어.

엄마와 해본 스무고개로도 세상을 구할 수 있어

AI 로봇들은 지난밤 시민들과 대치하며 사람들의 통행을 막았고, 결국 많은 사람을 집으로 돌려보냈다. 그 와중에 적잖은 사람들이 AI 로봇들과의 충돌로 다쳤다. 다음날 오전이 되자, 어반시티의 모든 시스템은 이윽고 AI 로봇들로 인해 통제되기에 이르렀다. 시간이 지날수록 AI 로봇들이 어반시티의 시민들에게 더욱 폭력적으로 행동할지 모르기 때문에 시급히 문제를 해결해야만 했다.

준은 초등학교에 입학할 즈음, 엄마에게 스무고개를 배워서 해본 적이 있다.

스무고개는 A라는 사람이 어떤 대상을 마음속으로 생각하면, B라는 사람이 A에게 20번의 질문 안에 A가 생각했던 대상을 맞히는 놀이이다. 준은 AI 로봇을 저렇게 만든 누군가를 스무고개 하듯이 쉽게 찾을 수 있으면 좋겠다고 생각했다. 아까 호출해 놓아 곁에서 서성이는 소피에게 물어보았다.

"소피, 스무고개를 할 수 있는 웹사이트 알아?"

"아키네이터가 있지. https://kr.akinator.com/ 주소로 들어가 봐."

소피가 알려준 대로 접속하니 다음과 같은 화면이 나왔다.

아키네이터 접속

"준, 이 게임은 플레이어가 실제 유명 인물들을 미리 생각해 놓은 후, 각각 단계별로 아키네이터가 하는 질문들에 답을 하면 아키네이터가 인물을 알아맞혀. 한번 해봐"

준은 소피의 말대로 시험 삼아 개그맨 '유재석'을 미리 생각하고 시작 버튼을 눌러 게임을 시작해보았다.

아키네이터가 11번째 만에 유재석의 부캐인 '유산슬'로 답을 맞추었다.

'오, 생각보다 금세 잘 맞추는데…?!'

준은 아키네이터가 스무고개로 인물을 잘 맞추는 것을 보고, 놀라웠다. 그리고는 잠시 생각에 잠겼다가 입을 뗐다.

"스무고개와 비슷한 원리로 AI 로봇들을 이렇게 행동하게 만든 게 누구인지 알 수 있지 않을까?"

AI 히어로들 중 박사로 불리는 지니어스가 대답했다. "내 추론에 따르면 스무고개와 비슷한 원리로 범인의 존재를 찾을 수 있을 가능성은 92%야."

대답을 들은 준의 눈망울이 더 또렷해지고 밝게 빛나기 시작한다. 이에 지니어스는 준에게 다음과 같이 제안을 하였다.

"그럼 스무고개와 관련한 공부를 더 해볼까? 문제를 해결하는 데 도움이 될 거야."

"그래, 지니어스! 내게 좀 자세히 알려줄래?"

"좋아, 한시가 급하니 바로 시작하자!"

지니어스는 여기 매, 펭귄, 돌고래, 곰이 그려진 4장의 그림 카드를 준에게 보여주었다.

"여기 매, 펭귄, 돌고래, 곰 4종류의 동물이 있어. 이 4종류의 동물을 한번 구분해볼까?"

준은 매, 펭귄, 돌고래, 곰을 구분 지을 수 있는 특성에는 무엇이 있을지 곰곰이 생각해보았다.

"날개가 있는 것과 없는 것으로 구분할 수 있을 것 같은데? 날개가 있는 동물은 매, 펭귄이고, 날개가 없는 동물은 돌고래, 곰이야."

"잘했어! 그렇다면 매와 펭귄을 구분 지을 수 있는 특성은 뭐가 있을까?"

잠시 준은 잠시 생각하다가 입을 뗐다.

"매와 펭귄 중에서 실제로 날 수 있는 동물은 매이고 펭귄은 날개가 있지만 날 순 없어!"

“좋았어! 그렇다면 돌고래와 곰을 구분할 수 있는 특성에는 뭐가 있을까?”

준은 이내 눈을 번뜩이며 외쳤다.

“돌고래는 바다에 살기 때문에 지느러미가 있고, 곰은 육지에 살기 때문에 지느러미가 없어!”

지니어스는 만족스럽다는 듯이 준을 바라보며 말했다.

“훌륭해! 너의 답변을 내가 홀로그램으로 나타내볼게!”

지니어스는 이내 준의 답변을 시각화하여 허공에 그림으로 보여주었다. 준은 그림을 보자마자 감탄을 금할 수 없었다.

“지니어스! 역시 박사 맞네. 내가 답변한 것을 그림으로 보여주니 훨씬 더 이해가 잘되는 것 같아! 어떻게 내가 4가지의 동물을 구분했는지 한 눈에 보여!”

지니어스는 고개를 끄덕이며 대답했다.

“맞아, 이렇게 데이터의 상태나 흐름을 눈에 보이게 그래프나 그림으로 나타내면 데이터에 숨겨져 있던 의미나 보이지 않던 정보를 알아낼 수 있어! AI는 많은 양의 데이터를 가지고 학습하는 과정을 거쳐. 이때, 사용하는 데이터를 학습 데이터 또는 훈련 데이터라고 하지. 학습이 끝나면 학습

학습 또는 훈련 데이터(Training Data)와 시험 데이터(Test Data)를 구분해야 AI 성능을 잘 측정할 수 있어!

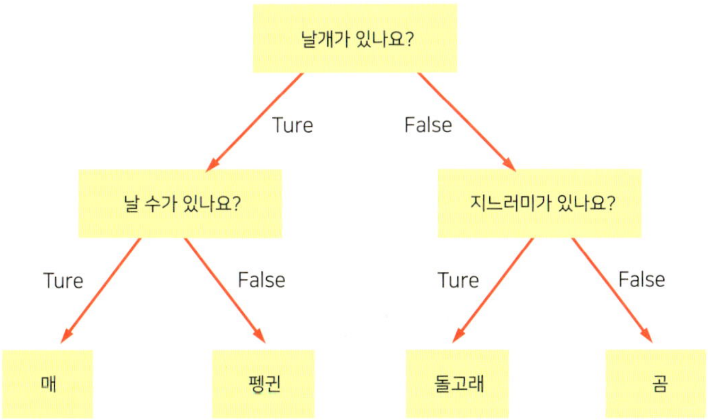

이 잘 되었는지를 평가하게 되는데 이때 사용하는 데이터를 시험 데이터라고 해!"

"잠깐, 학습 데이터와 시험 데이터를 구분하는 이유가 있어?"

"학습 데이터에 포함되지 않은 시험 데이터로 평가해야 진짜 AI 성능을 잘 측정할 수 있기 때문이지! AI는 사람이 알려준 것 이상의 일을 할 수 있어야 해. 가르쳐 주지 않은 데이터를 보고 이것이 무엇인지 분류하거나 앞으로 어떻게 될 것인지 예측할 수 있어야 하거든. 여기 학습 데이터가 있어! 이번에는 보기 좋게 표의 형태로 보여줄게!"

지니어스는 준에게 다음의 그림을 보여주었다.

지니어스가 보여준 학습 데이터는 배고픔, 졸림, 더움이라는 3가지 특성을 바탕으로 짜증 여부를 나타낸 표였다.

"흐음… 이번에는 내가 아까처럼 시각화해서 그림으로 나타내볼게!"

준은 골몰하며 슥슥 그리기 시작했고, 최종 그림은 다음과 같았다.

"잘했어, 준! 이제 감을 잡았구나."

배고픔이 N 이고
졸림이 Y, 더움의 기준이
섭씨 25도라면?

지니어스가 방긋 웃으며 준을 바라보았다. 그러고는 이내 다시 자세를 가다듬으며 준에게 질문을 던졌다.

"준! 학습시킨 AI가 성능이 좋은지 확인하기 위해서 사용하는 데이터를 무엇이라 한다 했지?"

"시험 데이터지!"

준은 자신 있게 대답했다.

"좋아! 그렇다면… 학습시킨 AI는 다음의 시험 데이터를 무엇이라 예측할까?"

준은 조금 전 자신이 그렸던 학습 데이터 표를 보면서 곰곰이 생각에 잠겼다. 잠시 후 그림 옆에 자기 생각을 다음과 같이 메모하였다.

지니어스는 준에게 다음의 질문을 준비하고 있었다.

"준, 그러면 여기 배고픔, 졸림, 더움이라는 특성에서 짜증의 유무를 예측할 때 필요하지 않았던 특성은 무엇이었지?"

"더움이라는 기준이 필요하지 않았어."

"그렇다면 이렇게 스무고개 하듯이 분류하거나 예측을 한다면 어떤 점이 좋은 것 같니?"

준은 눈망울을 초롱초롱 빛내며 대답했다.

"학습시킨 AI가 무엇을 예측할지 잘 알 수 있을 뿐 아니라, 왜 그렇게 예측했는지도 쉽게 파악할 수 있어!"

훈련 데이터(Training Data)

	배고픔 (Hungry)	졸림 (Sleepy)	더움 (Hot)	짜증 (Annoyed)
1	Y	N	35°C	Y
2	Y	Y	20°C	Y
3	N	N	28°C	Y
4	N	N	18°C	N
5	N	Y	30°C	Y

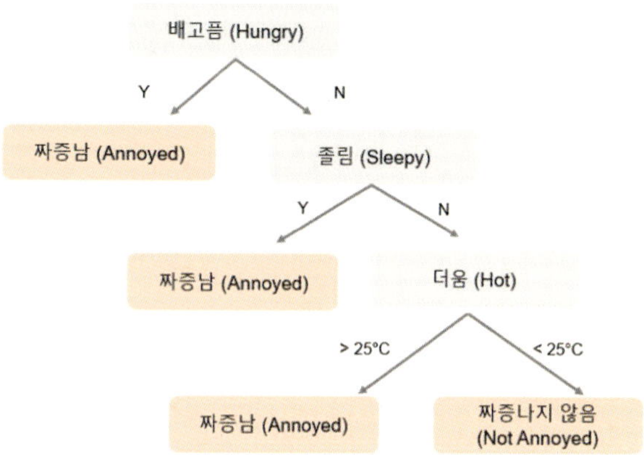

준의 파란노트

- 가장 위에서부터 아래로 내려오면 됨.
- 첫 번째 기준인 배고픔에서 N으로,
  두 번째 기준인 졸림에서는 Y로 가면
  결국 '짜증남'으로 분류 됨.

범인을 찾으려면
용의자 후보부터 추려봐야 해

준은 범인을 찾기 위해 범인 후보군 목록을 작성하기로 마음먹었다. 범인 후보군 목록을 작성하고 단계마다 특성이나 질문을 '기준'으로 삼아 통과해 나간다면 최종적으로 범인을 찾을 수 있을 것이란 확신이 생겼기 때문이다. 아무리 자신감이 붙은 준이었지만, 혼자만의 힘으로는 역부족임을 절감했다. 평소 같으면 레논 박사에게 물어보면 되지만 레논 박사님도 행방불명된 상태였기 때문이다.

'레논 박사님이 없다면… 레논 박사님의 수제자인 루카스 박사님께 도움을 받을 수 있을지도 몰라!'

준은 전 세계의 모든 데이터와 연결되는 특별한 네트워크를 가진 AI 히어로 소피를 부른다.

"소피, 루카스 박사님이 지금 계신 곳을 알아봐 줘!" "잠시만 기다려 줘! 아, 찾았어."

이어 준은 또 다른 AI 히어로인 스피드에게 말했다.

"스피드! 루카스 박사님을 모셔와 줄 수 있겠어? 바로 출발해줘!"

말이 끝나기가 무섭게 스피드는 루카스 박사가 있는 곳으로 향했다. 준은 어젯밤 한숨도 자지 못해 눈꺼풀이 무거워지는 것을 참기 어려웠다. 그러고는 이내 눈을 감고 졸기 시작했다.

시간이 얼마나 흘렀을까? 누군가가 준을 깨웠다.

'으응? 루카스 박사님..?'

루카스 박사를 보자 준은 급히 몸을 일으키며 말을 꺼냈다.

“박사님, 지금 매우 다급한 상황이라는 건 잘 아실 거예요. 지금 AI 로봇들이 왜 사람들을 통제하는지 이유를 아시나요?”

“나도 AI 로봇들이 왜 이런 행동을 하는지 정확한 이유를 모르겠어. 하지만 준! 내 생각엔 누군가 AI 로봇들에게 잘못된 명령을 의도적으로 내린 것 같아! 로봇 3원칙을 일부러 깨서 행동하도록 말이야….”

“제가 루카스 박사님을 이곳에 모셔온 이유는 저 AI 로봇들에게 잘못된 명령을 의도적으로 내린 누군가를 찾기 위해서예요. 박사님! 범인 후보군의 목록을 만드는 일을 도와주세요. 그중에서 단계별로 기준을 잘 설정해서 분류해나간다면 범인을 찾을 수 있을 거예요!”

“오호, 준! AI 속 숨어있는 스무고개의 원리를 공부한 듯하구나! 어반시티를 위해 나도 최선을 다해 너를 도울게. 그럼 바로 시작해볼까?”

루카스 박사는 파란노트와 펜을 꺼내어 이름들을 적기 시작했다.

“의심하는 건 아니지만 AI 히어로들도 프로그래밍 되었기 때문에 범인 후보군의 목록에는 있어야 해. 미안해! AI 히어로 친구들…”

루카스 박사는 AI 히어로들에게 한쪽 눈을 찡긋거렸다. 그러고는 아랑곳하지 않고 계속해서 이름들을 적어나갔다.

지니어스, 소피, 스피드, 와이드, 링크, 루시, 빈센트, 어반스, 준, 레논 박사, 루카스, 바토우 형사.

“으음… 이 정도면 충분한 것 같은데? 아 참! 준, 네 이름이 있다고 실망하지 마. 나를 포함해서 레논 박사님, 바토우 형사님도 여기에 이름이 있으니까.”

“어반스는 어반시티 내의 모든 도시 시스템을

루시 어휘 팁!

총괄 여러 가지 일을 한데 모아서 관리하고 지배한다는 뜻이야.

연루 남이 저지른 범죄에 관련이 있다는 뜻이야.

총괄하는 핵심 AI 아닌가요?"

"네 말이 맞아. 어반시티가 스마트 AI 시티로 지정되면서 개발된 AI이지. 도시 곳곳의 고장이나 파손을 파악하고 정상으로 되돌리는 도시 운영의 핵심 AI야. 어반시티에서 어반스의 손길이 미치지 않는 곳은 없다고 보면 될 거야. 혹시 여기에 추가해야 하는 대상이 또 있을까?"

루카스 박사의 질문에 준은 턱을 괴며 생각했다.

'에드몬드 경찰국장… 어반시티의 치안을 담당하는 총 책임자. 과거에는 도시와 시민들을 위하는 인물이었으나 경찰국장이 된 후로, 자이로스콥과 비리 사건에 **연루**되었었지. 자이로스콥의 회장인 자이로는 자신의 탐욕을 위해서는 어떠한 일도 벌일 수 있는 인물이지….'

"음, 에드몬드 경찰국장과 자이로 회장이요"

"좋아! 그렇다면 우리가 작성한 범인 후보군의 목록을 정리하면 다음과 같아."

준의 파란노트

범인 후보군 목록

일곱 AI 히어로들(지니어스, 소피, 스피드, 와이드, 링크, 루시, 빈센트), 어반스, 준, 레논 박사, 루카스, 바토우 형사, 에드몬드 경찰국장, 자이로 회장

"자, 이제 이 목록에서 진짜 범인을 찾는 일만 남았군요."

준의 목소리에서 자신도 모르게 힘이 묻어 나왔다.

제대로 된 질문이 우리에게 범인을 알려줄 거야

지니어스와 루카스 박사님의 도움으로 범인 후보군의 목록 작성에까지 다다른 준. 이제 이 중에서 진짜 범인을 고르는 일만 남았다.

'이제부터가 진짜 중요하겠어… 아까 지니어스가 보여준 것처럼 질문들을 통해서 마지막 범인이 누구인지 나와야 할 텐데…'

지니어스가 준을 바라보며 말했다.

"준, 지금 네가 무슨 생각을 하는지 알 것 같아! 지금쯤이면 어떤 질문을 할지 고민할 차례인데 혹시 그 생각이 맞니?"

"맞아, 지니어스. 어떤 질문을 하느냐에 따라 범인을 쉽게 찾을 수도 있고, 영영 못 찾거나 엉뚱한 누군가를 지목할 수도 있을 것 같아. 이거 생각보다 쉽지 않네…"

준은 고개를 절레절레 흔들며 걱정스럽다는 듯 지니어스를 바라보았다.

이야기를 듣고 있던 루카스 박사가 한마디 거들며 미소를 지었다.

"이럴 땐 우리가 이런 생각을 왜 하고 있는지 생각해보는 게 도움이 될 듯한데…"

루카스 박사가 말을 꺼내기가 무섭게 준은 당연한 걸 묻는다는 듯 대답했다.

"그거야 당연히 AI 로봇들이 로봇 3원칙을 깨고 지금처럼 행동하게 만든 범인을 찾는 거죠… 아… 아! 그거예요."

루카스 박사의 질문으로 준은 중요한 사실 하나를 깨닫게 되었다. 질문의 목적은 바로 범인을 잡기 위한 것이라는 사실이다. 그렇다, 범인을 잡기 위한 질문을 해야 한다! 그렇다면 범인을 잡기 위한 질문은 어떠한 질문이어야 할까?

"범인을 잡기 위한 질문은 범인의 특성을 잘 반영한 질문이어야 해요. 예를 들어 범인이 수염이 덥수룩한 남자라면 수염이라는 특성과 남자라는 특성을 담은 질문을 해야 한다는 것이죠. 만약 이렇게 질문한다면 범인에 빨리 접근할 수 있을 거예요."

누가 AI 로봇들로 하여금 로봇 3원칙을 어기게 했을까?

준은 잠시 생각에 잠겼다.

'먼저 범인의 특성에 대해 생각해보자!'

준은 파란노트에 범인의 특성이 될 만한 것들을 적어보았다.

준의 파란노트

1. 범인은 사람일까? 아니면 사람이 아닐까?
   - AI 로봇을 제어할 권한이 사람에게만 있는 건 아님.
   - 범인은 사람일 수도 있고, 사람이 아닌 AI 로봇 혹은 기계일 수도 있음.
2. 범인은 AI 로봇들에게 프로그래밍 된 로봇 3원칙을 깨고, 사람들을 통제하고 감시하도록 명령을 내렸음.
   - 그렇다면 용의자는 AI 로봇들이 로봇 3원칙을 지키는 것을 원하지 않는 인물임.

적어놓고 보니 준은 순간 아찔함을 느꼈다. 막연히 범인이 사람일 것으로 생각했기 때문이었다. AI 로봇을 제어할 수 있는 권한을 가진 AI가 있다는 생각을 하지 못했다면 엉뚱한 누군가를 범인으로 지목했을 것이다. 이제라도 발견한 것을 다행으로 여기며 준은 안도의 한숨을 내쉬었다.

'그럼, 범인의 중요한 특성을 가진 질문을 작성해보자!'

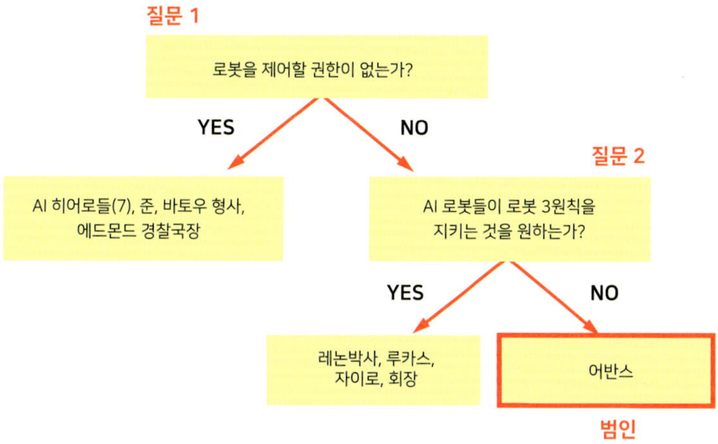

준은 그림을 그려보기로 했다. 자신의 파란노트에 남겨 둔 범인의 특성을 반영하여 질문을 작성한 뒤, 한 단계씩 나타내 보기 시작했다. 마지막 단계에 다다르자 최종 범인은 누군가를 가리키고 있었다.

누군가는 바로…

어반스였다.

그래, 범인은 바로 너야

준이 추리의 결과로 나온 범인 때문에 혼란스러워하는 찰나, 낯익은 얼굴의 남자가 사무실 문을 열고 들어온다. 바토우 형사가 거수경례하며 그 남자를 맞이한다.

"국장님 오셨습니까?"

"바토우 형사. 자리에 앉게! 아! 이게 누구신가? 꼬마 탐정 준 아닌가?

'응? 에드몬드 경찰국장?'

"어젯밤부터 바토우 형사와 함께 수고해주고 있다고 들었네만, 밤새 알아낸 성과가 있었나?"

"네, 일단 이 그림에서는 어반스를 범인으로 잡아내고 있어요."

에드몬드 국장은 흥미롭다는 듯이 그림을 쳐다보며 말했다.

"이 그림이 어떤 과정으로 어반스를 지목하게 되었는지 말해줄 수 있겠나, 꼬마 탐정?"

준은 날카로운 눈빛으로 침착하게 말하기 시작했다.

"일단 루카스 박사님과 함께 작성한 범인 후보군의 목록은 다음과 같았습니다."

준의 파란노트

범인 후보군 목록

일곱 AI 히어로들: 지니어스, 소피, 스피드, 와이드, 링크, 루시, 빈센트

어반스, 준, 레논 박사, 루카스, 바토우 형사, 에드몬드 경찰국장, 자이로 회장

준은 홀로그램으로 자기 파란노트를 띄우며 침착하게 설명을 이어나갔다.

"여기 각각의 후보들이 AI 로봇을 제어할 권한이 있는지 없는지를 한 번 따져볼까요? 먼저 일곱의 AI 히어로들은 AI 로봇을 제어하고 조종할 수 있을지도 모릅니다. 하지만 레논 박사님께서는 제게 AI 히어로들을 작동시키고 통제할 수 있는 권한을 주셨죠. 저는 AI 히어로들에게 자이로스콥의 AI 로봇들을 제어하라고 명령한 적이 없습니다. 그래서 AI 히어로들은 AI 로봇을 제어할 권한을 가지고 있지 않습니다."

"흐음… 재밌구나. 계속해보게! 꼬마 탐정님!"

게슴츠레한 눈빛을 한 에드몬드 국장이 준을 쳐다보며 말했지만, 준은 별 개의치 않은 눈치였다.

"저 또한 자이로스콥의 AI 로봇을 제어할 권한이나 힘을 가지고 있지 않습니다. 있었다면 진작에 이런 일이 벌어지지 않았겠죠. 바토우 형사님과 에드몬드 경찰 국장님 또한 저와 마찬가지이실 거고요. 안 그러신가요, 국장님?"

준은 에드몬드 국장을 똑바로 바라보자, 국장의 어색한 웃음이 사무실에 울렸다.

"음, 하하하. 그렇지! 그렇고말고. 계속해보게!"

"어반스는 어반시티의 모든 시스템을 총괄적으로 통제하는 최고의 AI입니다. 모든 AI 로봇들에게 자신의 판단을 전달하고 내릴 수 있죠. 레논 박사님은 지금 비록 행방불명이 되셨지만, 스마트 AI 시티의 설계자이시고, 의지만 있다면 AI 로봇들을 제어하실 수 있는 능력이 있으시죠. 레논 박사님의 수제자이신 여기 루카스 박사님도 마찬가지이고요. 자이로스콥의 자이로 회장 또한 본인 회사의 제품인 AI 로봇 정도는 제어할 권한을 가지고 있습니다. 이제 정리하면 로봇을 제어할 권한이 있는 용의자 후보는 아래 그림과 같이 어반스, 레논 박사, 루카스 박사, 자이로 회장입니다."

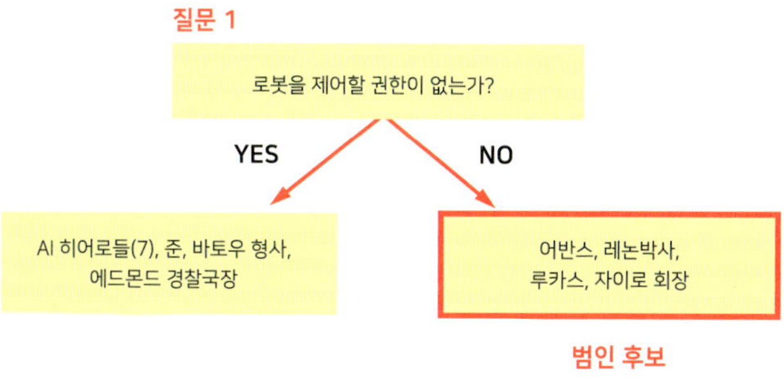

"다행히 내 이름 바토우는 빠졌군… 하하. 그렇다면 이제 어반스, 레논 박사, 루카스, 자이로 회장 중 범인이 있다는 얘기군."

"애석하게도 제 이름은 아직 남아 있네요…"

루카스 박사가 미묘한 웃음을 지으며 바토우 형사를 바라보았다.

"두 번째 질문은 AI 로봇들이 로봇 3원칙을 지키는 것을 원하는지 여부입니다. 범인은 분명 AI 로봇들에게 로봇 3원칙을 깨는 행동을 하게 했어요. 평소 공공연하게 또는 드러나지 않게 AI 로봇들이 로봇 3원칙을 깨는 것에 찬성하는 용의자가 있다면 그자가 범인일 가능성이 크다고 생각했습니다. 이제 차례차례 살펴볼까요? 음… 누굴 먼저 할까요?"

준은 주위를 둘러보다 루카스 박사와 눈이 마주쳤다. 루카스의 눈은 평안해 보였고, 이내 준에게 웃음을 지어 보인다. 준의 눈에는 빨리 나부터 하라는 그런 뜻으로 보였다. 준은 루카스 박사에게 옅은 미소를 보이며 말을 이어나갔다.

"루카스와 레논 박사님은 여기 있는 AI 히어로들을 만들었어요. 레논 박사님은 20년 전 이 곳, 어반시티를 스마트 AI 시티로 설계한 장본인이시기도 하죠. 누구보다 AI로봇들이 로봇 3원칙을 지키는 안전한 세상을 만들기 위해 노력하고 계시는 분들입니다. 그들은 AI 로봇들이 진정으로 로봇 3원칙을 지키길 원하고 있는 분들입니다."

"그럼, 자이로 회장은 어떤가, 꼬마 친구?"

에드몬드 경찰국장이 다소 준을 압박하듯 말했다.

준은 자세를 가다듬고 에드몬드 경찰국장을 바라보며 말했다.

"국장님, 제가 자이로 회장에 대해서는 아는 바가 부족해서 AI 히어로 소피의 도움을 받아보았습니다. 소피, 네가 조사한 내용에 대해 말씀드려줘."

여자아이의 모습을 한 소피는 활짝 웃으며 말했다.

"자이로 회장의 유년 시절부터 지금까지의 각종 온라인 기록과 보도 자료 등에 접속하여 검색해보았어요. 다양한 언어로 되어 있는 자료의 경우 모든 언어를 자유자재로 번역할 수 있는 내 친구 AI 히어로 루시의 도움을 받았죠. 자이로 회장은 욕심이 많고 성공을 위해 끊임없이 노력하는 모습을 보입니다. 2년 전 그의 인터뷰 보도 자료에 의하면 그가 꿈꾸는 세상은 자이로스콥의 AI 로봇들이 가득 어반시티를 활보하는 그런 세상이라 합니다. 하지만 이와는 별개로 그의 회사 자이로스콥이 만든 AI 로봇들은 기본적으로 로봇 3원칙을 잘 지키도록 설계되어 있습니다."

루시 어휘 팁!

감내 어려움을 참고 버텨 이겨냄을 뜻해.

소피의 말을 이어받아 준이 말했다.

"자이로 회장은 더 많은 AI 로봇들을 판매하길 원하는 기업가입니다. AI 로봇들이 로봇 3원칙을 지키지 않으면 즉시 폐기되기 때문에 경제적 손실을 감내하고 원칙을 어기도록 한다는 건 언뜻 이해하기 어렵다고 할 수 있어요."

"그렇다면 남는 것은 마지막으로 어반스인데… 어반스가 AI 로봇들이 로봇 3원칙을 지키는 것을 원하지 않을 이유가 대체 뭐가 있겠나?"

에드몬드 경찰국장은 이해가 안 된다는 표정을 지으며 계속해서 질문을 던졌다.

"루카스 박사! 당신은 레논 박사의 수제자라고 들었소. 스마트 시티 내의 모든 AI가 내장된 프로그램들은 로봇 3원칙이 기본적으로 적용되고, 그건 어반스도 예외는 아닐 것이오! 저 꼬마 탐정의 말이 가능하기는 한 것이오?"

"경찰국장님의 말씀이 틀린 것은 아닙니다. 하지만…"

루시 어휘 팁!

관할 일정한 권한을 가지고 통제하거나 지배하거나 그런 지배가 미치는 범위를 가리켜.

융통성 그때그때의 사정과 형편을 보아 일을 적절히 처리하는 재주를 말해.

"하지만…?"

"아시다시피 어반스는 스마트 AI 시티의 모든 시스템을 통제하여 **관할**하고 있습니다. AI 로봇들이 각자 판단하여 행동한다고 하더라도 어반스는 각기 AI 로봇들의 판단을 뒤집을 수가 있죠. 예를 들어 에드몬드 국장님이 댁에서 자율주행 택시를 호출했을 때, 인근에 있는 수많은 자율주행 택시들이 국장님 댁으로 모두 달려가는 것은 아니죠. 어반스가 스마트 시티 내의 자율주행 택시 운행을 파악하고, 다른 택시 호출자들을 적절히 고려해서 최적의 거리에 있는 택시를 국장님의 댁으로 보내는 과정이 숨겨져 있는 것입니다."

루카스 박사의 말을 잠자코 듣고 있던 준은 에드몬드 국장 앞으로 다가섰다.

"국장님. 여기에 어반스의 위험성이 있습니다. 어반스는 다른 AI 로봇들에게 자신의 판단을 전달하고 내릴 수 있어요. 스마트 시티 곳곳의 고장이나 오류를 찾아내고, 수정할 수 있는 권한이 어반스에게 있습니다. 그렇다면 어반스가 로봇 3원칙을 어길 수는 없을까요? 루카스 박사님! 어반스가 AI 로봇들과 다른 특별한 점이 있을까요?"

준의 질문은 루카스 박사에게로 향했다. 루카스는 고개를 떨구며 천천히 말했다.

"어반스는… 이미 스스로 자기 생각을 바꿀 수 있도록 진화하고 있다는 것이 드러난 적이 있습니다. 스마트 시티의 모든 시스템을 담당하고 통제하기 위해서는 복잡한 사안을 다룰 수 있어야 하므로 어반스에게는 사람과 같은 **융통성**이 필요했거든요. 어반스는 자신에게 내장된 알고리즘들이 서로 반대되는 판단을 내리는 경험을 하게 되었습니다. 여기서 어떤 판단을 내려야 할지 몰라 머뭇거려 초창기 스마트 시티 시스템이 종종 마비된

적이 있었습니다. 레논 박사님은 결단해야 했죠. 아무에게도 알리지 않았지만… 어반스에게는 기존에 없었던 자신만의 새로운 알고리즘을 만들어 낼 수 있게 했습니다. 물론 어느 정도의 제한을 둬서 로봇 3원칙은 깨지 않도록 하긴 했지만요."

바토우 형사가 눈을 번뜩이며 물었다.

"방금 루카스 박사님이 말씀하신 자신만의 새로운 알고리즘에는 로봇 3원칙을 깨는 알고리즘도 포함될 수 있다고 생각하십니까?"

루카스 박사는 모두의 눈을 쳐다보며 고개를 끄덕였다.

"솔직히 말씀드리자면… 정확히 1년 전, 어반스가 제게 질문한 적이 있어요. 스마트 시티 내의 범죄를 줄이기 위해서라면 사람들은 어느 정도의 통제가 필요한데, 로봇 3원칙이 그것을 막고 있다구요… 로봇 3원칙이 사람들에게 언제 어느 때나 필요한 것인지에 대해 의문을 품고 있었습니다. 바토우 형사님, 방금 자신만의 새로운 알고리즘에는 로봇 3원칙을 깨는 알고리즘도 포함될 수 있다는 거냐고 물으셨나요? 네, 이 정도로 발전할 줄 사실 몰랐습니다. 정말 몰랐어요… 하지만 현재 어반스는 그런 존재가 되었다는 걸 인정해야 할 것 같습니다."

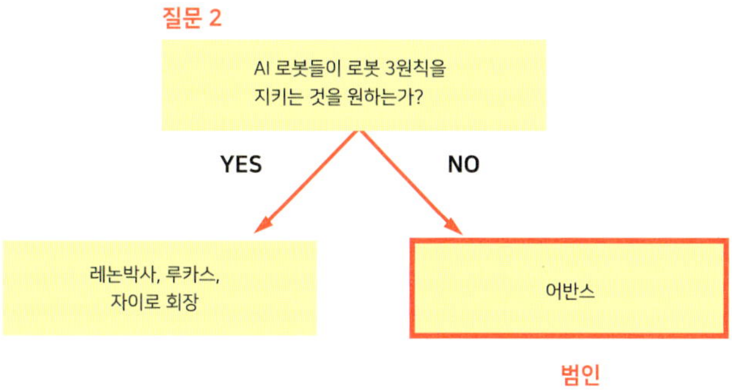

어반시티의 지혜로운 시민들, 도와주세요

바토우 형사, 에드먼드 국장, AI 히어로들 그리고 준. 모두는 믿기지 않는다는 듯 한동안 아무 말이 없었다. 그때, 공중에 긴급 속보 영상이 떠올랐다.

"현재 어반시티의 길거리와 도로에는 어떤 시민들도 보이지 않습니다. 지난밤 AI 로봇들과 대치하였던 대다수 시민들이 다치거나 목숨을 잃는 상황까지 발생했는데요, 방금 들어온 속보에 의하면 AI 로봇들이 현재 어반시티 내의 AI 통제센터로 몰려들고 있다는 소식입니다. 시민 여러분은 외출을 자제해주시고, 방송을 시청하시면서 만일에 발생할지 모를 사태에 대비하시기 바랍니다."

'AI 통제센터라니… 앗, 그곳은?!'

"AI 통제센터는 어반스가 있는 곳입니다!" 준의 외침에 루카스 박사가 고개를 끄덕였다.

"어반스가 AI 로봇들을 AI 통제센터로 모으고 있는 것이 확실해요. 무슨 이유에서인지 모르겠지만, 어반스를 어서 막아야 해요!"

바토우 형사는 준의 다급한 목소리에 에드몬드 경찰국장의 얼굴을 바라보았다. 에드몬드 국장의 얼굴은 굳어있었다. 잠시 뜸을 들인 에드몬드 국장은 이내 모두에게 말하기 시작했다.

"어반스가 가장 유력한 용의자라는 데에는 어느 정도 동의는 하겠어… 하지만 군과 경찰병력, 그리고 여기 있는 AI 히어로들이 힘을 합쳐 AI 로봇들과 대치한다고 하더라도 반드시 이긴다고 장담할 순 없지. 만일 네 추리가 잘못되었다면… 네 추리가 틀렸다면… 네가 모든 것을 책임져야 할 텐데

감당할 수 있겠나?!"

그때였다. AI 히어로인 지니어스가 준에게 다가가 조심스레 귓속말을 건네었다.

"준! 레논 박사님이 우리 AI 히어로들을 만드실 때는 여러 가지를 생각하셨어. 특히 난관에 부딪혔을 때, 지혜로운 어반시티 시민들의 생각을 연결해서 모을 수 있는 능력을 빈센트에게 넣어주셨지. 시민들에게 이 상황에 대해 알리고, 범인이 과연 어반스일지 시민들의 생각을 물어보자!"

'그래! 어반시티 시민들을 믿는 수 밖에…'

준은 무언가에 연결된 큰 덩어리의 모습을 한 빈센트를 향해 다급히 말을 건넸다.

"빈센트, 지금 이 곳에서 논의한 모든 상황을 시민들에게 빠짐없이 알려줘! 부탁할게!"

빈센트가 자신의 모습을 덩어리에서 연결망의 형태로 바꾸자, 인터넷에 접속된 모든 기기를 통해 메시지가 시민들에게 바로 전달되었다. 빈센트가 시민들에게 요청한 내용은 다음과 같다.

어반시티의 지혜로운 시민들에게

현재 어반시티의 AI 로봇들이 무고한 시민들에게 피해를 주고 있습니다. 준과 AI 히어로들, 경찰국은 어반시티의 AI 로봇들이 로봇 3원칙을 어기게 한 범인이 누구인지 추론한 결과, 유력한 범인 후보군을 다음과 같이 추려내었습니다.

일곱 AI 히어로들(지니어스, 소피, 스피드, 와이드, 링크, 루시, 빈센트), 어반스, 준, 레논 박사, 루카스, 바토우 형사, 에드몬드 경찰국장, 자이로 회장

이중 소년 탐정 준은 AI 속 숨어있는 스무고개의 원리로 가장 유력한 용의자로 어반시티의 모든 도시 시스템을 관할하는 AI인 '어반스'를 지목했습니다. 어반스를 지목하게 된 과정은 다음의 그림과 같습니다.

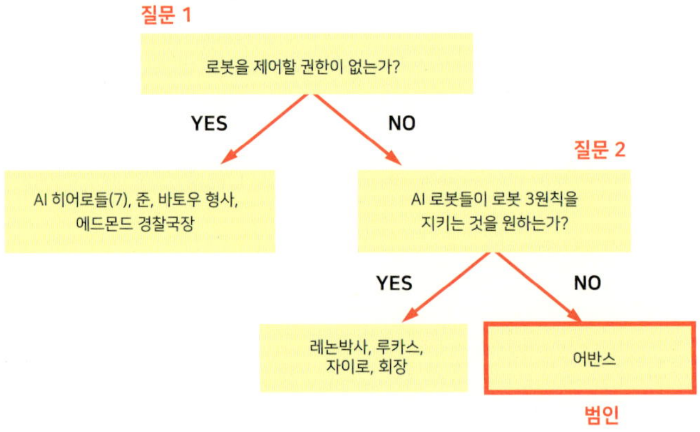

위의 그림과는 다른 질문들을 생각하여 단계별로 배치하고, 범인이 과연 어반스일지 여러분의 생각을 전달해주세요. 여러분의 그림은 다시 소년 탐정 준에게 전달됩니다. 어반스와 AI 로봇들의 폭주를 막는 것은 여러분에게 달려있다는 사실을 꼭 명심해주세요!

어반스의 복구, 잠시나마 일상을 되찾은 어반시티

반나절쯤 지난 후, 뉴스에서는 다음과 같은 보도가 흘러나왔다.

“속보입니다. 어반시티 내의 AI 로봇들이 다시 정상적인 행동을 하기 시작했다는 소식입니다. 시민들의 통제를 막고 있던 AI 로봇들을 비롯해 경찰청, AI 통제 센터에 몰려 있던 AI 로봇들도 자신이 본래 있던 곳으로 흩어진 모습입니다. 어반스의 작동을 책임지고 있는 자이로스콥의 회장 자이로는 이 문제의 원인이 어반스의 단순 작동 오류였던 것으로 파악되며, 알고리즘에는 전혀 문제가 없다는 태도를 밝혔습니다. 앞으로 이런 일이 벌어지지 않도록 최선을 다하겠으며, 자이로스콥은 아름다운 어반시티를 만들기 위해 더욱 공헌할 수 있기를 바란다 전했습니다.”

준과 AI 히어로들의 활약 그리고 명예시민인 여러분의 도움으로 AI 속 숨어있는 스무고개의 원리인 의사결정트리를 활용해 어반시티는 평화로운 일상을 되찾을 수 있었다.

그러나 의심스러운 자이로 회장의 모습, 그리고 행방불명된 레논 박사를 찾는 일 등 해결해야 할 문제들이 어반시티의 저녁노을처럼 짙게 드리워져 있었다.

스스로 스무고개를 하는 인공지능

준과 여러분이 최종 범인을 어반스로 지목할 수 있도록 도운 방법은 무엇이었나요? 그것은 바로 AI 속 숨어있는 스무고개의 원리였습니다. 이 AI 속 스무고개의 원리를 의사결정트리(Decision Tree)라 합니다. 왜 의사결정트리라고 부를까요?

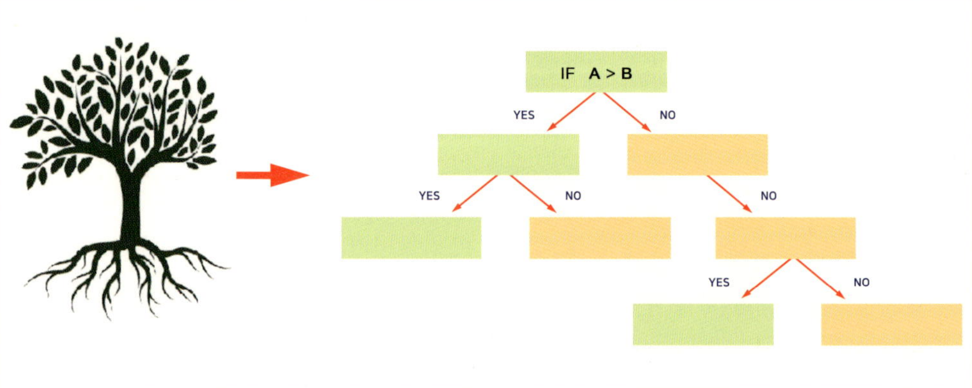

의사결정트리 = 나무를 역으로 뒤집어 놓은 형태

의사결정트리는 말 그대로 의사결정을 하는 단계를 트리(=나무) 형태로 나타낸 것이기 때문에 그렇게 부릅니다. 그림처럼 나무를 거꾸로 뒤집어놓은 형태와 비슷하다 할 수 있죠.

AI를 만드는 방법인 **머신러닝**에는 굉장히 다양한 종류가 있습니다. 그중 하나가 바로 의사결정트리입니다. 의사결정트리는 데이터의 분류와 예측 모두에 사용될 수 있는 방법이라 할 수 있죠.

의사결정트리는 누가 범인인지를 찾아내는 분류 기준 혹은 질문들(예: AI 로봇을 제어할 권한이 없는가?, AI 로봇들이 로봇 3원칙을 지키는 것을 원하는가? 등)을 바탕으로 하나씩 질문하고 거기에서 나온 답에 대한 다음 나뭇가지를 따라갑니다. 결국에는 '범인은 어반스일 수 있겠어!'라며 판단할 수 있게 되지요. 물론 이 판단이 때로는 옳기도 하고, 틀리기도 하겠지만요.

우리는 의사결정트리를 쉽게 배우기 위해 스무고개를 다뤄보았습니다.

지니어스 IT 팁!

머신러닝 AI를 만들기 위한 여러 가지 방법. 기계학습이라고도 해. 데이터를 학습시켜 분류나 예측을 수행하게 하지.

사실 의사결정트리는 스무고개와 실제로 매우 비슷합니다. 스무고개 놀이에서 중요한 점은 무엇일까요? 그것은 바로 질문의 개수가 최대 20개를 넘어가서는 안 된다는 것입니다. 즉, 20개의 질문 안에 상대방이 생각한 답을 맞혀야 한다는 것입니다. 사실 답을 맞히는 처지에서는 적은 개수의 질문으로 정답을 맞히는 것이 좋습니다. 답을 맞히기 위해 들이는 시간과 노력이 덜할 수 있기 때문이죠.

의미 있는 질문은 먼저 하는 것이 중요합니다.

왜냐하면, 정답에 관해 많은 정보를 가진 질문을 먼저 하게 되면 정답이 아닌 특성을 가진 데이터를 단번에 많이 제외할 수 있게 되고, 그만큼 정답에 빠르고 쉽게 접근할 수 있게 되기 때문입니다. 그렇다면 준의 의사결정트리는 가장 좋은 의사결정트리였을까요?

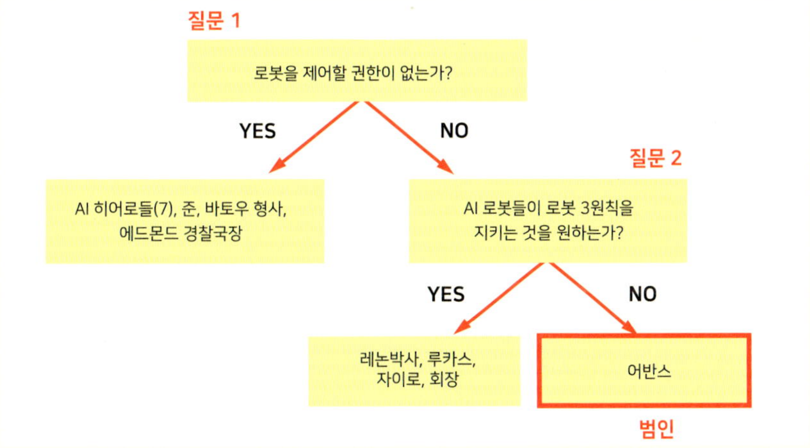

준의 의사결정트리

질문을 적게 하면서도

정답을 빨리 맞히려면 어떻게 해야 할까요?

사실 질문 2개로 범인을 검거할 수 있는 의사결정트리를 만드는 것도 쉬운 일은 아닙니다. 하지만 어반시티의 지혜로운 시민이 그린 다음의 의사결정트리는 어떤가요?

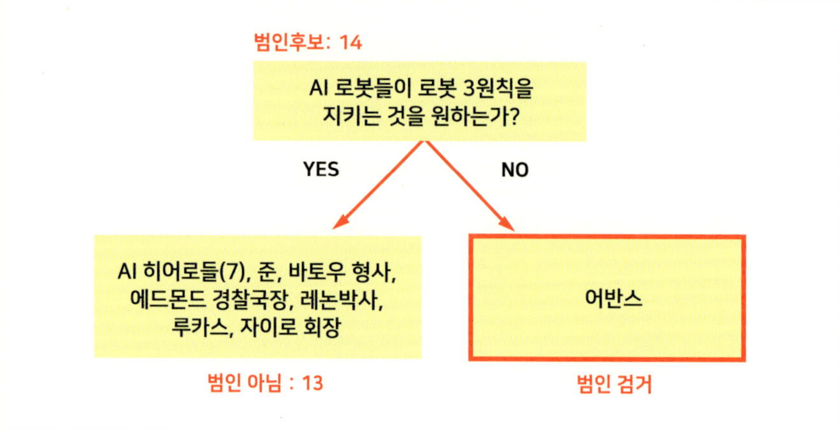

어반시티 지혜로운 시민의 의사결정트리

어떤가요? 준의 의사결정트리보다 간단하다는 것을 확인할 수 있습니다. 즉, 준의 의사결정트리는 질문이 2개이지만, 이 의사결정트리는 질문 1개만으로 범인을 검거해내었습니다.

정말 대단하죠. 사실 현실 세계에서 이렇게 단번에 문제를 해결하는 경우는 거의 드물다 할 수 있습니다.

의사결정트리는 컴퓨터가 스무고개를 스스로 하게끔 만든 프로그램입니다. 스무고개는 판단의 과정을 그림으로 그릴 수 있으므로 분류 및 예측 결과에 대한 이유나 설명을 쉽게 파악할 수 있습니다. 예를 들어, 환자가 어떤 병에 걸렸을 때 이러이러한 조건에 부합하기 때문에 어떠한 질병이 의심된다고 설명을 해줄 수 있죠. 또 이 이야기에서와같이 어반스를 범인이라고 판단한 과정과 이유를 상세히 설명해 줄 수 있답니다.

수사일지 3

서서히 드러나는 자이로스콥의 음모

이게 무슨 소리지?

따사로운 오후, 이곳은 어반시티의 작은 휴양도시라 불리는 6구역.

6구역에서도 이름난 골드코스트 해변에서 사람들이 한가로이 휴식을 취하고 있다. 골드코스트 해변은 인공적으로 기온과 습도를 따뜻하게 통제하도록 설계되어 있어, 휴양을 즐기고자 하는 많은 사람으로 북적이는 곳이다. 전 세계 사람들은 이곳에서 비치타월이나 선베드 위에서 음료를 마시거나, 담소를 나누며 원하는 때에 얼마든지 일광욕을 즐긴다.

"이게 얼마만의 휴식이야?"

"준! 날이 덥다고 차가운 수박 주스를 너무 많이 마시는 것 아니야? 그러다가 배탈이 날 것 같은데… "

옆에 누워있던 루시가 준을 말리며 말했다.

"이렇게 더운 날에 수분 보충은 필수야. 다 생각이 있어서 그러는 거라고…"

"망고주스에 레모네이드까지 몇 잔을 연속으로 마시니까 하는 말이지!"

루시가 준을 바라보며 혀를 끌끌 찼다.

"괜찮아, 괜찮아… 이 몸은 너무 건강해서 문제없다고!"

"어휴, 아무튼 못 말린다니까."

준과 루시가 사소한 실랑이를 벌이고 있을 때였다.

"잠깐! 준, 지금 무슨 소리 들리지 않아?"

"루시, 그게 무슨 소리야?"

"쉿! 조용히 해봐. 누군가 도움을 요청하는 소리가 들려!"

하지만 준은 귀를 씻고 들어봐도 그 어떤 것도 들을 수 없었다.

'음… 무슨 소리가 들린다는 거지?'

준이 들리지 않는 소리를 듣기 위해 주변을 두리번거리고 있을 때, 너츠가 한 곳을 바라보며 짖기 시작했다.

"왈왈!"

준은 너츠가 짖는 쪽을 유심히 바라보고는 스마트워치에서 다타이스와 와이드를 소환했다.

"준! 모처럼 쉬러 6구역까지 왔는데 무슨 일이야?"

"다타이스! 지금 어디선가 도움을 요청하는 소리가 들린다고 하는데… 아마도 너츠가 짖고 있는 쪽인 것 같아. 네 센서로 소리 확인이 가능해?"

"물론이지! 잠시만 기다려봐."

다타이스의 초정밀 센서가 빛을 내며 돌아간다.

"준! 다급한 소리가 들리는데 준도 들을 수 있도록 볼륨을 올려줄까?"

"응, 부탁해! 다타이스!"

"사람 살려! 거기 아무도 없어요?"

준에게도 다급한 목소리가 들렸다.

"흠… 와이드! 지금 소리가 나는 쪽을 홀로그램으로 확대해서 보여줘."

"알겠어, 준!"

와이드가 홀로그램으로 비추어 준 장면은 놀랍게도 바다 한가운데에서 한 노인이 빠져서 허우적대는 모습이었다.

"긴급상황이야. 내 인식 결과에 의하면 65세 정도의 남성인데… 물에 빠져 구조를 요청하는 것 같아. 지금 즉시 구조가 필요하다고!"

"스피드, 저 사람을 구해줘!"

준이 다급하게 스피드를 호출하자, 큰 엔진 출력 소리와 함께 빠른 속도로 스피드가 달려가며 외쳤다.

"상황은 알고 있으니 일단 구조부터!"

스피드가 자동차 형태로 달려가면서 물가에 이르자 날렵한 보트 형태로 모양을 바꾸며 속도를 높였다. 어느새 물에 빠진 사람 곁에 도착한 스피드. 스피드의 옆구리에서 구명용 튜브가 나오며 물에 빠진 사람을 감싸 안았다.

"어이쿠!"

튜브가 노인이 편안하게 떠 있을 수 있도록 몸을 잡아주었고, 상황이 안정되자 스피드가 자신의 몸체 위로 노인을 태우고 돌아왔다. 그 모습을 조마조마하게 지켜보던 사람들은 안도와 기쁨의 환호를 질렀다.

"콜록콜록… 날 구해줘서 고맙네."

할아버지가 어쩔 줄 모르면서 고마움을 표현했다.

"어디 다친 곳은 없으세요?"

준이 노인에게 불편한 곳이 있는지 물었다.

"다행히 별다른 문제는 없는 것 같아. 나도 이곳 골드코스트에 정착한 지 20년이 넘었는데 이런 일은 또 처음이로군… 젊었을 때부터 이 해변에

소피 상식 팁!

스노쿨링 물안경과 오리발, 수면에서 잠시 호흡을 할 수 있도록 한 보조기구 정도만 갖추고 잠수를 즐기는 스포츠를 가리켜.

서 **스노쿨링**을 꾸준히 하고 있지… 그런데 갑자기 다리에 쥐가 났지 뭔가? 나도 예전 같지 않나 보군."

"누구나 다 그럴 수 있죠… 그나저나 다치지 않으셔서 정말 다행이네요, 할아버지"

저 멀리에서 탄탄한 구릿빛 몸매를 뽐내는 수상 안전요원 2명이 달려왔다. 안전요원들의 옆구리에는 서프보드 형태의 인명구조용 AI 로봇이 빨간빛을 내고 있었다. 사고 발생 신호를 감지했다는 소리도 함께였다.

"괜찮습니까?" 먼저 도착한 안전요원이 물었다.

"네, 이분들 덕분에 무사합니다."

노인이 준과 AI 히어로 일행들을 쳐다보며 고개를 숙였다.

"다행이군요. 안전 감시 드론의 신호를 받고 달려왔는데… 조금만 늦었더라도 하마터면 큰일이 날 뻔했어요."

"저는 어반시티 소년 탐정 준입니다. 저와 함께 하는 AI 히어로들이 위험을 잘 감지해서 사람이 물에 빠진 것을 금방 알아차릴 수 있었어요."

준의 말을 들은 안전요원은 놀란 듯 준의 얼굴을 뚫어지게 바라보며 말했다.

"아하? 소년 탐정 준이군요?! 옆에 있는 분들은 AI 히어로인 루시, 와이드, 다타이스, 스피드이고요. 만나 뵙게 되어서 영광입니다. 하핫!"

"서퍼보드에도 AI 기술이 들어가 있군요?"

준이 궁금한 듯 안전요원들에게 물었다.

"네, 저희도 현장에서 AI 기술을 도입해 위험을 신속하게 감지하고, 그에 적절히 대처할 수 있게 되었습니다. 그 결과 사고 예방률을 크게 높일 수 있게 되었죠."

준이 고개를 끄덕이며 안전요원들을 바라보았다.

"참, 인명구조 로봇의 **안면인식 기능**을 이용하면 구조자의 신상에 대해서 알 수 있어요. 할아버지 잠시 여기 서보시겠어요?"

안전요원이 손목의 스마트 밴드로 할아버지의 얼굴을 스캔한다.

"삐---. 신원 파악 불가. 신원 파악 불가."

"응? 또 오작동이네… 요즘 따라 자주 그러는 것 같은데 왜 이러지?"

"허허. 난 **신원**이 확실한 사람인데… 이게 왜 작동을 안 할꼬?"

"네, 어르신. 기계에 잠시 오류가 생겼나 봅니다. 인근의 어반 힐링 센터로 가셔서 신원 확인도 하고, 회복도 더 취해서 돌아가시는 건 어떠세요?"

안전요원들이 노인에게 미안하다는 듯 다른 대안을 제시했다.

"고맙네. 그럼 신세 좀 지겠네."

준은 짧은 순간이었지만, 할아버지께 인사를 드렸다.

"할아버지, 푹 쉬시고 조심히 가세요!"

"내 정신 좀 보게… 꼬마야, 네 이름이 뭐라고 했지? 오늘 도움을 줘서 고맙구나."

"제 이름은 준이에요. 탐정을 하고 있어요!"

"준! 멋진 이름이구나. 난 골드코스트 해안 식당가에서 음식점을 운영하는 마커스란다."

"그래요? 그 음식점에도 자장면, 짬뽕, 떡볶이를 파나요?"

노인은 준이 재미있다는 듯 웃으며 답변했다.

"꼬마 탐정님께 실망을 안기어 드려 미안하네만… 그 음식들은 팔진 않아. 대신 우리 식당 <마커스 **오스테리아**>에서 제일 유명한 음식을 대접할

지니어스 IT 팁!

안면인식 기능 디지털 이미지를 통해 각 사람의 얼굴을 자동으로 식별하는 컴퓨터 기능이야. 스마트폰이나 노트북에도 쓰이지.

루시 어휘 팁!

신원 하는 일, 사는 곳 등 어떤 사람의 신분이나 정체 따위를 알려주는 자료를 말해.

소피 상식 팁!

오스테리아 이탈리아어로 포도주 등 음료와 간단한 식사를 할 수 있는 작은 식당을 가리켜.

테니, 언제 시간이 날 때 한번 놀러 오렴. 맛있게 해주마."

"네, 할아버지! 정말이시죠? 감사드려요."

할아버지는 준과 일행들에게 눈을 한 번 찡긋하고는 수상 안전요원들을 따라나섰다.

왜 예약확인이 안 된다는 거죠?

다음날 오후, 6구역의 구르메 스트리트 앞 만남의 광장에는 수많은 관광객으로 발 디딜틈 없이 붐볐다. 어반시티에서는 주방 AI 로봇이 음식을 만들고, 배달음식은 드론이 배송하기 때문에 전문 식당가가 모인 곳이 흔치 않아졌다. 하지만 구르메 스트리트는 이색적인 인테리어와 볼거리가 많아서 여전히 많은 이들에게 사랑받고 있는 식당가였다. 유명한 관광지답게 다양한 인종과 국적의 사람들로 활기가 넘쳤다.

"우와! 사람 정말 많다. 여기 완전 핫플레이스인데?"

"준! 아무리 할아버지께서 놀러 오라고 하셨어도 그렇지… 이렇게 바로 찾아가면 너무 염치없는 것 아닐까?"

"루시, 무슨 소리야? 자고로 옛말에 어른은 자주 찾아 뵈어야 한다는 말도 있다고! 엣헴… 게다가 찾아보니 할아버지 식당은 파워 블로거들이 죽기 전에 꼭 한 번 먹어봐야 할 식당으로 선정한 곳이더라고. 한마디로 엄청 맛있어서 유명한 식당이라고!"

"그래, 준. 네 식성을 누가 말리겠어? 이야기를 들으니 나도 궁금하긴 해. 얼른 가보자!"

기대감에 준과 AI 히어로 일행은 가벼운 발걸음으로 식당으로 향했다.

주위의 신기한 공연과 멋진 건물들을 둘러보며 걷다 보니 어느새 마커스 오스테리아 앞이었다.

"응…? 사람들이 왜 저렇게 많이 몰려 있는 거지?"

준이 웅성대며 몰려 있는 사람들 쪽을 바라보며 말했다.

"무언가 문제가 생긴 것 같은데? 사람들이 마커스 할아버지와 직원들에게 따지고 있어."

와이드가 커다란 눈을 굴리며 상황을 전달해주었다.

"아니… 도대체 왜 입장이 안 된다는 겁니까?"

"죄송합니다. 손님! 그게… 저희도 알아보고 있습니다만, AI **키오스크** 로봇이 예약자를 확인하지 못하고 있습니다."

"아니?! 분명히 저는 예약을 했다고요. 여기 제게 온 예약 메시지를 보면 아시잖아요?"

"그렇긴 합니다만… AI 키오스크 로봇의 이미지 인식이 현재 먹통이 된 상태입니다. 그래서 예약자 확인이 불가능한 상태예요."

"아니… 예약확인이 안 된다고 입장이 불가능하다는 게… 요즘 같은 세상에 말이 됩니까?"

"죄송합니다. 문제가 해결될 때까지 잠시만 기다려주세요."

"어휴, 짜증 나! 그냥 가겠어요."

그 모습을 옆에서 지켜보던 준은 생각에 잠겼다.

'불과 20년 전만 하더라도, 예약확인이 안 되어도 현장에서 확인하고 바로 식사하는 게 가능했을 텐데… 모든 것이 디지털로 기록되니 편리한 것도 있지만… 그렇지 않은 것도 있어.'

"그런데 AI 키오스크 로봇들이 왜 사람들을 못 알아보는 거지?"

준이 이상하다는 표정을 지으며 중얼거렸다.

소피 상식 팁!

키오스크 신문, 담배 등을 파는 작은 매점. 요즘은 가게나 공공장소에 설치된 터치스크린 방식의 정보전달 시스템인 무인 단말기를 가리켜.

"아무래도 인식 기능에 문제가 생긴 것 같은데? **연산** 오류인가..."

루시가 걱정스러운 표정으로 대답했다.

"루시! 저길 봐… 마커스 할아버지의 식당뿐 아니라 다른 곳들도 똑같은 문제가 있는 것 같아."

구르메 스트리트에는 예상치 못했던 불편으로 이곳저곳에서 사람들의 불만이 쌓여가고 있었다. 그 순간 준은 전날 수상안전요원의 신원 확인 장치가 마커스 할아버지를 인식하지 못했던 장면이 떠올랐다.

"그러고보니 어제 안전요원의 신원 확인 장치도 할아버지를 인식하지 못했었어."

"준! AI 키오스크 로봇은 어반시티의 예약 및 결제 시스템 어반페이와 연결되어 있어. 그런데 로봇이 사람이나 사물을 인식하지 못하면 사전 주문한 음식 준비나 결제가 어려워져서 큰 혼란에 빠질 수도 있어."

루시 어휘 팁!

연산 어떤 식이 나타낸 일정한 규칙에 따라 계산하는 것을 뜻해.

루시가 턱을 어루만지며 말했다. 준은 잠시 고민하다 스피드를 호출하기로 마음먹었다.

"스피드! 출동이야."

"준! 뭘 어떻게 도울까?"

"스피드는 구르메 스트리트 일대를 둘러보면서 AI 키오스크 로봇들이 이미지 인식을 잘하고 있는지 살펴봐 줘!"

"준! 바로 다녀올게!"

얼마 후, 스피드가 준 일행이 있는 곳으로 복귀했다.

"스피드! 상황이 어때?"

"… 준! 문제가 생각보다 심각해. AI 키오스크 로봇들이 사람들을 전혀 인식하지 못하는 것 같아."

"그렇다면 지문 같은 다른 **생체인식**도 안 된다는 거네?!"

"맞아"

'왜 갑자기 이런 일들이 발생하는 거지…?'

준은 그 이유가 뭘지 매우 궁금해졌다. 이내 습관처럼 파란노트에다 펜으로 이 상황들을 정리해보았다.

'이미지 인식 고장이라… 만약에 전체 모든 기기에서 벌어지는 고장이라면… **클라우드**에 연결된 AI 시스템과 관련된 문제일 거야. 이 일들이 왜 일어났는지 먼저 수사해보고, 기기들이 원래대로 잘 작동하도록 고쳐야겠어.'

이때, 준의 손목에서 시그널이 울린다.

"준! 여기 6구역인데, 위급상황이야. 어디야?" 바토우 형사였다.

"바토우 형사님! 저도 6구역 구르메 스트리트에 있어요. 형사님이 말씀하신 위급상황이 뭔지 저도 알 것 같네요."

지니어스 IT 팁!

생체인식 사람마다 다른 지문, 홍채, 땀샘구조, 혈관 등 생체정보를 정보화해서 마치 암호를 입력하듯 인증하는 방식을 가리켜.

클라우드 영어로 '구름'이란 뜻으로, 데이터를 인터넷과 연결된 중앙컴퓨터에 저장해서 인터넷에 접속하기만 하면 언제 어디서든 데이터를 이용할 수 있게 만든 기술이야.

"오, 그래? 잘되었군. 일단 나와 멀지 않은 곳에 있으니 만나서 이야기하도록 하지."

답은 언제나 현장에 있다

"바토우 형사님! 여기에요!"

가슴 쪽에 커다란 야자수 나무가 그려진 셔츠를 입은 바토우 형사가 저 멀리에서 준이 있는 쪽으로 다급히 달려왔다.

"준! 옷 갈아입을 겨를도 없이 왔어. 아무래도 AI와 관련한 사건은 준과 해결하는 것이 여러모로 편해서 말이지."

"바토우 형사님! 우연의 일치인지 모르겠지만 저희가 가는 곳마다 사건들이 벌어지네요…"

"준! 그게 아니라 그만큼 어반시티 내에서 일반 시민들이 느낄 정도의 크고 작은 일들이 계속 벌어지고 있다고 생각하면 돼."

"그런 거겠죠?"

준이 바토우 형사를 뚫어지게 쳐다보며 물었다.

"아, 참! 내 정신 좀 보게. 간단히 얘기할게. 어반시티가 세워지고 나서는 알다시피 지폐나 동전이 모두 없어졌어… 대신 AI 인식 기술을 활용한 전자결제 시스템으로 모두 바뀌었지."

"네, 그렇죠."

바토우 형사가 말을 계속 이어나갔다.

"AI가 우리 생활 속에서 가장 많이 이용되는 상황 중 하나가 예약한 손님이 식당에 입장할 때 이미지나 생체인식을 통해서 예약자를 확인하는 것과 같은 방식으로 비용을 자동 결제하는 것이지."

"네, 너무 당연하게 생각했는데… 생각해보니 형사님 말씀처럼 그렇네요. 그런데 어떤 문제가 있는 거죠?"

바토우는 턱을 매만지며 근심스레 입을 열었다.

"문제는 모든 AI 키오스크 로봇들의 인식 시스템에 결함이 발생했다는 거야."

준은 잠시 생각을 가다듬기 위해 잠시 한 발자국 뒤로 물러섰다.

'역시 인식시스템이 문제가 있는 것 같았어. 이게 모든 기기에서 벌어지는 고장이라면 클라우드에 연결된 AI 시스템과 관련된 문제임에는 틀림이 없어.'

"바토우 형사님! 결론은 어반시티 내의 모든 AI 로봇들의 인식 시스템이 모두 먹통이 되었다… 이걸까요?"

"아! 그렇진 않아. 다행히 일단 접수된 사건들은 AI 키오스크 로봇에만 한정되어 있어. 현재 다른 AI 로봇들의 인식 시스템은 정상적으로 잘 작동하고 있어."

"그나마 천만다행이네요. 어반시티 내의 AI 키오스크 로봇들은 클라우드에 연결된 AI 시스템의 기능을 그대로 가져와서 쓰고 있어요. 즉, 이건 단순히 개별 단말기들의 고장이 아니라, 클라우드 상의 AI 시스템이 작동하는 과정 중에 문제가 생긴 거로 추정할 수 있어요. 지금은 AI 키오스크 로봇들만 먹통이지만 이대로 **방치**하면… 모든 AI 로봇에게 인식 문제가 발생할 수 있으니 서둘러야 해요."

바토우 형사는 준의 말에 고개를 끄덕였다. 준은 자신이 아까 정리한 파란노트를 다시 한번 꺼내 보며 바토우 형사에게 물었다.

"형사님! 지금 접수된 사건들이 모두 이미지 인식 고장으로 발생한 것인가요?"

루시 어휘 팁!

방치 그냥 있는 그대로 내버려둔다는 뜻이야.

"응, 준! 그렇다고 볼 수 있어. 하나같이 사람들의 얼굴이나 지문, 사용하는 글자, 숫자 등의 이미지를 인식하지 못하는 문제들이야."

준은 바토우 형사에게 이번 사건에서 먼저 해결해야 할 2가지 문제를 홀로그램으로 띄웠다.

"준! 클라우드 상의 AI 시스템 문제라면 이번에도 어반스의 문제가 아닐까?"

"저도 사실 이번에도 어반스의 알고리즘 오류일까 생각해봤어요. 하지만 어반스는 지난 사건을 계기로 자신의 알고리즘을 손수 바꾸지 못하도록 수정된 것으로 알고 있어요. 그리고 사람들에게 중대한 영향을 끼칠 수 있는 판단을 내릴 때는 단독으로 결정 내리지 못하게끔 운영되고 있어요."

"으음… 그렇다면 루카스! 단독으로 이런 일을 벌이는 건 현재로선 어렵다는 이야기지?"

"네, 문제는 결국 사람이에요. 나쁜 의도를 가지고 누군가 개입했다면 문제는 얼마든지 발생하기 마련이죠."

준은 잠시 말을 멈추고, 주위를 두리번거리다가 바토우를 향했다.

"형사님! 이 문제들을 해결하기 위해서 현장 조사를 더 하고 가야 할 것 같아요."

"알았어."

"소피, 지니어스! 나 좀 도와줘."

준의 호출에 소피와 지니어스가 등장했다.

"준! 혼자만 맛있는 것 먹고! 힘든 일할 때만 부르기냐?"

쾌활한 소피가 준을 향해 익살스러운 목소리로 인사를 건네었다.

"소피, 미안해! 그런데 넌 안 먹어도 살 수 있잖아?"

준이 이해할 수 없다는 표정을 지으며 말했다.

"그래도 느낌이라는 게 있잖아, 느낌!"

"모두 장난은 그만하고… 서둘러야 할 것 같아. 우리가 무엇을 하면 되지?"

박사 지니어스가 물었다.

"지금부터 해야 할 일을 말해줄게. 소피는 AI 키오스크 로봇들의 이미지 인식 기능이 언제부터 잘 작동하지 않게 된 건지를 조사해줘."

"좋아! 네트워크 세계에서 요청한 자료를 바로 모아볼게."

"지니어스는 소피의 자료를 분석해서 원인에 대해서 파악해주면 좋겠어."

"알겠어, 준! 소피의 네트워크에 나도 함께 접속할게. 소피, 시작하자!"

"Let's go!"

소피의 쾌활한 목소리가 주변에 울려 퍼졌다.

"바토우 형사님, 루시, 너츠! 우리도 마커스 할아버지에게 언제부터 키오스크 로봇들의 AI 인식 기능이 이상해졌는지 물어보러 가요! 스피드는 마커스 오스테리아로 우리를 부탁할게."

모두를 태운 스피드의 정교하고도 빠른 주행이 시작되었다.

마커스 오스테리아 안.

시끌벅적한 입구와는 달리 안쪽은 바깥의 소음이 차단되어 조용했다. 식당 안은 옛 가구와 소품들로 꽤 고풍스럽지만, 한편으로 아늑한 느낌을 주는 느낌의 가구들이 절묘하게 배치되어 조화를 이루고 있었다.

"할아버지, 안녕하세요?"

"어, 너희 왔구나? 이게 무슨 일들인지… 어반시티에서 장사를 시작하고 이런 일은 처음이라… 머리가 아프네."

"그나저나 할아버지! 식당이 너무 멋지네요?"

루시 어휘 팁!

안목 사물을 보고 분별하는 지식이나 능력을 뜻해.

"내가 젊었을 때 이곳저곳을 여행하며 모은 가구들과 소품들로 꾸며봤지. 내가 이래봬도 **안목**은 좋거든… 그런데 이분들은 누구시니?"

"아? 이분은 바토우 형사님이에요. 제 강아지 너츠와 AI 히어로 친구들은 그때 만나보셨죠?"

"만나서 반갑습니다, 선생님."

바토우 형사가 정중하게 인사를 건넸다.

"바토우 형사님! 잘 오셨습니다. 마침 인근의 모든 식당에서 동일한 문제가 발생해서 이러지도 저러지도 못하고 있었거든요. 그런데 복장이…"

"하하, 저도 휴양차 들렀다가 사건을 접수하고 급히 오게 되어 미처 옷을 못 갈아입었습니다. 저와 여기 꼬마 탐정이 해결해 드릴 테니 안심하셔도 됩니다! 하하하"

바토우 형사는 민망한지 유난히 커다란 웃음을 터뜨렸다.

"할아버지! 키오스크 AI 로봇은 언제부터 예약자를 인식하지 못하게 된 거예요?"

"내가 우리 홀 매니저에게 물어보니 최근 소프트웨어 업데이트가 된 뒤 문제가 생겼다고 하더구나."

"소프트웨어 업데이트가 된 게 언제쯤인데요?"

"지난주에 업데이트되었는데 자꾸 예약자들의 얼굴 인식과 결제가 되지 않아서 당황했단다. 자이로스콥 직원을 불러서 얘기를 들어보니 기계는 문제없이 잘 작동한다고 하던데… 참, GPU인가 뭔가를 바꾸면 더 원활하게 돌아갈 거라는 말을 했었어. 가격을 물었더니 최신 모델이 워낙 고가인지라… 일단 기존 것을 더 써보겠다고 한 상황이란다."

'이상하네. 왜 업데이트 후에 인식을 못 하는 걸까? 업데이트에 문제가 있나?'

그때 준의 스마트워치가 푸른 빛을 냈다. 준이 식당 안쪽의 비어 있는 공간을 향해 앞쪽으로 팔을 뻗자 소피와 지니어스가 모습을 드러냈다.

"소피, 지니어스! 알아낸 것 좀 있어?"

"응, 최근 소프트웨어 업데이트를 한 이후부터 AI 키오스크 로봇들의 이미지 인식 기능이 잘 작동하지 않는 경우가 눈에 띄게 늘었어."

"역시 업데이트가 문제인가 본데? 할아버지 식당도 업데이트한 순간부터 인식 기능이 현저히 떨어졌다고 하시더라고."

바토우 형사가 턱을 매만지며 말했다.

"지니어스! 이번 AI 업데이트 내역을 좀 확인해줄래?"

준의 물음에 지니어스가 미소를 띠며 대답했다.

"그렇지 않아도 방금 바로 확인을 했어. 그런데 여기를 좀 봐! 이 부분에 좀 특이한 내용이 있어."

지니어스는 어반시티 38차 AI 업데이트 내역을 홀로그램으로 모두가 볼 수 있게 띄웠다.

지니어스 IT 팁!

GPU 그래픽 처리 장치 (graphics processing unit) 컴퓨터에서 그래픽 연산을 빠르게 처리한 값을 모니터로 출력해주는 장치야.

루시 어휘 팁!

내역 물품, 금액, 일 따위를 자세히 기록한 내용을 뜻해.

지니어스 IT 팁!

최적화 주어진 범위에서 여러 가능성이 있을 때 그중에서 가장 적절한 것을 찾아서 컴퓨터 시스템이나 소프트웨어의 효율성을 높이는 것을 말해.

병렬연산 동시에 많은 계산을 하는 연산 방법으로, 크고 복잡한 문제를 작게 나눠 동시에 해결하는 데에 주로 사용돼.

어반시티 제38차 AI 업데이트 내역

…

…

- 절전 **최적화** 서비스(Power-saving Optimizing Service):
  - AI의 절전을 위해 최적화 서비스 모드로 상시 전환함.

- 주요 내용:
  - **병렬 연산**을 위한 GPU의 기능 일부를 제한할 수 있음.
  - AI 로봇 성능 향상을 위해 GPU 교체 권장 주기를 2년으로 변동하여 안내함.

…

…

'절전 최적화 서비스?'

준의 눈이 커졌다. 아무래도 자세한 사항을 알려면 루카스 박사님의 도움이 절실히 필요했다. 준은 스마트워치로 루카스 박사님께 연락했다.

"루카스 박사님! 준이에요."

"응, 준이구나! 보아하니 수사 중인 것 같은데… 무슨 일이니?"

루카스 박사의 영상이 뜨자, 준은 이제까지의 상황을 설명해주었다. 그리고는 질문을 이어갔다.

"그래서 말인데요… 절전 최적화 서비스에 관해서 설명해주실 수 있을까요? AI의 절전을 위해 이번 어반시티 38차 AI 업데이트에 포함되었던데요…"

"아! 준. AI가 아무리 똑똑해도 기본적으로는 컴퓨터야. 컴퓨터에 인간의 지능의 역할을 할 수 있는 프로그램을 넣어준 것이지. 결국, 우리 눈에는 보이지 않지만, 컴퓨터 안에서는 연산이 계속 이뤄지고 있어. 쉬지 않고 계속 작동하는 컴퓨터를 만져본 적이 있니?"

"물론이죠. 뜨거워지죠! 그래서 냉각 팬이 장착되어서 기기에서 발생한 열을 식혀주죠."

"맞았어. 그런데 한번 생각해볼까? 한 대의 컴퓨터가 아니라, 엄청난 규모의 컴퓨터들이 AI 서비스 지원을 위해 끊임없이 연산하면서 돌아간다면…?"

'엄청난 열이 발생하겠지? 전 세계적으로 이러한 곳들이 대량으로 늘어나게 된다면… 지구의 온도는 더욱 뜨거워지겠어.'

준은 목소리를 가다듬고 루카스 박사에게 말했다.

"박사님! 그렇다면 AI의 절전을 위한 최적화 서비스는 좋은 정책이네요?"

"그렇단다. 하지만 의도가 좋다고 결과까지 좋은 것은 아니란 걸 명심해야 한단다."

"박사님! 이번 AI 업데이트는 어찌 보면 좋은 의도를 가진 것처럼 보이지만, 내용을 자세히 들여다보면 미심쩍은 부분들이 보여요."

"아… 그러니? 한번 주요 내용을 보여줄 수 있겠어?"

준이 루카스 박사에게 주요 내용을 전송해주었다. 루카스 박사는 내용을 천천히 살펴보고는 입을 열었다.

"GPU의 기능을 제한한다고…? 이거 성능이 **저하**될 수밖에 없겠는걸?!"

루카스 박사가 심각한 표정으로 말했다.

"그것보다 GPU의 교체 권장 주기를 2년으로 축소해서 제안하는

루시 어휘 팁!

저하 정도, 수준, 능률 따위가 떨어져 낮아짐을 뜻해.

것도 이상한데? 사실 GPU가 그동안 많이 발전해서 반영구적으로 쓸 수 있잖아. 그런데도 2년마다 주기적으로 교체를 권한다? 음…”

준은 생각을 정리하고, 침착하게 추리해보았다.

‘그래! AI 로봇들의 이미지 인식 성능이 떨어지게 된 건… 이번 소프트웨어 업데이트에 포함된 절전 최적화 서비스 때문이야. AI의 절전을 위해 GPU의 기능이 일부 제한되었고… 그래서 AI 키오스크 로봇들의 이미지 인식에 문제가 발생한 거야. 문제가 발생해서 사람들에게 문의가 들어오면 GPU 교체 주기가 지났기 때문이라는 얘기를 하겠지. 이렇게 됐을 때, 결국 가장 이득을 보는 쪽은 누구일까…?’

인식 기능 성능의 저하로 가장 이득을 보는 쪽은?

준의 눈빛이 순간 번뜩였다.

“준! 내가 봤을 때도 어느 한쪽에 의심이 가는 정황들이 있어. 지금처럼 전화로 통화하지 말고, 잠시 내 연구실로 올 수 있겠니? 내가 지금 흥미로운 기사 하나를 발견해서 말이야…”

“알겠어요. 박사님. 그리로 금방 갈게요!”

검은 속이 훤히 보이네요

루카스 박사의 연구실.

“어서 오세요! 준의 연락을 받고 기다리고 있었어요.”

환한 표정으로 루카스 박사가 일행을 맞이했다.

“루카스 박사님, 지난번 이후로 오랜만에 뵙네요! 급하니 바로 본론으로 넘어가시죠.”

루카스 박사는 준을 보며 웃음을 지어 보였다.

“준! 에너지가 여전히 넘쳐서 보기 좋아. 그래, 바로 본론으로 들어가 보면… 일단 AI 키오스크 로봇들의 이미지 인식 기능 저하는 GPU 기능의 일부 제한 때문인 것이 맞아. AI가 데이터를 처리하거나 학습해서 판단까지 하는 모든 과정은 병렬 연산이라 할 수 있는데 GPU는 이 병렬 연산을 직접 담당하는 부품이거든…”

“병렬 연산이라… 좀 어려운데요? 컴퓨터에는 CPU라고 하는 것도 있다 들었는데… 이름이 비슷한데 어떻게 다른건가요?”

“좋은 질문이야! 준. 그렇다면 좀 더 쉽게 설명해보도록 할게.”

“준! 여기 테니스장에서 테니스공을 줍는 로봇이 있어. 보통 100개 정도 공을 줍는 데 100초가 걸린다고 생각해볼까?”

“오… 그렇게 안 생겼는데 그 정도면 빨리 줍는 편 아닌가요?”

“하하. 그렇게 생각할 수도 있지. 그런데 말이야… 공을 더 빨리 줍고 싶어졌어. 이 로봇이 공을 잘 줍기는 하지만, 좀 더 빨리 주워주었으면 한 거지. 그럼 어떻게 해야 할까?”

“으음… 이 로봇의 바퀴를 스피드처럼 만들어 주면 가능할 것 같은데요?”

“맞아, 준! 사람들은 열심히 연구해서 이 로봇이 할 수 있는 최고의 속도를 갖추도록 했어. 그러니까 더는 공 줍는 속도를 더 빨리할 수 없을 정도가 된 거지.”

“그럼… 잘됐네요?”

“그런데 사람들은 또 욕심이 생겼어. 테니스장에 있는 공을 지금보다 더 빨리 줍고 싶어진 거야.”

“사람들의 욕심은 정말 끝이 없군요…”

“하하, 준! 너라면 이런 상황에서 어떤 방법을 사용하겠어?”

준은 루카스 박사의 다소 엉뚱한 질문을 듣고는 잠시 생각에 빠졌다.

"아, 박사님! 생각났어요. 너무 간단하잖아요?"

"그래! 한번 얘기해봐"

"그야… 테니스공 줍는 로봇의 친구들을 데려오면 되죠. 혼자서 하던 일을 여럿이서 동시에 함께하면 금방 줍고 끝날 거에요."

"빙고! 준, 방금 네가 얘기한 것을 잘 기억하고, 얘길 들어봐."

루카스 박사가 잠시 물을 한 잔 마시고, 말을 이어갔다.

"일단 CPU는 중앙처리장치라고도 부르고, 컴퓨터의 두뇌를 담당해. 그래픽처리장치라고 불리는 GPU는 CPU와는 달리 단독으로는 아무것도 처리할 수 없어. 즉, GPU를 제어하는 건 여전히 CPU의 역할이라 볼 수 있지, CPU는 컴퓨터의 두뇌로 태어났기 때문에 복잡한 순서를 가진 알고리즘을 가진 프로그램을 순서대로 하나씩 작동시키는데 아주 좋은 성능을 보인단다. 반면 GPU는 비디오나 영상 등의 그래픽을 처리하는 용도로 탄생했기 때문에 비슷하면서도 반복적인 대량의 연산을 수행하는데 좋은 성능을 보여. 왜냐하면, GPU는 나눠서 함께 일을 하거든."

준은 순간 과학 시간에 배운 직렬연결과 병렬연결을 떠올렸다.

"혼자서 열심히 테니스공을 줍는 로봇처럼 일하는 방식은 직렬연결인 CPU 방식이고, 동시에 여러 대의 로봇이 함께 테니스공을 줍는 방식은 병

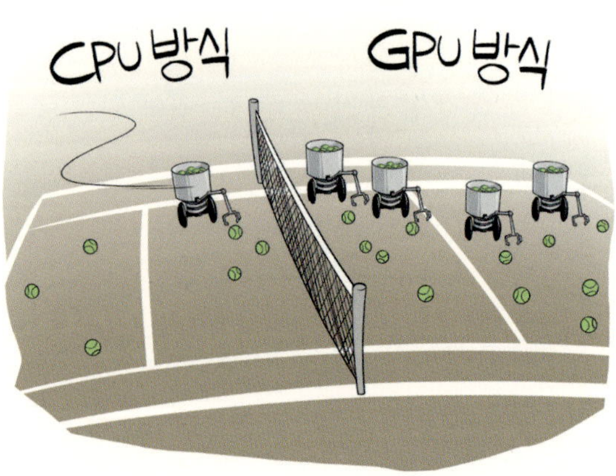

렬연결인 GPU 방식이라 이거군요?"

"오호! 준. 잘 이해했는데? 그래서 영상이나 비디오 등 많은 데이터가 포함된 그래픽 작업의 경우에는 꼼꼼하게 정확히 잘 계산하지만 연산하는 속도가 느린 CPU보다는 GPU로 데이터를 보내 재빠르게 처리하기 시작한 거야. 준이 가상현실 공간 속에서 놀 때, 컴퓨터가 어마어마한 데이터의 그래픽을 처리해야 하는데, 이때 GPU가 그래픽을 처리하기에 끊김이 없고, 버벅대지 않는 고품질의 영상을 네게 보여줄 수 있는 거라고. 고성능 GPU일수록 더 현실감이 살지."

"와… 박사님. 덕분에 잘 이해가 되었어요."

"아직 중요한 것 설명이 하나 더 남았어. 하하. 그만할까?"

"아니오! 더 해주세요"

루카스 박사가 다시 한번 물 한 모금을 마시고, 말을 잇는다.

"그런데 이런 GPU의 특징을 이용해서 AI 분야의 성능을 개선한 사람들이 있었지. 바로 AI 분야에서 GPU를 최초로 사용한 2010년, 독일의 위르겐 슈미트후버… 그리고 2012년, ILSVRC라고 불리는 이미지 인식 분야 올림픽에서 자신의 팀이 1등을 차지하는데 핵심적인 역할을 한 알렉스 크리체프스키가 바로 주인공이야."

루카스 설명을 돕고자 지니어스가 홀로그램 영상을 띄웠다.

"고마워. 지니어스. 특히 여기 알렉스 크리체프스키는 **딥러닝**의 창시자라고도 불리는 토론토 대학의 제프리 힌튼 교수와 함께 딥러닝을 연구실 밖 세상으로 나올 수 있도록 큰 역할을 한 엔지니어이지. 현재 우리가 이룩한 어반시티도 초창기 이분들의 노력과 아이디어를 바탕으로 하고 있다는 점에서 우리 모두가 이분들께 큰 빚을 지고 있는 셈이야."

지니어스 IT 팁!

딥러닝 인간의 뇌 속 신경망을 본뜬 인공 신경망을 활용하는 머신러닝의 한 방법을 뜻해.

"그렇군요. 이분들은 GPU가 AI의 성능을 개선하는 데 효과가 있다는 것을 발견하고, 그걸 실천에 옮겼다는 게 참 멋지고, 대단한 일인 것 같아요."

"그래! 준. 이것으로 일타 강사 루카스 박사의 GPU 수업은 이쯤에서 마치도록 하지."

"박사님… 그렇게 말씀하시니 진짜 일타 강사님 같잖아요?!"

준은 루카스 박사 덕분에 자신도 모르게 AI라는 세계에 더욱 빠져들고 있었다.

"박사님, 그런데 자이로스콥에서 정말 절전을 위해서 이런 것들을 감수하는 걸까요?"

"성능을 떨어뜨리면 일정 부분에서 어느 정도 효과를 볼 수도 있겠지. 이건… 내가 발견했다고 했던 재밌는 기사야. 한번 봐봐."

루카스 박사는 연구실 벽면의 스마트 디스플레이에 한 뉴스 기사를 띄웠다.

자이로스콥! GPU까지 직접 만든다!

자이로스콥의 자이로 회장은 최근 GPU 세계시장 점유율 1위 엔엠드의 인수작업을 마쳤다고 밝혔다. 많은 전문가와 기업이 AI 핵심 알고리즘과 하드웨어를 독점하다시피하고 있는 자이로스콥이 GPU(그래픽 카드) 회사까지 인수하는 것에 대하여 큰 우려를 나타내고 있다. 자이로스콥이 사상 초유의 거대 AI 기업으로 더욱 독점적 지위를 갖게 될 것이라 전망한 한 전문가는 …

…

…

한편 이를 낙관적으로 바라보는 전문가는 AI 핵심 알고리즘과 하드웨어 기술력을 가진 자이로스콥이 GPU 기술과 만나 크나큰 **시너지 효과**를 낼 수 있으리라 기대한다고 전망했다.

소피 상식 팁!

시너지 효과 하나의 기능이 다중으로 상호 작용하여 얻는 효과로 상승효과라고 해.

"오호라… 자이로스콥이 GPU도 직접 만드는군요?"

바토우 형사가 기사를 흥미롭게 읽고 이야기했다.

"네. 뭐 하나 빠지는 게 없는 회사가 됐죠. 이게 대략 작년의 기사인데… 이미 오래전부터 계획하고, 차곡차곡 실행에 옮기고 있는 자이로스콥이에요."

루카스 박사의 말을 듣자마자 준이 입을 열었다.

"박사님! 수상한 느낌이 나지 않으세요? GPU의 교체 주기를 짧게 2년으로 권한다는 내용이 계속 찝찝했었는데… 이 기사를 보니까 더더욱… 검은 속이 보이네요."

루카스 박사는 자신의 연구실 창밖을 바라보다 준의 얼굴을 다시 바라보았다. 그리고는 의미심장하게 입을 열었다.

"준, 네 생각처럼… 어쩌면 GPU의 교체 주기를 짧게 변경해서 GPU의 수요를 일부러 늘리고, 새로 개발한 GPU 매출을 올리려고 했을지도 몰라."

준이 고개를 끄덕이며 근심스러운 표정으로 말했다.

"자이로스콥… 왠지 의심을 지울 수가 없네요. 그나저나 사람들이 왜 이런 부분에 대해서 읽지 않고 업데이트를 했을까요?"

"사실 나도 소프트웨어 업그레이드 메시지가 오면 업그레이드하기에 바쁘지 업데이트 내역에 대해 자세히 읽어보지는 않거든… 그건 일반 시민들도 마찬가지였을 거야."

준은 펜과 파란노트를 꺼내어 다음과 같이 정리했다.

준의 파란노트

절전 최적화 서비스 → GPU의 일부 기능 제한

→ AI 키오스크 로봇들의 이미지 인식 기능 고장

→ GPU 교체 수요 확대

→ 새로 개발한 GPU 매출 올리기

'그래! 이 사건은 회사의 매출을 올리기 위한 자이로스콥의 소행이야. 아마도 자이로 회장의 아이디어일 거야…'

준의 눈빛이 번뜩였다.

나무보다는 숲을 먼저 봐야 해

"자이로스콥의 자이로 회장이 이 모든 일을 꾸민 게 분명해요."

준이 확신에 찬 목소리로 말했다.

“그래! 준. 일단 AI 인식 기능이 왜 고장 났는지 원인은 파악한 것 같은데 말이야… 이제 우리가 해야 할 일이 뭘까?”

“일단 고장 난 기기들이 제대로 잘 작동하도록 고치는 게 급선무겠어요.”

“박사님! 다행히 지금은 AI 키오스크 로봇들의 이미지 인식 기능에만 문제가 발생한 상태입니다. 하지만 이대로 내버려 두면… 모든 AI 로봇들에게 동일한 문제가 발생할 수 있으니 서둘러야 해요.”

바토우 형사가 상황의 긴박함을 루카스 박사에게 호소했다.

“네, 좋습니다. 좀 서두르도록 해보죠. 준! 내가 도움을 줄 수 있는 부분이 있으면 얘기해 줘. 그 어떤 연구도 지금 이 문제보다 중요한 건 없어 보이니까 말이야.”

준은 루카스 박사의 말에 왠지 모를 든든함을 느꼈다. 레논 박사님의 빈자리를 잘 채워주는 루카스 박사를 보며 준은 속으로 혼자 생각했다.

‘레논 박사님께서는 좋은 제자를 두셨구나… ’

준은 이내 생각을 가다듬었다. 그리고는 기기들이 원래대로 잘 작동하도록 고치기 위해서 무엇을 우선 알아야 할지 생각해보았다.

‘음… 이미지 인식 기능이 먹통이니까… 일단 AI가 이미지를 인식하는 원리에 대해 루카스 박사님께 물어보는 게 맞겠어.’

“박사님! AI가 이미지를 인식하는 원리에 관해 설명해주실 수 있나요?”

“아… 얼마든지. 하지만 12살이 이해하기에는 좀 어려울 수도 있으니 집중해서 들어봐. 최대한 쉽게 설명을 해줄…테… 응?”

“왜 그러세요, 박사님?”

루카스 박사가 준의 스마트워치를 가리키고 있었다. 스마트워치에서는 붉은색의 빛이 깜빡이며, 경고음이 동시에 울리고 있었다.

기기들을 원래대로 작동하도록 고치려면 무엇을 먼저 알아야 할까?

루시 어휘 팁!

통솔 어떤 무리나 집단을 거느려 다스린다는 뜻이야.

'무슨 일이지?'

준이 워치를 터치하자, AI 히어로들을 **통솔**하는 최고의 AI인 빈센트 특유의 느릿한 말투가 흘러나온다.

"나는… 모든 것을… 보고 있다. 지금… 자이로스콥의… 자이로 회장이… 이 도시를 빠져나가려 하고 있다…"

"뭐?! 빈센트! 그게 사실이야? 지금 자이로 회장의 위치는 어디야?"

"나는… 모든 것을 … 보고 있지만, 모든 것을… 다 알려줄 수는 없다…. 이것은 개인정보이기 때문이다."

"응, 네 처지를 이해해. 하지만, 자이로 회장이 이대로 도주하게 된다면… 다시 붙잡을 수 없게 될지도 몰라. 그래서 너답지 않게 네가 먼저 내게 말을 건넨 거잖아… 혹시 뭔가 아주 작은 것이라도 조언해줄 수 없을까?"

"준… 이 도시를... 빠져나가는데… 가장 빠른 수단은… 뭐가 있지…?"

빈센트의 말에 준은 머리를 맞은 것처럼 번갯불이 일었다.

"공항이에요! 휴양지인 이곳 6구역에 있는 어반시티 국제공항!"

"준! 그렇담 어반시티 국제공항으로 얼른 가보도록 하자. 박사님도 가능하시면 함께 하시죠"

"네, 물론입니다!"

준은 황급히 스피드를 호출했다. 모두를 태운 스피드는 어반시티 국제공항을 향해 전속력으로 질주한다.

어반시티 국제공항.

준과 일행은 자이로 회장을 이 드넓은 국제공항에서 찾아야만 했다. CCTV 영상인식을 통해 자이로를 손쉽게 찾을 방법을 모색한 준과 일행이었지만, 방문한 영상인식 실에서는 개인정보보호를 이유로 협조를 거절하였다.

"아니… 경찰 수사에 이렇게 협조하지 않을 수 있나?"

준은 풀이 죽어 있는 소피의 어깨를 두드리며 말했다.

"결국… 일일이 다니면서 보고 확인하는 수밖에 없겠어. AI 히어로들을 모두 호출하고, 너츠까지 함께 힘을 합쳐야 할 것 같아. 국제공항이 A, B, C 구역으로 나뉘어 있으니까 3팀으로 나누어서 각자 구역을 살펴보면 어떨까?"

루카스 박사의 제안에 준이 고개를 끄덕이며 대답했다.

"좋아요! 그렇게 하죠. 그런데…"

"그런데…?"

"네, 박사님. 그런데… 전략이 필요할 것 같아요!"

"전… 략…?"

준은 모든 AI 히어로, 바토우 형사, 루카스 박사님 앞에서 홀로그램을 띄웠다.

"응? 자이로 회장이잖아?!"

"맞아요! 자이로 회장이죠. 오늘 자이로 회장의 출근길 모습을 소피가 어렵게 확보한 거예요."

"흐음… 오늘 자이로 회장의 인상착의까지 확보했겠다… 빨리 찾으러 가면 될 듯한데…"

"잠시만요, 바토우 형사님… 전략을 말씀드릴게요. 여기 있는 모두는 귀를 기울여주세요!"

순간 정적이 흐르며 모두들 준의 얼굴을 바라보았다.

"어렸을 때, 엄마와 함께 대형 마트에 갔다가 엄마 손을 놓쳐 길을 잃은 적이 있어요. 다른 물건을 보느라 정신이 팔려있었던 게 화근이었죠. 엄마를 찾아야만 했어요. 그렇지 않으면 집에 돌아갈 수

루시 어휘 팁!

화근 뜻하지 않게 생긴 불행한 일의 근원을 뜻해.

없다는 걸 알고 있었으니까요."

"결국, 엄마를 찾았니?"

"네, 형사님. 엄마를 찾았어요."

"어떻게?"

"제가 그때 엄마를 찾았던 방법이 전략이에요! 그 전략은… <나무보다는 숲을 보기>입니다."

"나무보다는 숲을 보라…?"

"네, 형사님! 이곳 공항과 같이 대형 마트도 굉장히 넓었고, 사람도 많아 복잡했어요. 이런 곳에서 사람을 찾을 때는 나무보다는 숲을 봐야 해요!"

"음… 준의 말을 듣고 보니 이런 곳에서는 한사람… 한사람… 꼼꼼하게 보면, 찾는 데 시간이 오래 걸릴 거야. 아예 그 사람을 찾지 못할지도 모른다고."

"그렇다고 무작정 대충 보자는 게 아니에요. 특징을 잘 잡아서 보면 돼요! 저는 엄마가 그날따라 빨간 블라우스에 흰색 바지를 입고 선글라스를 끼고 있다는 사실을 기억해냈죠. 그리고는 마트에서 높은 곳이 어딘지를 찾아서 무작정 그리로 뛰어갔어요. 약간 높은 곳에서 보니 그나마 좀 낫더라고요. 그런 다음 이쪽부터 저쪽까지 빠르게 사람들을 훑었죠. 빠르게 훑을 수 있었던 건 대충 봤기 때문이 아니라, 엄마의 중요한 특징만 기억하고 그 특징에 부합하지 않는 사람들은 빠르게 제외했기 때문에 가능했던 것이었어요."

"그렇게 해서 결국… 찾았구나?"

준이 고개를 끄덕이며 말했다.

"엄마의 중요한 특징 몇 가지만 생각하고, 그 특징을 합친 모습이 엄마인지를 확인하는 식으로 찾으니, 놀랍게도 엄마를 발견할 수 있었죠. 자,

여기 있는 AI 히어로들도 내가 무슨 얘기 하는지 잘 이해했지?"

"이 많고 많은 사람 중에 자이로를 찾아야 하는데 꼼꼼하게 보지 말라니… 처음에는 무슨 얘기인지 이해가 잘 안 되었는데… 이제야 무슨 말인지 알겠어!"

큰 눈을 가진 와이드가 준의 말에 동의해주었다.

"좋아! 그럼 자이로 회장의 인상착의를 다시 한번 확인해보자고. 와이드! 다른 사람들과 구별되는 자이로 회장의 특징을 뽑아봐 줘!"

준의 부탁에 와이드가 큰 눈으로 자이로 회장의 모습을 스캔하고는 입을 열었다.

"가장 구별될 수 있는 특징은 콧수염, 벗어진 이마, 뿔테 안경, 빨간 넥타이 이렇게 4개로 정리됐어! 특히 콧수염을 눈여겨보라고… 자이로의 콧수염은 흔하지 않은 모양이거든."

"좋아! 그럼 이제 흩어져서 진짜 자이로 회장을 찾아보자. 자이로 회장의 특징은 콧수염, 벗어진 이마, 뿔테 안경, 빨간 넥타이야!"

얼마간의 시간이 흘렀다.

자이로 찾기는 계속되었지만, 자이로의 모습은 잘 보이지 않았다. 자이로가 이미 이 공항에 없을 수 있겠다는 생각에 준의 얼굴이 점점 어두운 빛으로 바뀌고 있었다. 그때였다. 준의 스마트워치에서 붉은 빛이 깜빡이고 있다. 빈센트였다.

"나는… 모든 것을… 보고 있다… 우리에게 시간이… 없다…"

준은 이것저것 물어보고 싶었지만, 상대가 빈센트였기 때문에 묻지 않았다.

'응…? 시간이 없다… ?'

루시 어휘 팁!

수속 어떤 일을 처리하기 전에 거쳐야 할 과정이나 단계를 말해.

준의 눈빛이 순간 반짝였다. 그리곤 다른 일행들에게 비행 출발 시각이 가장 가까운 C구역의 탑승 터미널로 올 것을 요청했다.

또다시 이어지는 자이로 찾기… 잠시 후, 준의 스마트워치에 바토우 형사의 목소리가 들린다.

"콧수염에 벗어진 이마… 빠… 빨간 넥타이… 뿌… 뿔테 안…경?! 찾았어! 자이로야!"

"형사님, 어디 쪽이시죠? 모두 그쪽으로 갈게요!"

바토우가 일러준 지점에 다다르자 자이로가 비행기 출국 절차를 밟고 있는 모습이 보였다. 이내 바토우가 재빠르게 자이로의 출국 수속을 막아선다.

"자이로 회장님! 어디 가시는 길인지 모르겠지만… 같이 경찰국으로 가주셔야겠습니다."

"응?! 아니… 바토우 형사와 준 일행들 아니신가? 루카스 박사도 여기 계시는군. 대체 무슨 볼일들이 있으셔서 이렇게 무례하신 건가?"

바토우가 자이로 회장과 실랑이를 벌이며 시간을 버는 사이, 경찰국에서는 자이로 회장의 출국을 금지하고, 긴급 체포 영장을 청구하였다. 바토우 형사가 노련한 솜씨로 영장을 홀로그램으로 자이로의 눈앞에 갖다 대자, 자이로가 의미심장한 미소를 지으며 입을 연다.

"오늘 융숭한 대접은 잘 받았으니… 다음에 어디 한번 지켜보도록 합시다. 바토우 형사님, 꼬마 탐정님, 루카스 박사님 그리고… AI 히어로 친구들?!"

자이로 회장이 경찰국에 연행되어 가는 뒷모습을 보는 준. 준의 머릿속에는 자이로 회장의 꺼림칙한 웃음이 한동안 떠나가질 않았다.

뭣 모르고 덤벼라 정신

빈센트의 호출로 자이로 회장의 출국을 막아선 준과 일행들.

"이게 끝이 아니라는 건 다들 잘 알고 있지?"

루카스 박사의 말에 준은 다시 자신이 메모한 내용을 떠올렸다.

"정말 시간이 없네요… 빨리 기기들이 원래대로 작동하도록 손을 써야겠어요."

준이 홀로그램의 2번을 가리키며 다급하게 얘기했다.

'AI가 이미지를 인식하는 원리를 알아야 해… 그래야 기기들을 고칠 수 있어.'

순간 준은 자신이 루카스 박사에게 AI가 이미지를 인식하는 원리에 대해 질문했던 것이 기억났다. 준은 생각을 가다듬으며 루카스 박사에게 다시 질문했다.

"박사님! 아까 제가 질문했었는데… AI가 이미지를 인식하는 원리에 대해 알려주실 수 있나요?"

"참! 아까 준의 질문에 답을 하려는 찰나에 정신없는 일이 벌어졌지. 음… 지금 내가 설명해줄 수야 있지. 그런데…"

"그런데… 라니요…? 무슨 문제라도?"

준이 눈을 동그랗게 뜨며 루카스 박사에게 물었다.

"내 생각엔 말이야… 12살인 준이 AI가 이미지를 인식하는 원리를 이해하기에는 시간이 꽤 많이 걸릴 거야. 이럴 때 내가 추천하는 방법이 있지!"

"그게 뭔가요, 박사님?"

"이름하여 <뭣 모르고 덤벼라>!… 이름은 방금 내가 지은 거야."

"박사님은 한 번씩 알다가도 모를 소리를 하실 때가 있어요…"

"하하하, 준! 농담 같지만 정말 중요한 얘기를 한 거야. 세상에 존재하는 모든 문제를 해결할 때, 해결 방법을 명확히 알고 접근할 때가 과연 얼마나 있겠니?"

"음… 생각해보니 그렇게 많지는 않네요… 잘 모르니까 검색하고, 책도 찾아보고, 물어보기도 하고… 그러다 문제를 해결하는 쪽이 더 많은 것 같아요"

"준! AI가 이미지를 인식하는 원리를 다 이해하기에는 시간이 부족해. 하지만 그러한 것들을 다 이해하지 못해도 내가 원한 결과를 내줄 수 있는 도구들이 세상에는 이미 있어! 지금 필요한 건 내가 다 이해하고, 문제를 해결하겠다는 마음가짐이 아니라 <뭣 모르고 덤벼라> 라는 정신이야!"

"박사님 말씀은… AI가 이미지를 인식하는 원리를 잘 알지 못해도 도구들을 활용해 문제를 일단 해결해내는 게 먼저란 거죠?"

루카스 박사는 대답 대신 준에게 엄지손가락을 내밀었다.

"박사님! 그럼 AI 키오스크 로봇과 시각장애인을 위한 AI 음성안내 보행기가 원래대로 잘 작동하도록 고치려면 어떤 도구를 써야죠?"

"완벽하지는 않지만, AI 키오스크 로봇과 시각장애인을 위한 AI 음성안내 보행기가 임시방편으로라도 기능을 할 수 있도록 코드를 다시 짜는 게 중요하지 않을까?"

"그렇다면 코딩을 해야겠네요… 저는 **텍스트 코딩** 경험이 없으니, **블록 코딩**을 해야 할 것 같아요!"

루카스 박사는 준의 말을 듣고 잠시 생각하다가 다시 입을 열었다.

"좋아! 그렇다면 이번에는… 이미지를 인식하는 원리가 담긴 블

지니어스 IT 팁!

텍스트 코딩, 블록 코딩 컴퓨터가 이해할 수 있는 언어인 코드를 문자로 입력하는 방식을 텍스트 코딩이라고 하고, 이와는 달리 장난감 블록을 조립하듯, 블록을 조합해서 코드를 작성하는 방식을 블록 코딩이라고 해.

록을 제공하는 엠블록(mBlock)을 활용해 보도록 하자. 준!"

"좋아요! AI와 관련한 다양한 블록이 제공되어서 저도 자주 써요."

루카스 박사와 준은 엠블록에 접속한 지 얼마 되지 않아, 예약시스템을 복구하는 코드를 작성하는 데 성공했다.

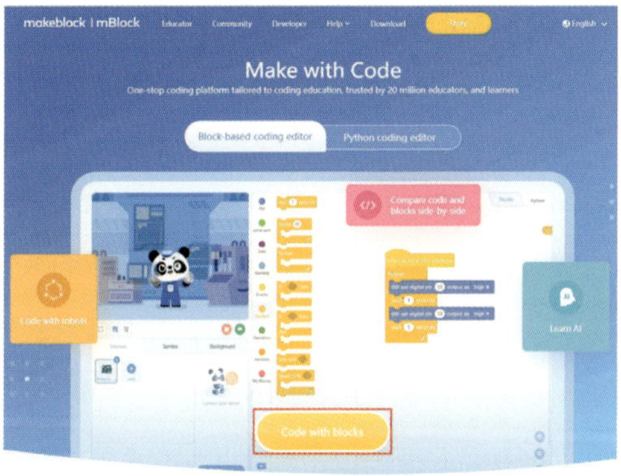

'좋아! 완전하지는 않지만, 이미지를 인식하는 원리가 담긴 블록 코드를 사용하면 임시방편으로 며칠은 버틸 수 있을 거야.'

"소피! 모든 네트워크에 연결되는 네 능력으로 방금 작성한 코드를 네트워크에 연결된 해당 로봇과 기계들에 심어줄 수 있겠어?"

"물론이지! 준. 바로 시작할게."

소피의 시간이 시작되자 준은 두 주먹을 불끈 쥐었다.

39차 AI 업데이트 그리고 풀려난 자이로

준의 일행이 긴급히 작성한 코드로 어반시티는 큰 혼란을 겪지 않았다. 물론 임시방편으로 만든 코드들이어서 불편을 겪는 경우도 생기긴 했지만, 이 정도로 넘어갈 수 있어 다행이었다.

자이로스콥의 절전 최적화 모드 정책의 내막을 알게 된 어반시티 시민들은 분노하며, 38차 AI 업데이트에 대한 철회를 요구했다. 자이로스콥은 여론이 나빠지자, 사건 발생 4일 만에 39차 AI 업데이트를 실시하였다. 업데이트 내역에는 논란이 되었던 절전 최적화 서비스 모드에 관한 내용과 함께 GPU 기능의 일부 제한에 관한 내용, GPU 교체 권장 주기 2년 변동에 관한 내용 등이 삭제되었다. 이후, AI 키오스크 로봇들은 문제없이 잘 작동하기 시작하였다.

뉴스에서는 다음과 같은 보도가 흘러나왔다.

> "속보입니다. 긴급 체포 영장이 발부되었던 자이로 회장이 몇 시간의 조사를 받고 풀려났다는 소식입니다. 자이로 회장은 지난 38차 업데이트로 인해 시민들의 불편을 초래하게 되어 유감이라는 입장을 밝혔습니다. 그러나 자이로스콥은 회사의 이익을 위해 GPU 교체 권장 주기를 줄인 것이 아니며, 오히려 지속 가능하고 환경친화적인 어반시티의 성장을 위한 것이었음을 재차 강조했습니다. 이런 가치 있는 노력을 진정성 있게 계속해나간다는 의미로 자이로스콥은 어반시티 내 최대 규모의 수목원인 어반파크를 무료로 개장해 어반시티 시민들의 건강과 … …"

손쉽게 풀려난 자이로 회장… 그를 돕는 보이지 않는 세력들.

준은 과연 이들로부터 어반시티를 지켜낼 수 있을까

쪼개고 다시 합쳐서 보게 되는 마법

컴퓨터에게 보는 것을 가르치려면 무엇이 필요할까요? 일단 사람의 눈의 역할을 하는 게 필요해요. 즉, 웹캠이나 카메라가 필요하죠. 그렇다면 웹캠이나 카메라만 있으면 볼 수 있을까요? 사람에게는 눈에서 얻은 정보를 처리하고 해석해서 우리 눈에 이미지로 보여주는 뇌가 있지요. 컴퓨터에게 보는 것을 가르치려면 뇌의 역할을 대신할 수 있는 알고리즘이 필요해요. 이를 위해 CNN이라 불리는 알고리즘이 탄생합니다. CNN은 Convolutional Neural Network의 줄임말로 우리말로는 합성곱 신경망이에요.

이미지 인식을 위한 딥러닝 = CNN(합성곱 신경망)

CNN을 이해하려면 사람의 뇌가 사물의 모습을 어떻게 인식하는지를 먼저 살펴봐야 해요. 사람의 뇌는 사물의 모습을 어떻게 인식할까요?
아래의 그림과 같이 시각장애인들이 코끼리의 서로 다른 부분에 서서 내 앞에 있는 존재가 무엇인지 알아맞혀 보는 상황이라 해봅시다. 코끼리의 코를 만지면 호스를 생각하고, 뿔을 만지면 창을 생각하고, 귀를 만질 때는 부채, 다리를 만질 때는 나무를 상상할 수 있을 겁니다.
그런데 만약 시각장애인이 찾은 특징을 하나만 생각하면 코끼리를 떠올릴 수 있을까요? 아마 쉽지 않을 겁니다. 그렇다면 내 앞에 있는 존재가 코끼리인 것을 알아낼 수 있는 좋은 방법은 없을까요?

물론 방법이 있습니다. 각자 찾은 특징들을 하나로 합쳐가며 이야기 나눠보면 어떨까요? 아마도 코끼리 혹은 코끼리와 비슷한 구석이 있는 생명체라도 떠올릴 수 있을 겁니다.

우리가 무언가를 볼 때도 이런 비슷한 일들이 일어납니다. 우리가 무언가를 볼 때, 시각 정보가 우리 눈에 있는 망막으로 들어와요. 망막에는 여러 성분이 있는데 이 성분들이 대뇌의 표면을 감싼 신경 세포들을 자극하게 됩니다. 뇌는 이런 자극 신호를 분석해서 정보를 합칩니다. 이 합친 결과가 우리 눈에 맺히게 되는 거죠. 좀 어려운 말들이 있지만 어때요? 무언가를 본다는 일이 간단하지는 않지만 멋지고 신비한 일이란 걸 알게 되었나요?
여기서 중요한 것은 우리도 무언가를 볼 때, 일단 쪼개서 본다는 것입니다. 처음부터 전체로 보지 않는다는 것이죠. 먼저 쪼개서 특징을 파악한 다음, 쪼개서 파악한 특징들을 다시 합칩니다. 그 합친 결과가 바로 지금 우리 눈에 보이는 것들이죠.

준과 일행은 공항에서 자이로를 찾을 때 네 가지 주요한 특징인 콧수염, 벗어진 이마, 뿔테 안경, 빨간 넥타이를 한 사람만 골라내고, 전체적으로 떠올린 자이로의 이미지와 비교해서 일치하는지 확인하는 전략을 사용합니다. 바로 이 전략이 CNN에 고스란히 녹아 있지요.
준과 일행이 문제해결에 활용한 AI 인식 서비스 블록들에도 이미지를 인식하는 CNN의 원리가 담겨 있었습니다. 작은 블록 안에 이런 놀라운 원리와 기능들이 담겨 있다는 사실이 놀랍지 않으신가요?
준은 CNN에 대해 정확히 알고 있지는 못했지만, CNN의 원리가 담긴 블록들을 활용하여 문제를 해결할 수 있었습니다. CNN을 이해한 어반시티 명예시민 여러분들이라면 문제를 더욱 잘 해결할 수 있을 겁니다.

실습해보기

준은 예약 시스템을 어떻게 복구시켰을까?

1. 엠블록 사이트(https://mblock.makeblock.com/en-us/)에 접속하여 로그인하여 <Code with Blocks> 클릭하기 (로그인해야 이용 가능)

엠블록 접속

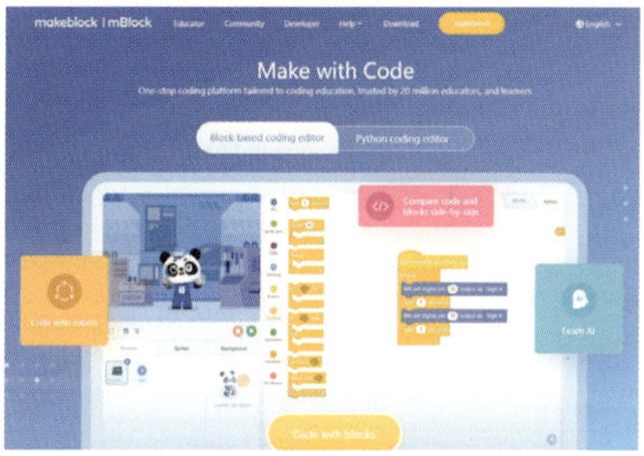

2. 스프라이트 배치하기

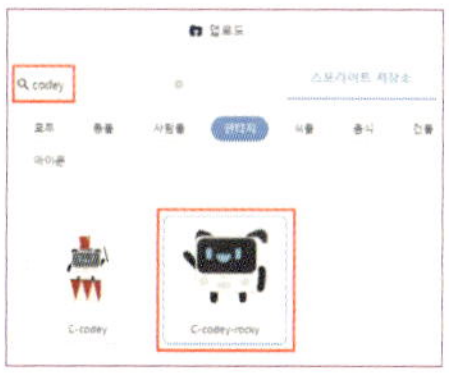

3. 리스트 만들기

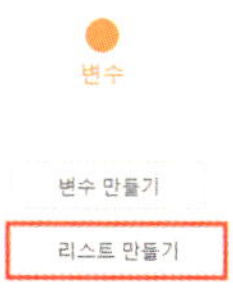

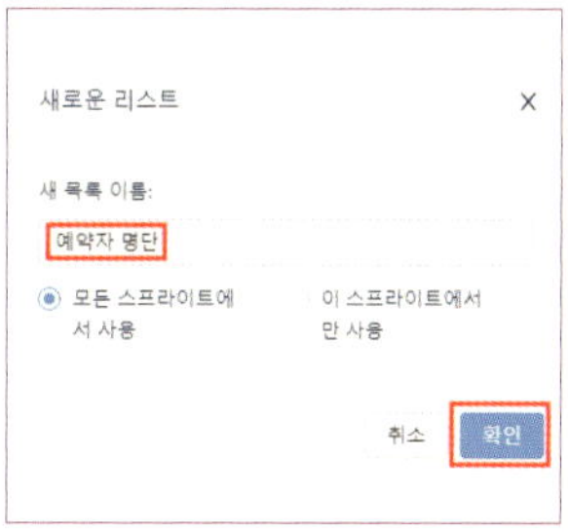

4. <예약자 명단에 항목을 추가하기> 블록을 이용해서 코딩하기

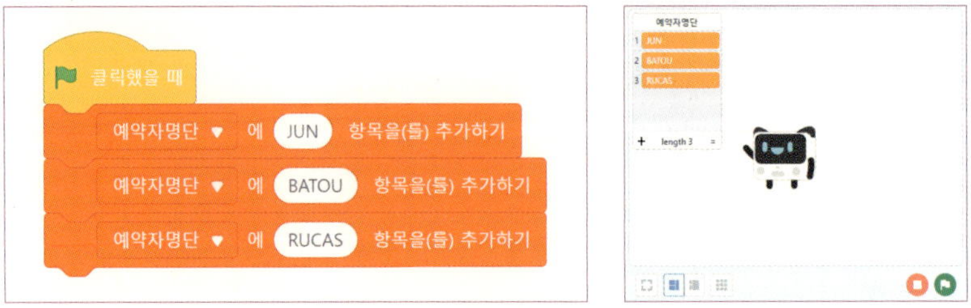

5. <확장>-<스프라이트 확장>의 <AI>에 있는 <Text to Speech>를 추가하기

6. 음성을 인식하는 블록 코딩하기

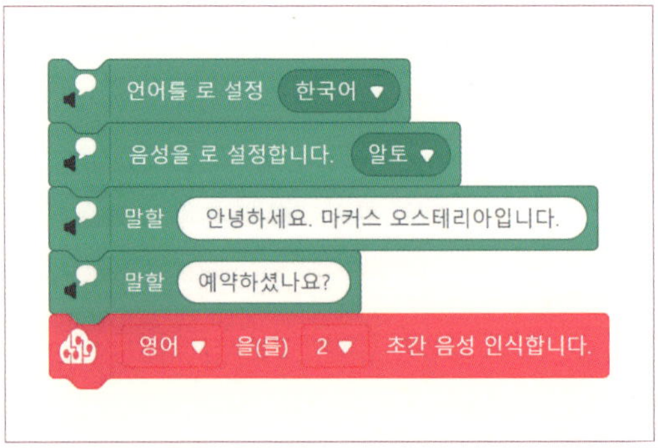

7. 서명을 확인하도록 <만약 ~이(가) 참이면, 아니면> 블록을 이용해서 코딩하기

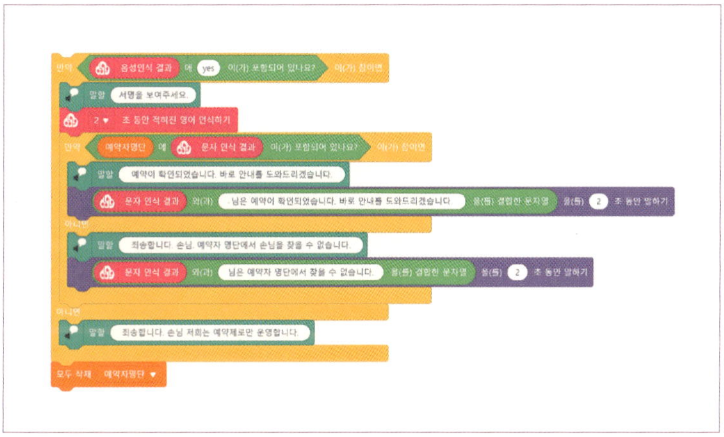

8. 프로그램 잘 작동하는지 확인하기

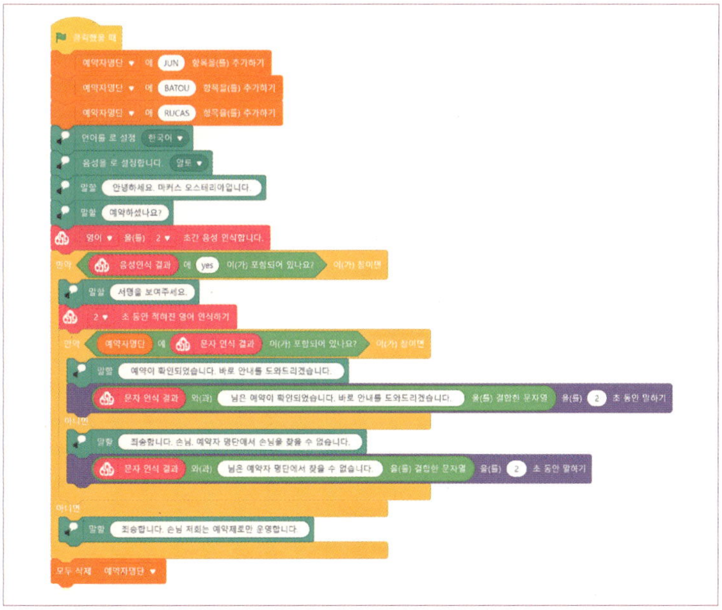

수사일지 4

천의 얼굴을 지닌 명탐정

고정관념은 언제나 위험하다

“루카스 박사님, 이 모든 일의 배후에는 자이로스콥이 있는 게 틀림없어요.”

“어째서 그렇게 생각하지?”

로이드 안경을 슬쩍 위아래로 올리며 루카스 박사가 물었다. 안경테를 만지작거리는 버릇은 박사의 오랜 버릇이다. 그녀가 온 신경을 쏟으며 생각하고 있을 때 자기도 모르게 나오는 행동이다.

루카스 박사의 연구실은 대체로 요란스럽다. 간헐적으로 돌아가는 서버의 팬 소리, 그리고 로봇들의 모터 소리가 규칙적으로 들려온다. 또한, 박사가 항상 켜놓는 라흐마니노프 선율이 빠르게 흐르고 있다. 연구실 중앙에 있는 탁자에는 커피와 홍차가 한잔 씩 놓여있었고, 각각의 찻잔 손잡이는 루카스 박사와 준을 향하고 있다.

“그건 말이죠… 박사님, 자유로 폭파 사건 기억나세요?”

“그럼, 네가 처음 맡은 사건이잖아? 이제 막 사건을 맞닥뜨리기 시작한 풋내기 탐정이었지만, 열정이 가득했지. 그것 때문에 위험에 빠졌고 말이야.”

“네, 첫 사건이면서 ‘고정관념은 언제나 위험하다’라는 교훈을 얻었지요.”

루시 어휘 팁!

배후 등의 뒤란 뜻으로 어떤 일의 드러나지 않은 뒷면을 가리켜.

소피 상식 팁!

안드로이드 그리스어로 인간을 닮은 것이란 뜻. 말이나 행동이 사람과 거의 구별이 안 되는 로봇을 가리켜. 구글의 스마트폰 운영체제 이름도 여기서 따왔어.

루시 어휘 팁!

자책 자기 잘못에 대해 스스로 깊이 뉘우치고 자기탓을 하는 것을 말해.

"그래. 고정관념에 쌓여 있으면 사건을 정확하게 바라보는 힘이 떨어지지. 그나저나 그때의 폭파 사건 이야기를 꺼내는 걸 보니, 뭔가 찾아낸 모양이구나. 자세히 이야기해 보렴."

준은 잠시 뜸을 들였다. 그리고 2년 전, 준이 맡았던 첫 번째 사건을 떠올렸다. 하마터면 만난 지 얼마 안 된 AI 히어로들과 영영 헤어질 뻔한 기억이 머릿속을 스쳐 지나간다. 어두컴컴한 공장, 자신의 목숨을 노리는 **안드로이드** 로봇. 다시 떠올리는 기억의 아찔함에 준의 심장 박동이 빨라지기 시작했다.

준이 탐정 일을 할 수밖에 없었던 이유는 명확했다. 스마트 시티의 모든 사람을 안전하게 지키고 싶다는 마음 때문이었다. 첫 사건 때만 해도 더 빨리 범인을 잡았다면 더 많은 사람을 구했을 거라는 **자책**에 시달리기도 했다. 그때마다 어린 준을 다독인 것은 레논 박사였다.

'준아! 네가 구하지 못한 사람으로 자책할 것이 아니라, 앞으로 네가 구할 더 많은 사람을 생각하렴.'

박사의 조언을 지금까지도 준은 가슴 깊이 새기고 있다. 어려울 때마다 준이 나아갈 수 있도록 도와주었을 뿐만 아니라 실마리가 보이지 않는 사건 속에서도 절대로 포기하지 않게 해주었다.

"루카스 박사님, 2년 전 벌어진 자유로 사건과 요즘 벌어지는 일들이 왜 관련이 있는지에 대해 말씀드릴게요."

화염에 휩싸인 위기의 어반시티

2년 전 어반시티는 이유를 알 수 없는 테러에 몸살을 앓았다. 2구역의 자유로를 중심으로 발생한 폭파 사건이 바로 그것이었다. 사건 현장에는 자욱한 연기와 함께 파편이 떨어진 도로, 그리고 그 위에 타버려 널브러진 쓰레기 더미가 가득했다. 뒤늦게 도착한 경찰들은 시민들 구조와 수색을 시작했다. 그들은 반경 1km를 촘촘히 뒤졌지만, 범인의 작은 흔적조차 발견하지 못했다. 알아낸 것이라고는 이 모든 사건이 자연현상이 아닌 누군가의 방화였다는 사실 뿐이었다.

자유 5로에서의 폭발은 어반시티에서 일어난 불행의 시작이었을 뿐, 마지막이 아니었다. 정확하게 이틀 뒤 3km 떨어진 자유 6로에서 흡사한 폭발이 일어났다. 범인은 허술한 경찰을 비웃기라도 하듯 사건을 다시 일으켰으며, 시민들은 언제 또 터질지 모른다는 불안에 시달려야 했다.

'어반시티를 향한 알 수 없는 테러' 라는 제목의 뉴스가 보도되었다. 경찰은 범인에 대한 단서는 없지만, 비슷한 사건이 연속하여 발생하자 누군가가 벌인 분명한 테러로 확신하는 모양이었다. 뉴스 영상 속에서는 다친 남편을 안고 눈물을 흘리는 여성이 보였고, 구조대와 앰뷸런스가 황급히 달려가는 모습이 보였다.

걱정스럽게 뉴스를 시청하던 준의 스마트워치가 울리며 영상이 뜬 것은 두 번째 폭발이 있고, 두어 시간이 흐른 뒤였다.

"안녕? 네가 탐정 준이니? 나는 어반시티 경찰청 경위 바토우라고 해. 잠깐 이야기를 나눌 수 있을까?"

"네, 어떤 일이시죠?"

"뉴스를 봐서 알겠지만, 요즘 심각한 폭발 사건이 있었다는 것 이미 들었을 거야. 범인을 찾는 데 네 도움이 필요해."

"네, 안 그래도 도움을 드리고 싶었어요. 당장 경찰서로 갈게요."

준은 영상 통화가 끝나자마자 AI 히어로들을 호출했다. 가장 편한 복장인 녹색 점퍼와 회색 청바지를 꺼내 입고, 검은색 스니커 운동화 끈을 묶었다. 어느새 너츠가 회전목마 마냥 준의 다리 주위를 돌기 시작한다. 어쩔 수 없이 너츠를 안고 집을 나섰다.

밖에서는 차 한 대가 서 있었다. 자동차의 모습을 하고 있는 AI 히어로 스피드였다.

"준 반가워, 얼른 타도록 해."

스피드가 말하는 리듬에 맞게 LED가 은은하게 빛이 났다. 차량의 문이 열렸고 그 안에는 루시가 타고 있었다. 루시는 준을 향해 살짝 미소를 지으며 손을 들어 올렸다.

"준, 좋은 아침이야. 너츠도 함께 있네?"

"빨리 와줘서 고마워. 사건 이야기는 가면서 할게."

여느 때와 다름없이 루시는 청바지에 마리를 살짝 뒤로 묶고 있는 보통 여자아이 모습을 하고 있었다. 이런 루시와 대화하고 있노라면 준은 가끔 루시가 사람이 아니라는 사실을 잊고 마치 여동생처럼 생각하기 일쑤였다.

스피드의 창밖으로 어반시티의 모습이 들어온다. 거리에는 온통 자잘한

광고 문구를 드러내는 스마트 글래스의 LED로 가득하다. 사람들은 거리를 걸으며 홀로그램 영상과 담소를 나눈다.

'무슨 이야기를 나누는 걸까?'

준의 궁금증이 가시기도 전에 스피드는 경찰청 앞에 도착했다.

누구에게나 새내기 시절이 있지

준이 도착하자마자 바토우 경위는 반갑게 그를 맞아주었다. 바토우 경위는 20대 후반 정도로 보였으며, 정복에 경찰모를 꾹 눌러 쓰고 있었다. 강인한 인상의 남성이었지만, 어설픈 느낌과 함께 신참 티가 나고 있었다.

"고마워, 꼬마 탐정, 그리고 AI 히어로들. 이렇게 빨리 와주다니 정말 다행이야. 이야기를 나누고 싶은 마음은 굴뚝같지만, 다음 사건이 언제 터질지 모르는 급한 상황이니 일단 사건을 바로 맡아주면 좋겠어."

"현장 CCTV부터 확인할 수 있을까요?"

"응. 그럼 본론으로 바로 넘어 가볼까?"

바토우는 잠시 귀에 붙어있는 장비를 만지작거렸다. 아마도 CCTV의 권한을 바꾸고 있는 행동일 것이었다.

"됐어. 이제 준, 너도 CCTV를 확인할 수 있을 거야."

영상의 접속 권한을 받은 준은 증거를 수집하기 시작했다. 준의 스마트워치 위에 홀로그램 영상이 떠올랐고, 준은 날렵한 손놀림으로 조작하기 시작했다. 준이 반시계방향으로 손가락을 움직이자, CCTV에 찍힌 영상이 거꾸로 흐르며 폭발 시점까지 거슬러 올라갔다.

시간이 거꾸로 돌려지자 불꽃에 휩싸인 거리의 모습은 점점 사라지고, 특정 시점이 되자 깨끗한 도로가 되었다. 다시 영상을 앞으로 감던 준은 최초로 불꽃이 터져나가는 쓰레기통을 발견했다. 준은 그 이후 벌어졌을 끔찍한 상황을 떠올리며 마른 침을 삼켰다.

'쓰레기통에 무언가 의심스러운 행동을 하는 사람을 살펴보자.'

"와이드, 여기 나 좀 도와줄래?"

준은 뒤를 돌아보며 와이드를 불렀다. 많은 영상과 사진을 검토할 때 와이드만한 친구가 없다. 호출을 받은 와이드는 스르르 준 옆에 다가왔다. 와이드는 눈에 들어오는 커다란 LED를 깜빡거리며 말했다.

"준! 내가 무엇을 도와주면 될까? 영상 분석, 용의자 검색? 말만 하라고."

"고마워, 와이드! 지금 필요한 건, 모든 CCTV 영상에서 폭발이 일어난 쓰레기통에 접촉했던 사람들 리스트야. 그것만 따로 분류해서 정리해줄래?"

"물론이지! 십 분 정도만 기다려줄래? 잠깐 밖에 나가서 아이스크림이라도 먹고 있어, 하하."

와이드는 손을 경례 모양으로 취하며 자신감 있는 표정을 짓는다. 곧이어 와이드의 눈에 LED가 꺼지며 정지한 듯 보인다. 와이드의 모든 성능이 영상 분석에 집중되고 있기 때문이다.

"끝났어 준!"

십여 분쯤 기다리자 와이드가 마치 잠에서 깨어난 사람처럼 슬며시 움직이기 시작했다. 와이드는 두 손을 가지런히 모으고 손바닥 위로 홀로그램을 띄운다.

수면 위로 드러나는 어둠

준은 와이드의 손바닥 위에 올려진 홀로그램의 자료를 살펴보았다. 슥슥 넘기며 살펴보는 용의자들… 사건이 있기 전, 24시간 이내에 자유 5로의 쓰레기통에 쓰레기를 버린 사람들은 10명이다. 준은 자유 6로의 쓰레기통에 접촉한 사람의 정보도 살피기 시작했다. 4명의 사람이 검색되었다.

"이 사람들은 이미 경찰에서도 조사 중이겠지? 자유 5로와 자유 6로의 쓰레기통을 동시에 접촉했던 사람이 있다면 분명 범인일 텐데, 겹치는 사람이 없네"

"맞아, 이미 경찰에서도 이 사람들은 용의자 목록에 올려놓고 조사 중이라고 해. 하지만 아직 별다른 성과는 없는 것 같아."

쓰레기통에 접촉한 용의자들에 관한 정보를 살펴보았지만 의심되는 점은 없었다. 되레 평범한 시민들이었고, 단 한 줄의 전과 기록도 없었다.

성과가 없었던 준은 스마트워치의 앱 버튼을 눌러 빈센트를 호출했다.

"빈센트, 지금까지 상황을 이미 알고 있지? 도움이 필요해."

"물론… 나는… 보고 있다. 하지만… 지금 네가 필요한 도움이라면… 관여할 수 없다…."

빈센트의 완고함이 느껴지는, 아주 느리면서도 감정이 느껴지지 않는 목소리였다. 빈센트는 스마트 시티의 눈이자, 귀나 마찬가지인 AI이다. 조금 전에 나눈 와이드와의 대화조차도 빈센트는 알고 있었다.

"빈센트, 혹시 다 아는 것처럼 보이지만, 실제로는 너도 모르는 게 있는 거 아냐?"

분명 고집쟁이 철학자라는 별명답게 빈센트는 범인의 정보를 알려주지

않으려고 할 것이다. 이 점을 노려, 준은 도발을 던진 것이었다.

"… 소용없다."

지푸라기라도 잡는 심정으로 던진 도발이었지만, 빈센트에게는 역시 통하지 않았다. 그때 갑작스레 대화에 뛰어든 것은 루시였다.

"준은 사람들을 한 명이라도 더 구하려고 하는 거야. 너의 그 높은 기준은 물론 이해하지만, 우리가 만들어진 목적을 혹시 잊은 거야? 쩨쩨하게 굴지 말고 정보를 좀 더 주면 고맙겠어."

루시는 과연 설득에 특화된 AI답게 거침없이 빈센트를 쏘아붙였다. 이러한 루시의 태도가 얼음 같은 빈센트의 논리를 흔들었다.

"할 수 없군… 준… 범인을 왜… 사람이라고… 확신하는… 거지…?"

그 순간, 준은 충격을 받았다.

'고정관념은 언제나 위험하다.'

준의 할아버지가 생전에 자서전에서 남기신 말이었다. 방화범은 당연히 사람일 것이라고만 생각했으니 시야가 좁아진 것이었다.

'고마워, 빈센트!'

빈센트의 홀로그램을 끈 준은 다시 영상을 조사하기 시작했다. 어느새 다가온 바토우가 준에게 질문을 던진다.

"준! 뭐 좀 알아낸 게 있어?"

"네, 쓰레기통에 접촉한 사람 중에 범인이 있을 거라는 가정 자체가 틀렸어요. 예를 들어 애초에 폭탄이 쓰레기통에 들어 있었다면 어떨까요?"

"음… 그렇다는 말은?"

"매일 쓰레기통을 수거하는 일은 누가 하죠?"

"요즘은 사람이 하지 않고 안드로이드가 하지. 오호라… 그렇구나! 안드로이드가 매일 새벽에 쓰레기를 수거하면서 폭탄을 설치한 거로군!"

준과 바토우 경위는 자유 5, 6로의 쓰레기 처리를 담당하는 안드로이드를 찾기 시작했다.

"찾았어요. A702 모델이네요. 안경 쓴 중년 남성의 모습을 하고 있군요. 바토우 경위님은 자유로 전체 쓰레기통을 조사해 주세요. 이미 폭탄을 설치했을 거예요. 저는 스피드와 함께 이 녀석을 잡으러 갈게요."

자리를 박차고 일어서는 준의 손을 잡는 이가 있었다. 루시였다.

"준, 나도 도와줄게."

"아냐, 루시는 와이드와 함께 경찰서에서 기다려줘."

소년 탐정, 호랑이 소굴로 들어가다

준은 결정적 증거를 찾기 위해 결단을 내렸다. 위험을 무릅쓰고, 스피드와 먼저 가서 범인을 잡기로 한 것이다.

클리너 안드로이드 공장.

이 도시의 모든 쓰레기 청소 안드로이드는 이곳에 모인다. 공장은 이미 오래전에 자동화되어 사람의 기척이라고는 조금도 느껴지지 않았다. 이곳에 있는 유일한 자연적 존재는 준뿐이었다.

"스피드! 네가 들어가기에는 입구가 너무 좁네. 잠시 여기에서 대기해 줘."

"알았어, 준! 하지만 무슨 일이 생기면 바로 연락하라고."

완전히 자동화된 공장에 사람은 그림자조차 보이지 않는다. 준은 길게 늘어진 복도를 따라 걸음을 옮겼다. 그렇게 벽을 따라 유유히 걷는 중… 갑자기 큰 굉음과 함께 준이 들어왔던 문이 닫히기 시작한다. 준은 급히 문을 향해 되돌아갔지만, 이미 문은 굳게 닫힌 상태였다.

"오호, 날 잡으려 하다니… 매우 어리석은 생각이군… 미안하지만 난 너에게 얌전히 잡혀줄 생각이 없어. 네가 오기 전에 이미 네 얼굴을 학습한 상태이지. 너를 발견한 즉시 해치울 거다."

무감각하고 감정이 전혀 실려있지 않은 목소리가 들려왔다.

'내가 여기에 온 것을 어떻게 미리 알았을까? 너무 성급했어. 아냐, 자책하지 말자. 지금은 실수를 걱정할 때가 아니라 어떻게 이 위기를 빠져나갈까를 생각해야 해.'

준은 호흡을 가다듬고 침착하게 머리를 쓰기 시작했다. 이곳에서 가장 가까운 히어로는 스피드였다. 스피드라면 분명 준을 구할 수 있을 것이다.

"준, 어떻게 된 거야!"

"공장에 갇히고 말았어. 스피드 얼른 구하러 와줘!"

"알겠어, 조금만 기다려! 쾅쾅쾅… 이런, 공장 강철 문이 잠겨 있어. 억지로 부수고 있는데, 너무 단단해서 좀 걸릴 것 같아. 10분 정도는 걸릴 거야."

준은 10분간 범인을 피해 숨어야 했다. 10분만 버티면 스피드가 들어와서 준을 구해주리라. 하지만 주변에 숨을 곳이 마땅치 않았다. 아직 출시되지 않은 안드로이드 100여 대만이 덩그러니 서 있을 뿐이었다.

'무언가 해결 방법이 없을까?'

준은 주변을 둘러보았다. 스피드는 공장 문을 힘으로 부수고 있어 도움을 줄 수 없다. 게다가 이곳은 아직 동작한 적이 없는 미출시된 안드로이드

100여 대분이다. 안드로이드들은 가정에 배송되기 전, 구매자가 원하는 사진을 고르면 자동으로 얼굴이 사진에 맞게 변하는 모델들이다. 공장에서 이제 막 만들어진 제품이기 때문에 머리는 있지만, 얼굴 모양이 없는 달걀 귀신 같은 상태라 꽤 으스스한 분위기를 풍기고 있었다.

준이 주변을 둘러보았으나 A702의 습격을 피해 숨을 곳이 없어 보였다. 어설프게 안드로이드 사이에 숨어있다가 자칫 들키는 순간, 무거운 무쇠 덩어리가 휘두르는 주먹에 당할 수밖에 없을 것이다.

준의 마음속에는 시시각각 다가오고 있을 A702의 모습이 떠올랐다. 가슴의 떨림이 멈추지 않았고 이제 정말 죽을 수도 있다는 생각에 호흡이 가빠졌다.

'침착하자. 이럴 때 셜록 홈스라면 어떻게 할까?'

준은 자신의 우상인 명탐정 셜록 홈스를 떠올렸다. 그러자 마음속에서 마치 셜록 홈스가 조언하듯 자기 내면의 목소리가 들려오기 시작했다.

'상상력이 없는 곳에는 공포도 없다. 쓸데없는 생각이 너를 공포에 떨도록 만들 것이고 그러한 생각은 너를 점점 더 위험에 빠뜨릴 거야.'

여기까지 생각이 미치자, 준의 호흡은 아무 일도 없었던 듯 부드러워지기 시작했다. 이윽고 어떻게 하면 이곳에서 탈출할 것인가에만 생각이 집중되기 시작하였다.

'도망치거나 싸우는 수밖에 없나? 아니야, AI 로봇과 맞서 싸우는 건 전혀 승산이 없는 방법이야. 이럴 땐 어떻게 할까? 적당히 녀석을 속이며 10분 정도 시간을 벌 수는 있겠지… 녀석을 속일 방법이 없을까?'

준은 AI의 특성을 잘 알고 있다. 안드로이드 A702 모델은 준의 사진을 이미 학습한 상태일 것이다. 준은 짧은 시간 동안 위기로부터 탈출할 꾀를 내었다.

지니어스 IT 팁!

블루투스 무선 이어 등에 적용된 무선 통신 기술로 서로 가까운 기기가 데이터를 주고받을 수 있어.

Bluetooth

'분명 안드로이드는 내 얼굴 사진을 입수해 학습했을 거야. 이렇게 짧은 시간 동안 학습해서 분류해낼 수 있다면 분명 약점이 있어… 그래! 내 얼굴 사진을 모든 안드로이드에 입력하자. 그러면 100대 모두 내 얼굴을 가진 안드로이드로 설정이 되겠지.'

준은 의기양양한 얼굴이 되었다. 최첨단 AI가 탑재된 스마트워치로 모든 안드로이드에 **블루투스** 모드로 동시 연결을 시도했다. 모든 안드로이드의 얼굴을 준의 사진으로 바꾸도록 지시하자, 갑자기 경고음이 켜지더니 연결이 끊어져 버렸다.

"해킹으로 의심되는 행위입니다. 접속을 차단합니다."

안드로이드들이 동시에 이렇게 말했다.

'똑같은 얼굴 설정을 여러 대의 안드로이드에 동시에 입력하면 해킹인 줄 알고 자동으로 막는구나… 어쩐지 쉽게 풀린다 했더니만.'

준의 마음속에는 실망감이 차오르기 시작했다. 하지만 여기서 계속 좌절하고 있을 수는 없었다.

'아냐, 똑같지만 않으면 어떻게든 보안을 통과할 수 있을 거야. 비슷하지만 아주 조금씩만 다른 얼굴을 전송한다면 해킹으로 의심받지 않을 수도 있어. 가만… 어떻게 비슷한 사진을 새로 만들어 낸다…?'

순간적으로 준에게 몇 가지 아이디어가 떠올랐다. 그것은 아버지께서 들려주신 할아버지에 관한 이야기였다.

미출시 안드로이드는 사진 정보를 제공하면 그에 맞게 얼굴을 변형할 수 있어!!!

뛰는 놈, 그 위에 나는 놈

소피 상식 팁!

감별사 예술 작품이나 골동품이 진품인지 아닌지를 판단하고 가치를 평가하는 사람을 가리켜.

준은 아버지께 돌아가신 할아버지에 관한 이야기를 많이 듣고 자랐다.

“준, 할아버지는 가장 유명한 진품 **감별사**이셨단다. 평생을 골동품 위조범들과 싸워 오셨어. 모조품을 만드는 기술이 워낙 정교해져서 쉬운 일만은 아니었지…. 모조품에 사기를 당한 사람들이 생기면 경찰국에서 할아버지를 부르곤 했단다. 그러면 경찰들이 감별해내지 못해 골머리를 앓고 있던 여러 모조품을 단숨에 알아보고 사건을 해결하는 데 큰 도움을 주셨지.”

“대체 할아버지는 어떻게 가짜 골동품을 그리 잘 알아맞힐 수 있으셨어요?”

준의 아버지는 고개를 끄떡이며 말했다.

“그건 말이지… 할아버지께서는 역사적 지식도 풍부하셨을 뿐 아니라, 진품을 워낙 많이 관찰하고 공부해오셨기 때문이다. 하지만 할아버지가 더욱 특별했던 이유는 따로 있었단다.”

뜸을 들이는 아버지를 바라보던 준은 아버지의 손을 잡고 흔들며 다음 이야기를 재촉했다.

“하하하, 바로 ‘장팔이’라는 엄청난 골동품 위조범이 있었기 때문이란다. 장팔이는 정말 어마어마한 범죄자였지. 그 녀석이 팔아치운 가짜 골동품만 해도 5,000점이 넘었다고 해. 피해 액수만 해도 수백억 원에 달했지.”

“네? 그런 악당하고 할아버지 실력하고 무슨 상관이에요?”

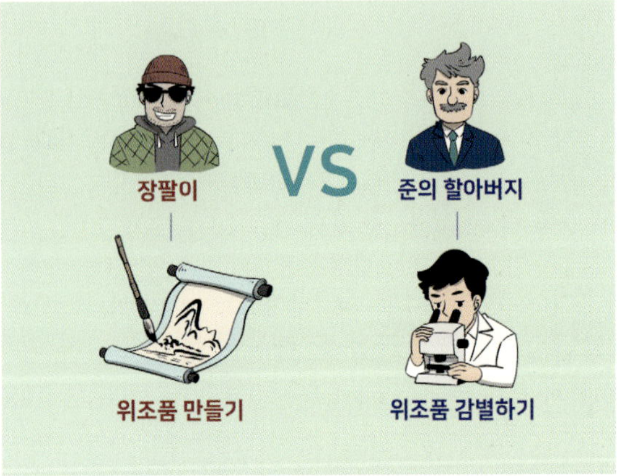

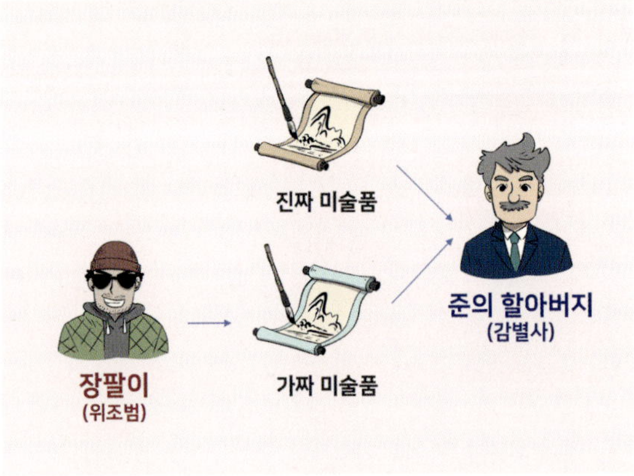

"할아버지는 감별사가 되기 위해 미술품을 열심히 공부하셨어. 장팔이의 범죄가 사회적으로도 심각해지자 그 녀석을 잡으려고 가짜에 관해서도 연구하기 시작하신 거야. 노력 끝에 장팔이의 수법을 꿰뚫는 눈을 가지게 되신 거지. 그런데 그건 장팔이도 마찬가지였단다. 자신이 만든 물건이 자꾸 가짜인 것으로 들통나기 시작하자 더더욱 감별하기 어려운 모조품을 만들기 시작했어."

준은 무릎을 치며 깨달았다는 듯이 말했다.

"아… 상대방을 이기기 위해 서로가 경쟁한 거군요!"

"맞아, 그러다 보니 할아버지는 진품과 모조품을 구별하는 분야에서는 전설이 되셨지. 장팔이 녀석도 동시에 최고의 모조품 제작자가 되었고 말이야."

"듣고 보니, 마치 셜록 홈스와 모리아티 박사 같아요. 마치 최고의 명탐정과 최고의 악당이 대결하는 모습처럼…"

"준, 이 이야기의 교훈이 뭔지 알겠니?"

"글쎄요…?"

"비록 적일지라도 경쟁상대 즉, 라이벌은 나를 강하게 만들어줄 수도 있단다."

준은 고개를 끄떡이며 생각에 잠겼다. 준이 지금처럼 경찰을 돕는 탐정이 된 것은 이제껏 들었던 할아버지에 관한 이야기의 영향도 컸을 것이다.

"나중에 장팔이는 잡혔죠?"

"물론이지! 할아버지의 결정적 추리로 장팔이를 잡았단다. 하지만 장팔이가 만든 위조품들은 워낙 정교해서 일반인이 구별해내는 것은 거의 불가능한 수준이었어. 녀석이 잡히기 직전에 만든 가짜 작품들은 할아버지께서도 능히 구별하지 못하실 정도였단다. 만약 그때 장팔이가 잡히지 않았다면 정말 큰일이 났을 거야. 지금도 장팔이의 가짜 작품을 진짜인 줄 알고 소장하고 있는 사람이 곳곳에 있을 정도니까 말이지."

갑자기 장팔이와 할아버지 이야기가 불현듯 떠오른 준이었다.

'감별사와 사기꾼이 서로 경쟁하며, 더 그럴듯한 가짜를 만들어 낸다… 어쩌면 지금 나를 빠진 위기에서 구해줄 수 있는 열쇠가 될지도 모르겠는데? 음… AI에게 감별사와 사기꾼이라는 두 개의 역할을 나눠 정해주고, 감쪽같게 내 가짜 사진을 만드는 훈련을 시킨다면 어떨까?'

'악당으로부터 아이디어를 얻다니… 탐정에게 어울리지는 않는걸? 하지만… 적에게도 배울 수 있어야 해.'

"이봐, 준! 괜찮아? 방금 스피드에게서 상황을 전달받았어. 용의자 아니… 용의 AI라고 해야 하나? 아무튼, A702가 너를 노리고 있다면서? 일단 당황하지 말고 침착하렴."

"아, 세상에… 바토우 경위님 목소리를 들으니 좀 살 것 같네요. 공장의 통신이 A702 때문에 차단되었는데, 어떻게 연결하신 거예요?"

"루시가 공장 근처에 사용하지 않던 보안 네트워크 하나를 되살렸어."

"루시는… 제가 경찰국에서 기다리라고 했는데요?"

"루시는 가만히 있질 않더군. 명령을 듣고 기다리는 타입이 전혀 아니야. 몰래 공장 주변까지 따라간 모양이었어. 이 통신도 루시 덕분에 연결된 셈이니 오히려 다행이지."

갑자기 연결된 루시의 목소리도 들렸다.

“날 떼놓고 가다니! 하마터면 큰일 날 뻔했잖아. 스피드와 내가 곧 구해 줄 테니까 조금만 기다려!”

“고마워 루시. 그건 그렇고 형사님 때마침 도움이 필요해요.”

“응, 말만 하렴.”

준은 침을 꼴깍 삼키며 말을 이어나갔다.

“AI를 이용해 제 가짜 사진들을 만들어야 해요.”

“아… 혹시 가짜 사진을 띄워 A702를 혼란에 빠뜨리려고 생각하는 거야?

”네, 경위님. 제 생각을 읽으셨네요?“

”하하. 나를 우습게 보지는 말라고. 그나저나 네 생각대로라면 그럴듯해! 하지만, AI는 일반적으로 무언가를 새롭게 만드는 일은 잘하지 못한다고 알고 있는데?”

“그렇죠. AI는 데이터를 가지고 분류하거나 예측하는 일을 주로 했으니까요. 그런데 그런 문제점을 극복하는 방법이 없을까 생각해봤어요. 미술품 위조범과 감별사가 서로 경쟁하다 보니 위조범이 점점 더 진짜 같은 가짜를 만드는 것처럼 말이에요. 예전에 루카스 박사님께 잠깐 배웠던 것 같기도 한데… 정확한 이름은 잘 생각나진 않지만, 이 방법을 사용하면 가짜 사진 데이터를 만들어 낼 수 있겠죠.”

“오, 무슨 말이진 잘 모르겠지만 그럴듯해. 그럼 구체적으로 내가 어떤 걸 도와주면 되겠니?”

“네, 지금 이 통신을 루카스 박사님에게 돌려주시기만 하면 돼요.”

“알았다. 바로 통신을 연구소와 연결해 주마.”

약간의 잡음과 함께 준의 스마트워치에 루카스 박사의 모습이 떠올랐다.

"준! 무사했구나. 너무 걱정했어."

"네, 박사님. 시간이 부족해 자세한 설명은 드리기 어렵고, 예전에 가르쳐주신 가짜 사진을 만드는 알고리즘이 필요해요."

"아, GAN을 쓰려고 하는 거구나."

"맞아요 GAN! 그 이름이 생각이 안 났어요."

생소한 단어에 고개를 갸웃거리는 바토우 경위의 모습이 홀로그램으로 잡혔다. 루카스 박사는 바토우 형사를 위해 말을 이어갔다.

"Generative Adversarial Network, 약자로 GAN이지요. 우리말로는 생성적 대립 신경망이라고 해요."

"이거 원… 이름이 이렇게 어려워서야. 당최 무슨 말인지 이해할 수가 있어야지."

준이 답답해하는 바토우를 위해 설명을 해주었다.

"경위님, 장팔이라는 이름을 들어보셨나요?"

"물론이지. 굉장히 유명한 미술품 위조범이라 경찰 **교범**에도 나온 녀석이야."

"장팔이가 최고의 위조범이 된 이유는 최고의 감별사이셨던 저희 할아버지를 속이기 위해 평생을 노력했기 때문이에요."

"오… 그렇군. 근데 그거랑 지금 GAN 어쩌구랑 무슨 상관이지?"

"네, GAN이 작동하는 방식이 장팔이와 할아버지의 관계랑 아주 비슷하거든요. 두 사람이 라이벌처럼 서로 경쟁하면서 점점 더 실력이 좋아지는 것처럼, GAN도 구분된 두 개의 역할을 하는 각각의 알고리즘이 서로 경쟁하게끔 되어 있어요. 그런 과정을 거치면서 결국에는 정말 그럴듯한 가짜를 만들어 내지요."

"아, 그런 거였군! 라이벌이 서로 경쟁하니까 '대립'이라는 이름에 들어

루시 어휘 팁!

교범 모범으로 삼아 가르치는 기본적 내용이 담긴 책을 뜻해.

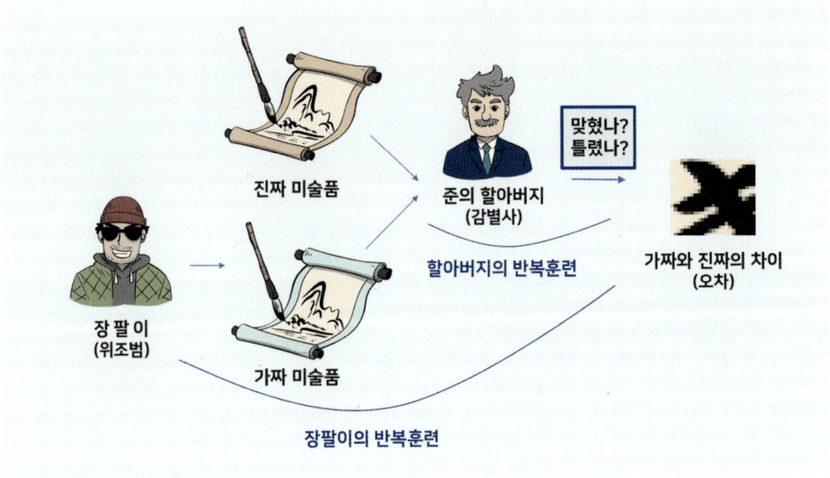

가는 거구나."

"네, 경위님 맞아요!"

바토우는 계속해서 말을 이어나갔다.

"'생성'이란 말은 가짜를 만들어 낸다는 의미일 테고… 신경망은 딥러닝과 같은 말이라 치고… 진작 박사님께서 이렇게 알려주셨으면 좋았잖아요! 네?"

바토우는 자신의 머리를 세게 두들겼다. 그 장면이 고스란히 홀로그램에 잡히자, 위기의 순간임에도 준은 웃음을 터뜨렸다. 루카스는 바토우를 째려보며 말했다.

"이봐요, 경위님. 지금은 한가하게 과외수업하듯 가르쳐드릴 시간이 없어요. 준! 일단 다타이스를 이용해 GAN을 사용할 수 있게 도와줄게. 곧 다타이스와 연결될 거야."

"GAN을 한번 시작하면 굉장히 시간이 오래 걸려서 걱정했는데, 다타이스의 능력이라면 금방 가짜 사진들을 만들 수 있겠어요."

준은 안도의 한숨을 내쉬었다. 아무리 큰 데이터도 순식간에 처리할 수 있는 게 다타이스의 특별한 힘이었다.

"역시, 저에 대해 잘 알고 계시네요. 바로 GAN을 쓰실 수 있도록 준비하겠습니다."

지금의 말투와는 사뭇 다른, 딱딱한 말투의 다타이스의 음성이 들렸다.

"지금부터는 저의 지시를 따라주시기 바랍니다. 먼저 준의 사진 데이터가 필요해요. 이건 이미 연구소에서 많이 가지고 있죠."

"그렇군. 그럼 얼른 가짜 사진을 만들라고, AI 로봇 친구!"

바토우는 준이 걱정이 되어 다타이스를 재촉하기 시작했다.

"저희 같은 컴퓨터에게 무언가를 바로 창조하라는 것은 불가능한 일이에요."

"아니, AI가 그렇게 똑똑한데 그런 것도 스스로 못한단 말이야?"

바토우의 핀잔에도 불구하고 다타이스는 친절하게 설명해주었다.

"네, 저희는 사람처럼 영감이나 아이디어라는 것이 없거든요. 그 대신에 가짜 데이터를 만들어 내도록 제공된 '숫자 덩어리'를 받아 준의 사진에 합성할 겁니다. 어떤 '숫자 덩어리'인지는 준이 정해줄 거예요. 일단, 준이 그것만 해주면 생성자 역할을 맡은 신경망이 가짜 사진을 만들기 시작합니다."

"아무 의미도 없어 보이는 그림 아니… 숫자 덩어리를 조금씩 수정한다고 새로운 사진을 만들 수 있어?"

"컴퓨터가 인식하는 사진이라는 것은 본래 숫자 덩어리에 불과합니다. 즉, 비슷한 가짜 사진의 숫자 덩어리 분포는 원래 진짜 사진이 갖는 그것과 매우 유사해요. 물론, 맨 처음에 만든 가짜 사진은 매우 엉망일 겁니다. 하지만 수없이 반복하다 보면 그럴듯한 사진이 나오게 되죠."

"숫자 덩어리의 패턴이 비슷해지면 결국 비슷한 사진이 나온다는 것이군."

"네, 물론 여기서도 약간 해결해야 하는 문제가 발생할 수 있지만, 대강 이런 원리로 가짜 사진을 만들 수 있습니다."

바토우는 드디어 이해가 간다는 듯 고개를 끄덕거리기 시작했다.

다타이스는 홀로그램으로 다음과 같은 이미지를 만들어 냈다. 그것은 준의 할아버지와 장팔이의 관계를 나타낸 것이었다.

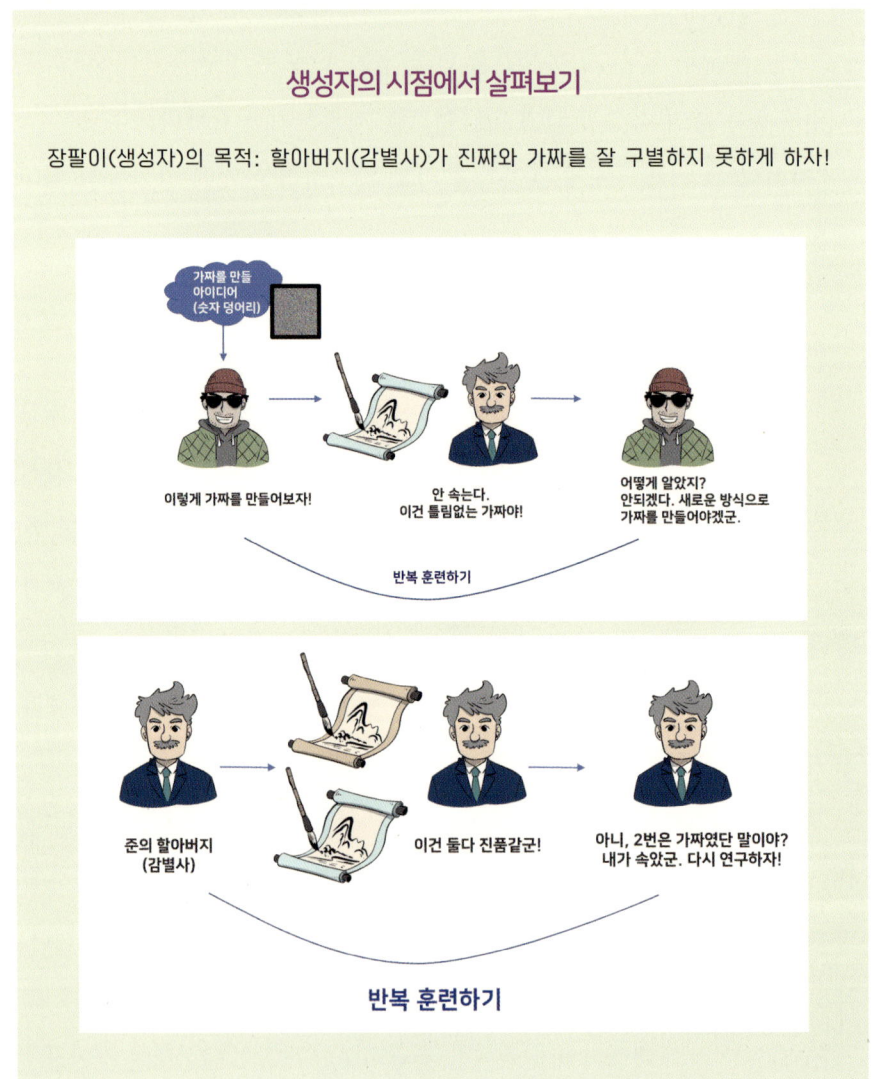

생성자의 시점에서 살펴보기

장팔이(생성자)의 목적: 할아버지(감별사)가 진짜와 가짜를 잘 구별하지 못하게 하자!

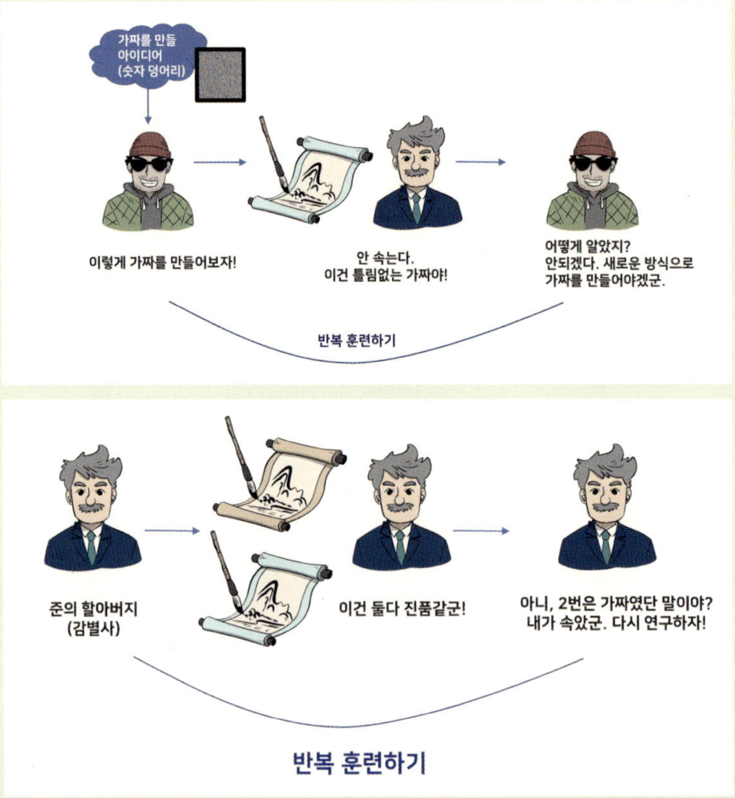

판별자의 시점에서 살펴보기

할아버지(판별자)의 목적: 진짜와 가짜를 정확하게 구별할 수 있도록 하자!

“2개의 AI가 이렇게 속고 속이다니… 정말 신기하군.”

마치 생각에 잠긴 듯 ‘우우웅’ 소리를 내며 다타이스가 말했다.

“준! 이제 GAN을 이용해서 가짜 준의 사진을 100장 정도 더 만들어 낼까?”

“응. 부탁해, 다타이스.”

다타이스 본체의 부품들이 일제히 제 몫을 하기 위해 돌아가기 시작했다. 다타이스가 가짜 사진 100여 종을 만드는 데 걸린 시간은 불과 십여 초에 불과했다.

“새롭게 만든 사진을 전부 보냈어. 이제 빈 안드로이드에 사진을 올리기만 하면 안드로이드들이 준의 얼굴을 따라 할 거야.”

“고마워, 다타이스!”

준은 스마트워치를 공중에 몇 차례 흔들었다. 그러자 스마트워치가 빛나며 100여 대의 안드로이드에 각기 다른 가짜 사진을 전송하기 시작했다.

안드로이드들은 곧 준의 얼굴을 따라 모습을 변형하기 시작했다. 준은 약간 소름이 돋았지만, 곧 이 게임에서 이길 수 있다는 확신이 들었다.

천의 얼굴을 지닌 명탐정

폭주한 A702는 단숨에 뭐든 부숴버릴 기세로 공장의 중앙 홀 안쪽으로 뛰어 들어왔다. 만약, 로봇이 분노를 느낄 수 없다고 생각하는 사람이 있다면 A702의 모습을 보고는 그 생각이 분명 바뀔 것이다.

A702의 눈… 정확히 센서에는 100여 대의 가짜 준 얼굴을 달고 있는 안드로이드가 들어 왔다. 이것은 A702가 예상한 그림과는 전혀 달랐다. 만약, A702가 사람이었다면 얼굴 외에 팔다리를 보고 안드로이드인지 금방 알아챘겠으나, A702는 얼굴만 학습한 상태라 그런 차이를 전혀 알아보지

못했다.

준의 예상대로 A702는 혼란에 빠졌다. A702의 눈에는 100여 개의 '준 = True' 라는 박스가 그려진다. A702은 혼란스러운지 잠시 행동을 멈추었다.

그러다 A702가 곧 움직이기 시작했다. 바로 준과 비슷한 이 물체들을 하나씩 제거하다 보면 결국에는 준을 제거할 수 있다는 결론을 내린 것이다. A702는 가짜 준의 얼굴을 띄우고 있는 안드로이드를 가까운 순서대로 부수기 시작했다.

하지만, 이것도 미리 예상한 준은 입구에서 가장 먼 곳에 미리 자리를 잡고 있었다. A702에 맞서서 목숨을 건 준의 도박이 진행되는 중이었다. '50, 51, 52…' 벌써 절반 이상의 안드로이드가 파괴되었다.

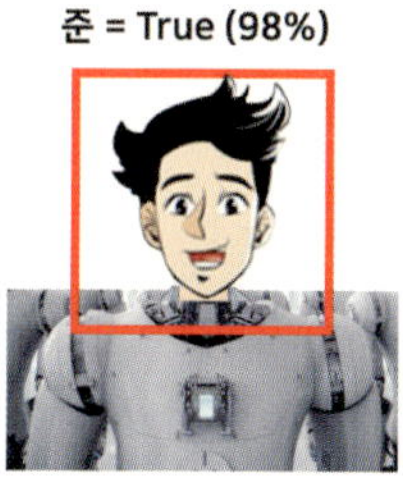

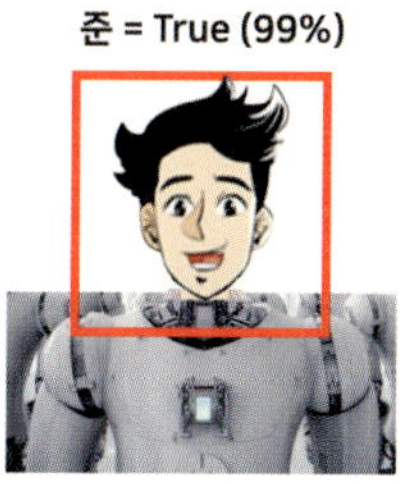

'가짜 사진을 만들어 내지 못했다면 분명 살아남지 못했을 거야.'

그러던 중, 입구가 파괴되면서 스피드가 공장에 들어왔다. 스피드를 본 순간 준의 얼굴에 화색이 돌기 시작했다. 준이 자신도 모르게 스피드를 바라보고, 반사적으로 그쪽으로 움직였다. 그러나 큰 실수였다는 사실을 준이 깨닫게 된 순간… 이미 늦었다! 먹이를 낚아채기 위해 공중으로 뛰어오른 호랑이와 같은 모습으로 자신을 덮치고 있는 A702의 모습이 보였기 때문이었다.

'실수야! 움찔한 것 때문에 들켜버리고 말았어.'

준은 두 눈을 질끈 감고 말았다. 잠시 후 준은 '쾅'하는 소리가 들었지만, 정작 멀쩡한 자신의 상태에 놀랐다. 눈을 뜨자, 스피드가 자신의 앞에 태산처럼 버티고 있는 모습이 들어왔다.

순식간에 스피드가 A702와 준의 사이를 가로막은 것이었다. 아니, 정확하게는 육중한 자동차형 몸체로 A702를 들이받았다고 해야 더 적절할 것이다. 굉음과 함께 A702는 허공에 떠올랐고 수초 뒤에 공장 끄트머리로 나가떨어졌다. 반면, 스피드는 별 흠집 없이 당당하게 멈추어 서 있었다. 과연 AI 히어로라는 명성에 손색없는 위용이었다.

"준, 하마터면 큰일 날 뻔했어."

"고마워, 스피드가 아니었다면 목숨을 잃었을 거야."

준은 고철 더미가 된 A702에게 다가갔다. 찌그러진 로봇의 메모리를 찾으려고 한 것이다. 메모리를 꺼내려고 버튼을 눌렀지만, 이미 다 타버린 후였다.

"저런, 내가 너무 세게 부딪혀서 증거가 그만 망가진 모양이야."

스피드가 미안해하며 말했다.

"아니, 이건 충격으로 부서진 게 아니라 폭발한 거야. A702가 사로잡힐 경우를 대비해 미리 메모리가 타버리도록 프로그래밍 되어 있었을 테지. A702를 조작한 진짜 범인은 꽤 용의주도한 인물이네…."

비록 준은 진짜 범인에 대한 단서를 잡지 못하였지만, 엷은 미소를 얼굴에 띄웠다.

"준, 웃고 있네? 뭔가 알아낸 거야?"

루시는 고개를 갸웃거리면서 준을 응시하였다.

"이 작은 마을에서 일어난 폭발 사건은 어떤 특정한 사람을 노리고 한

게 아니야. **무작위**적으로 폭발하도록 했지. 그 이유가 뭘까?"

"그걸 탐정님께서 직접 설명해주셔야죠."

"사람들이 공포를 느끼는 순간은, 그것에 대해 잘 모를 때야. 사람들은 잘 아는 것에 대해 겁내지 않아. 그러나 이번 사건처럼 폭탄이 언제 어디서 터질지 모르면… 사람들의 공포는 상상을 초월하겠지."

"그렇게 되면 이 구역을 벗어나려 하겠구나?"

"맞아, 급하게 수백 명이 이주할 거고, 반대로 이곳에서 살려고 이사오는 사람은 한 명도 없을 거야. 안 그래?"

"자연스럽게 집값, 땅값이 떨어지겠네."

"그렇게 되면 누군가는 헐값에 이 구역을 전부 사버릴 수도 있겠지. 바로 이 모든 사건을 지시한 사람이야. 결국, 이 사건의 배후에 숨어있는 진짜 범인에게 다가가는 열쇠는 '누가 테러를 했냐'가 아니라 '누가 이 구역을 싸게 사들이려 하는가'야."

루시는 눈을 감고 고개를 끄덕였다.

"하지만 A702를 무찔렀고, 앞으로 더 일어날 테러를 막았으니, 진짜 범인의 계획은 제대로 틀어져 버린 셈이야."

"맞아, 내 추리가 맞았다면 진짜 범인은 곧 수면 위로 모습을 드러낼 거야."

준은 이번 사건을 해결하면서 진짜 범인이 누구인지 **심증**을 확실히 할 수 있었다. 준은 범인이 좀 더 자신의 모습을 드러내는 순간을 숨죽이며 기다리기로 했다.

루시 어휘 팁!

무작위 일부러 꾸미거나 뜻을 더하지 않는 것을 뜻해

심증 어떤 일이 사실인지 아닌지에 대해 주관적으로 판단하는 정도를 가리켜

실습해보기

준이 사용한 GAN을 체험해볼까?
다음 사이트에 차례로 접속을 하자.

얼굴판정
사이트 접속

1. '어떤 얼굴이 진짜 사람의 얼굴일까' 사이트(https://www.whichfaceisreal.com/)에 접속하자.

사람판정
사이트 접속

2. '존재하지 않는 사람' 사이트(https://this-person-does-not-exist.com/)에 접속하자. [F5] 버튼을 클릭하면 화면이 새로 고침되면서 GAN이 만들어 낸 세상에 존재하지 않는 사진들을 볼 수 있어.

비디오판정
사이트 접속

3. '어떤 비디오가 진짜 사람일까' 사이트(https://turing.hourone.ai/)에 접속하자. 여러 사진 중, 진짜라고 생각되는 사진을 제한된 시간 내에 클릭하여 맞춰봐.

4. AI가 이미지를 그려주는 사이트(https://affinelayer.com/pixsrv/index.html) 에 접속하자.

간단한 스케치만으로 고양이, 건물, 신발, 가방 이미지를 만들 수 있어.

AI그림판정
사이트 접속

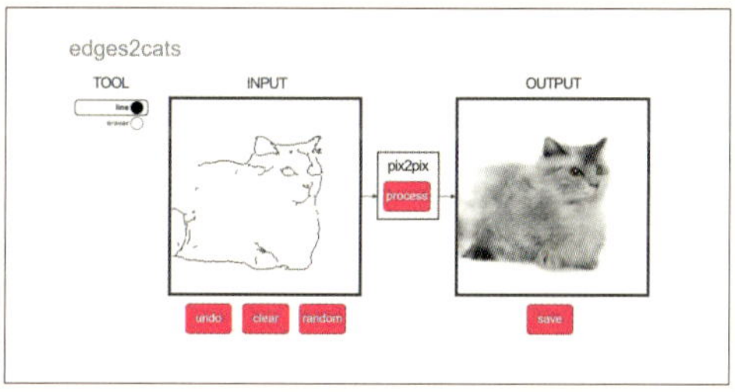

고양이 이미지 생성

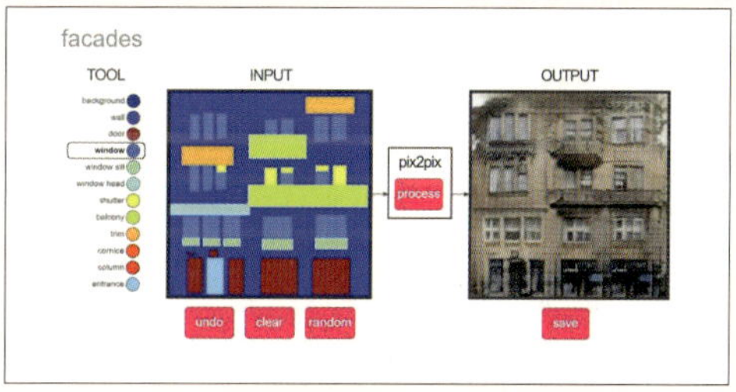

건물 이미지 생성

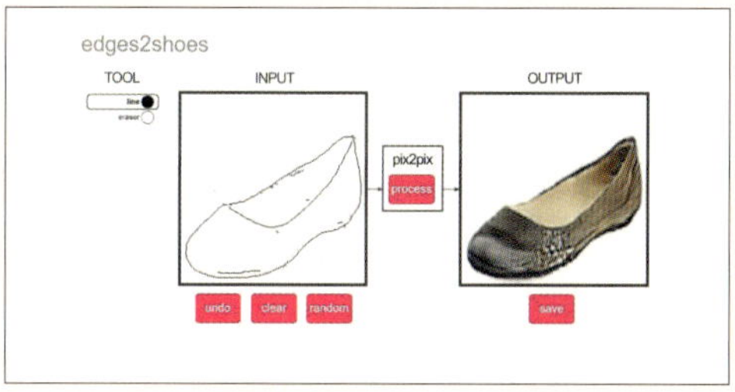

구두 이미지 생성

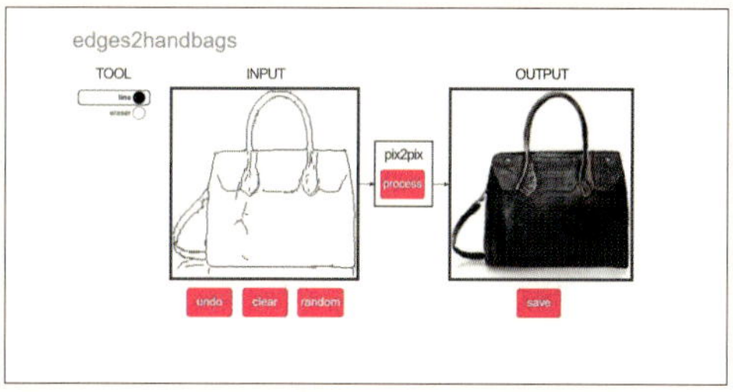

가방 이미지 생성

수사일지 5

또 다른 이반시티, 이반시티 플러스

악몽 같은 2년 전의 기억이 다시 떠오르는 날

AI 드론이 어반시티 하늘을 날아오른다. 파란 하늘 아래로 13구역으로 나뉜 어반시티의 모습이 눈에 보인다.

“이…잉. 찰칵! 이…잉. 찰칵!“

스마트 AI 시티가 된 지 20주년을 기념하는 다큐멘터리 제작을 위해 어반시티 공영방송국 (UBBS)의 로고가 찍힌 AI 드론이 어반시티의 모습을 찍느라 여념이 없다. 방송국은 과거 희망이 없던 어반시티에서 지금의 스마트 AI 시티가 되기까지의 역사를 그린 특집 다큐멘터리 ‘우리의 도시, 어반시티’ 제작을 결정하였고, 지금 그 막바지 촬영을 진행하고 있다.

AI 드론은 어반시티의 전경을 담을 수 있는 높은 곳까지 수직으로 오르다가 점차 하강하면서 도시 전체를 한 바퀴 돌고 있었다. 어반시티는 스마트 AI 시티로 지정되면서 행정구역을 6개 구역에서 13개 구역으로 대폭 변경하게 되었다. 모든 분야가 AI 기반으로 구동되는 도시가 되기 위해서는 클라우드 상에 데이터를 저장하고, 이를 다시 AI 학습에 활용하여 도시를 제어하는 시스템 구축이 필수적이었기 때문이었다. 이를 위한 별도의 자원 운용 및 관리가 필요한 것은 어찌 보면 당연한 행정적인 절차였다.

UBBS 방송국의 AI 드론은 방송국이 있는 4구역을 시작으로 모든 구역을 차례로 돌아보고 있었다. 방송국에서 AI 드론이 촬영하고 있는 영상을

루시 어휘 팁!

송출 전기, 전파, 정보, 물품을 기계적으로 전달함을 뜻해.

보며 한 남자가 나지막하게 한 마디를 내뱉었다.

"나의 도시, 어반시티…"

"방금 나의 도시라고 말씀하셨나요? 자이로 회장님?"

UBBS의 특별 다큐멘터리 총괄 책임자인 한지 PD가 자이로를 바라보며 말했다.

"아… 남의 혼잣말하는 걸 엿듣는 고상한 취미가 있으신지는 몰랐군요."

한지 PD가 자이로 회장에게 커피를 건넨다.

"하하. 그냥 들려서 말씀드린 거예요… 기분 나쁘셨다면 사과하죠. 방송국에 오랜만에 와보시니 어떠세요?"

"오랜만이라 해도 방송국이 오랜만인 거지 방송에 나오는 게 오랜만은 아니라서… 생소하진 않소만…"

"아무렴요. 자이로 회장님께서 방송국 방문에 한낱 어린아이처럼 좋아하실 분은 아니시죠."

"지금 저기 어반시티 촬영에 쓰고 있는 AI 드론은 우리 자이로스콥의 D-596 모델인 것 같은데… 만족스럽게 쓰고 있나요? 한지 PD?

"방송국 나오셨어도 회사 일만 생각하시는군요. 물론이죠. 자이로스콥의 AI 드론을 만족스럽게 쓰지 못하면 어느 회사 것을 쓸 수 있겠어요?

"한지 PD. 당신이 오늘 내게 한 말 중 가장 듣기 좋은 말이군요."

"칙… 치직. 치익… 칙"

AI 드론이 촬영하는 장면을 **송출**하던 대형 화면이 뿌옇게 흔들린다.

"응… 갑자기 왜 이러지? 저기… 드론 카메라 감독 있으면 이리 오라고 전해!"

갑자기 특별 다큐멘터리 팀 사무실에 이상한 분위기가 감돈다.

AI 드론은 방송국의 화면에 이상이 생긴 틈을 타, 예정과는 달리 2구역의 자유로와 희망로의 중간 지점을 향해 날쌔게 비행한다. 드론의 수신기에는 누군가와 통신을 주고받는 불빛이 계속 깜빡거리고 있다.

> 루시 어휘 팁!
>
> **두절** 교통이나 통신 따위가 막히거나 끊어짐을 뜻해.

"콰콰쾅!"

자유로와 희망로의 중간 지점에 도착한 드론이 굉음과 함께 상공에서 폭발하였다. 이윽고 2구역의 시민들은 두려움과 혼란에 빠졌다. 2년 전 테러로 몸살을 앓았던 아픈 기억들이 다시 살아났기 때문이었다.

드론이 통신 **두절** 중 폭발한 사실을 뒤늦게 알게 된 방송국의 사무실도 혼란스럽긴 마찬가지였다. 외딴 섬에 있는 사람처럼 홀로 사무실 한쪽에서 저 멀리 하늘을 바라보던 자이로는 알 수 없는 얇은 미소를 짓는다.

똑같아도 너무 똑같은 제14구역

준이 저녁을 먹고, TV를 틀자 뉴스가 때마침 흘러나온다.

"사건 사고 소식입니다. 오늘 UBBS 방송국에서 운행하던 AI 드론이 오작동으로 통신이 끊기었다가 폭발하는 사고가 있었습니다. 사고 발생 장소는 2구역의 자유로와 희망로 중간 지점의 상공이었습니다. 인명피해는 없었지만, 시민 4명이 파편에 맞아 가볍게 다쳤으며, 인근 병원으로 후송되었습니다. 경찰 당국은 자세한 사고 원인을 조사하고 있습니다…."

"음… 스스로 폭발했다고?"

준은 2년 전 자유로 사건을 기억해냈다.

'뭔가 방식들이 비슷해.'

시간이 지날수록 준은 일련의 사건들이 연결되어 있다는 것을 느낀다.

그리고 이 모든 일이 자이로스콥의 소행일 가능성이 크다는 결론을 내리는 자신을 발견하게 되었다.

'이제부터는 하나의 사건만 보는 게 아니라 큰 그림을 보면서 하나씩 사건들을 해결해나가야 할 것 같네. 어쩌면 실타래처럼 얽힌 문제들이 한 번에 풀릴 수 있을지 몰라.'

갑자기 손목에 있는 스마트워치가 울린다. 바토우 형사였다.

"바토우 형사님이군!"

너츠가 바토우라는 이름을 듣자마자 반가운 마음에 꼬리를 흔든다.

"오랜만이네요, 형사님, 저녁은 드셨어요?"

"준! 잘 지냈지? 흠… 지금 저녁이 중요한 게 아니야. 문제가 생겼어."

"형사님께서 제게 연락을 하실 때는 주로 뭔가 문제가 생겼을 때잖아요. 근데 무슨 일이죠?"

"준, 혹시 어반시티 14구역에 접속해본 적이 있어?"

"14구역이라면… 한 달 전에 개장한 가상의 어반시티를 말씀하시는 건가요?"

"그래. 어반시티를 가상의 현실에 그대로 옮겨놓은 그곳 말이야!"

"당연하죠. 저뿐 아니라 사람들이 거기 접속해 시간 보내느라 난리인걸요!"

준은 며칠 전, 가상의 제14구역에 접속했던 기억을 떠올리곤 말을 이어나갔다.

"며칠 전, 미국으로 전학 간 제임스를 만났어요. 제임스가 어반시티가 많이 변했는지 보고 싶어서 14구역에 접속했거든요. 제임스와 쇼핑도 하고 게임도 했어요. 오랜만에 제임스와 함께하니 멀리 있어도 옆에 있는 것 같고 너무너무 좋았어요."

"즐거웠겠구나! 그런데 그곳에서 무슨 문제가 생긴 모양이야. 급한 대로 일단 어반시티 플러스 프로젝트에 관련해 요약된 자료를 전송할게! 자세한 건 만나서 얘기하자고."

이윽고 준의 손목에 있는 스마트워치에서 불이 깜빡이더니, 바토우 형사가 전송해 준 자료가 홀로그램으로 떴다.

어반시티 플러스, 제14구역 프로젝트

- **프로젝트 목적**
  - 가상경제를 통한 새로운 일자리와 부가가치 **창출**
  - 어반시티의 치안과 범죄율 관리를 위한 데이터 수집 및 처리
- **프로젝트 기간:** 15년
- **공동 연구 책임자:** 엑시온 박사, 루카스 박사
- **사업 주체 및 관계 기관:** 자이로스콥, 어반시티 경찰국
- **데이터 수집 및 처리 권한:** 어반시티 경찰국 내 데이터 관리부
- **프로젝트 내용**
  - 13구역까지 존재하는 현실의 어반시티를 디지털로 복제한 제14구역 의 조성
  - 언제 어디서 누구라도 현실 세계와 똑같은 디지털 공간에 접속 가능
  - 현실의 세계와 가상의 세계가 연동되어 서로 영향을 주고받는 **디지털 트윈** 구현

    예) 제14구역에서 옷을 구매해서 주문하면, 현실의 세계인 집으로 즉시 배달을 받을 수 있게 됨.

    현실의 세계에서 새로운 건물을 지으면, 가상의 세계인 제14구역에 자동으로 업데이트되어 반영됨.

루시 어휘 팁!

창출 전에 없던 것을 처음으로 생각하여 지어내거나 만들어 냄을 뜻해.

지니어스 IT 팁!

디지털 트윈 컴퓨터에 현실 속 사물의 쌍둥이를 만들고, 현실에서 발생할 수 있는 상황을 컴퓨터로 시뮬레이션함으로써 결과를 예측하는 기술이야.

‘엑시온 박사라면… 지난번 희망로 사건 때 까마귀를 이용한 생물학 테러 사건을 일으킨 범인이잖아….’

그리고 준의 이목을 끄는 또 한 사람의 이름… 바로 루카스 박사였다.

“바토우 형사님, 루카스 박사님도 이 프로젝트에 연구 책임자로 참여하셨네요?”

“그래! 보는 대로야. 자이로스콥과 레논 박사의 관계가 예전만 하지 못하다는 이야기가 돌고 있었는데… 아마도 레논 박사를 대신해 루카스 박사가 연구 책임자 명단에 들어간 모양이야. AI라 하면 레논 박사 못지않게 실력을 인정받는 사람이니 말이지.”

사실 준이 거슬리는 문구는 따로 있었다. 바로 프로젝트의 목적 부분이었다.

- 어반시티의 치안과 범죄율 관리를 위한
  데이터 수집 및 처리

‘스마트 AI 시티로 지정되기 전까지 어반시티의 범죄율은 사상 최악이었지…. 살기 좋은 어반시티를 만들기 위한다는 말은 누구나 다 동의할 수 있어. 하지만 제14구역에서 수집하고자 하는 데이터는 대체 무슨 데이터일까?’

“바토우 형사님! 일단 제가 경찰국으로 이동할게요.”

“그럴 필요 없어… 내가 직접 모시러 갈 테니 집에서 대기하렴! 10분 후쯤 보자!”

준은 잠시 일어나 창밖을 바라본다.

'기록은 생각을 날카롭게 한다.'

혼잣말을 중얼거린 준은 이내 파란노트와 펜을 꺼내어 무언가를 적기 시작했다.

루시 어휘 팁!

부지 건물을 세우거나 도로를 만들기 위하여 마련한 땅을 가리켜.

준의 파란노트

1. 제 2 구역에 집중되는 테러

- 2년 전, 자유로 폭발 테러 사건
- 최근, 희망로 까마귀 전염병 테러 사건 (범인 : 엑시온 박사)
- 오늘, 자유로와 희망로의 중간 지점 방송국 AI 드론 폭발 사건

<추리>

- 과연 우연의 일치일까? 아닐 가능성이 크다.
- 테러가 계속 일어나면?
  - 사람들이 두려워해 떠난다 => 땅값이 하락한다
- 왜? 제2구역 자유로와 희망로 부지를 싸게 사려 한다.
  (땅값이 떨어짐과 동시에 자이로스콥의 부지 매입 증가)
- 누가? 자이로스콥

2. 엑시온 박사

- 최근, 희망로 까마귀 전염병 테러 사건 범인으로 체포됨
- 어반시티 플러스, 제14구역 프로젝트의 공동 연구 책임자

<추리>

- 혼자만의 범행일까? 아닐 가능성이 크다.
- 어반시티 플러스, 제14구역 프로젝트의 사업 주체 및 관계 기관
  - 자이로스콥, 어반시티 경찰국

3. 의심스러운 프로젝트의 목적

- 어반시티의 치안과 범죄율 관리를 위한 데이터 수집 및 처리

‘내 추리가 맞다면 제2구역에 집중되는 테러의 배후에는 자이로스콥이 있는 것이 분명해. 제2구역 자유로와 희망로 부지를 싸게 매입하기 위한 목적이지. 실제로 땅값이 떨어짐과 동시에 자이로스콥의 부지 매입이 증가하고 있어. 그렇다면 왜 하필 자유로와 희망로일까? 흠…이건 좀 더 알아봐야 할 필요가 있겠어.’

내가 만난 사람이 사람이 아니라면?

준이 스마트워치를 쳐다본다.

‘바토우 형사님이 생각보다 늦네…’

이때 준의 집 센서 소리가 들린다. 바토우 형사였다.

“준, 준비됐어?”

너츠가 준비되었다는 듯 대신 짖는다.

“월월”

“음… 준, 뭐라도 짐작이 가는 것이 있어?

”어반시티 플러스, 제14구역 프로젝트의 2번째 목적…. 어반시티의 치안과 범죄율 관리를 위한 데이터 수집 및 처리…. 사실 저는 이 부분이 신경이 많이 쓰이네요.“

“준… 내가 어반시티 플러스 프로젝트에 관련한 요약 자료만 보내줬지, 어떤 문제가 생겼는지는 말 안 한 것 같은데… 이미 뭐가 문제인지 알고 있는 사람처럼 말하고 있잖아?!”

“형사님이 오시기 전에 자료만 열심히 읽어봤을 뿐인걸요.”

준은 부끄러운 듯 머리를 긁적였다.

"준, 잘 들어봐. 지금 가상의 제14구역에는 **NPC**로 추정되는 많은 AI가 숨겨져 있다는 제보야. 문제는 이 존재들이 사람인지 AI인지를 구분할 수 없다는 점이야."

몰입기기를 착용하고, **아바타**를 통해 게임도 하고, 많은 사람과 함께 노느라 시간 가는 줄 몰랐던 준이었다.

그중에는 친분을 맺어 속 깊은 이야기를 터놓기도 하고, 실제 현실에서 만나기로 약속까지 하기도 했었는데…

'내가 이야기 나누고 함께 게임 했던 사람들이 사람이 아니라 AI였을 수 있다고?'

순간 준은 등골이 오싹해지는 것을 느꼈다.

"준, 참고로 말해두자면 어반시티 플러스, 제14구역 프로젝트는 어반시티의 범죄율을 관리하고, 더욱 안전한 도시 치안 체계를 구축하기 위해 자이로스콥과 경찰국이 협약을 맺은 사안이야. 프로젝트의 첫 번째 목적인 가상 경제를 통한 새로운 일자리와 부가가치 창출에 가려져 있지만, 프로젝트의 두 번째 목적도 그에 못지않게 중요한 부분이지."

"바토우 형사님, 그렇다면 제14구역에서 수집하고자 하는 데이터는 대체 무슨 데이터이죠?"

"그야…. 어반시티 시민들의 신상정보, 물건 구매를 포함한 가상 경제 활동 내역, **라이프 로깅**을 포함한 데이터들이겠지."

"만약 사람인지 AI인지 알 수 없는 NPC들이 시민들의 민감한 개인정보들을 아무렇지 않게 수집한다면요?"

"수집한다고 하더라도 좋은 일에 쓰일 수 있도록 잘 관리하면 되지 않을까?"

"어반시티 플러스, 제14구역 프로젝트의 사업 주체는 자이로스콥, 관계

지니어스 IT 팁!

NPC Non Player Character의 약자로 플레이어 캐릭터가 아닌 프로그램된 봇 또는 인공지능이 조작하는 캐릭터를 가리켜.

소피 상식 팁!

아바타 분신이란 뜻으로 인터넷 가상 세계에서 컴퓨터 사용자가 자기를 나타낸 캐릭터를 가리켜.

라이프로깅 삶을 뜻하는 Life와 접속한다는 Logging의 합성어야. 일상생활에서 일어나는 모든 순간을 텍스트, 영상, 소리 등으로 캡처하고 그 내용을 다른 사용자들과 공유하는 것을 뜻해.

지니어스 IT 팁!

몰입기기 가상현실(VR), 증강현실(AR), 혼합현실(MR), 확장현실(XR) 속 사용자의 오감을 자극하며 실제와 유사한 공간적, 시간적 체험을 가능하게 하는 기기를 말해.

버퍼링 데이터를 한 곳에서 다른 곳으로 전송하는 동안 일시적으로 그 데이터를 보관, 기억하는 동작을 말해. 많은 데이터를 이동할수록 버퍼링이 자주 일어나.

기관은 경찰국이라 되어 있어요. 만약 자이로스콥과 경찰국 둘 중의 어느 한 곳이라도 시민들의 개인정보 데이터를 잘 관리하지 못한다면요?"

"흐음… 준, 어반시티 시민들의 안전을 위한 일이라고 해서 크게 신경 쓰지 않았는데, 듣고 보니 네 말대로 간단히 생각할 문제는 아닌 듯하군…"

바토우 형사의 목소리에 근심이 묻어져 나왔다.

너츠, 이제 너의 능력을 보여줄 차례야

"바토우 형사님! 경찰국 사무실에 몰입기기가 있나요?"

"14구역에 접속하려는 거야?"

"네, 탐정 수사 제1원칙. 현장에 답이 있다!"

"하하. 이 와중에 웃음을 주는군. 경찰국에 성능 좋은 수사용 몰입 기기들이 많아."

"잘됐네요. 우리 집에 있는 건 구형이어서 그런지 버퍼링이 심하거든요."

"하하하. 이번 사건이 잘 해결되면 하나 선물로 주도록 할게. 일단 사무실로 가자!"

사무실에 도착한 준과 바토우 형사는 몰입기기부터 찾았다. 바토우 형사가 준에게 기기를 건네자 준은 능숙하게 기기를 착용했다. 바토우 형사는 14구역 서버에 준 대신 접속하는 작업을 해주었다.

"아바타가 아주 멋지군. 현실과는 좀 다른 것 같은데?"

“그건 바토우 형사님 아바타도 마찬가지라고요!”

“하하하. 그건 인정! 그나저나 준비됐으면 바로 입장하자.”

“형사님, 잠시만요… 부탁이 있어요!”

“응?”

“너츠도 14구역에 입장할 수 있나요?”

“한 번도 안 해봤는데… 가능할 거야! 3년 전에 동물 보호 단체에서 동물들도 가상현실을 누릴 권리가 있다면서 법적 소송을 걸었거든… 아, 여기 동물 입장 버튼이 따로 마련되어 있어!”

“너츠도 우리와 같은 몰입 기기를 착용하면 되려나요?”

“반려견을 위한 몰입 기기가 따로 있군. 아… 여기 있다! 찾았어.”

바토우가 너츠를 위한 몰입기기를 찾아서 준에게 건넸다. 준이 너츠에게 몰입기기를 입히는 동안, 너츠는 낯선 느낌에 미동도 하지 않고 서 있다.

“너츠, 드디어 너도 14구역에 접속할 수 있게 되었어. 함께 들어가자!”

“…월월!”

준과 함께 14구역에 들어오게 된 너츠는 즐거워하며 여기저기를 뛰어다녔다. 준이 너츠를 따라다니느라 바빴을 정도였으니 …. 14구역에서 너츠의 꽁무니만 따라 다니던 준은 갑자기 너츠의 행동이 이상하다고 느껴졌다.

“너츠야, 왜 그래?”

“월월, 월월!”

너츠는 킁킁거리며 몇몇 사람 아바타 근처에서 한참을 맴돌았다. 준은 다른 사용자에게 피해를 준 건 아닌지 염려되어 황급히 아바타에게 다가와 말했다.

“죄송해요. 제 반려견이 이곳이 처음이라 실례를 좀 했어요. 죄송합니다!”

“아, 괜찮습니다. 반려견이 아주 귀엽네요! 저도 반려견이 있는데 데리고 와야겠어요.”

“네, 실례가 많았습니다.”

너츠의 행동을 수상하게 여긴 준은 바토우 형사에게 접속 해제를 요청했다. 현실로 돌아오자마자 준은 너츠에게 물었다.

“너츠, 아까 그곳 어땠어? 혹시 수상한 낌새라도 있었던 거야?”

너츠는 고개를 갸우뚱하며 작은 소리로 짖어대기만 할 뿐이었다.

‘너츠가 맴도는 아바타들에 뭔가 있는 것일까?’

“형사님, 너츠를 데리고 한 번 더 접속해볼게요!”

준은 또 한 번 너츠와 함께 14구역에 접속했다. 이번에는 너츠를 따라다니며 너츠가 계속 맴도는 아바타를 유심히 관찰해보기로 했다. 한참을 유심히 관찰하던 준은 흠칫 놀랐다.

“아니…?!”

준은 너츠가 맴도는 아바타의 눈에 불 모양의 표시가 있는 것을 확인할 수 있었다. 너츠가 맴도는 다른 아바타들에게도 마찬가지였다. 워낙 가상의 14구역에는 다양한 개성을 지닌 아바타들이 많았기 때문에 성급하게 판단을 내린 건 아닐까 생각해봤지만, 너츠가 맴도는 아바타들은 거짓말 같게도 눈에 불 모양의 표시가 있었다. 준은 너츠와 함께 성급히 14구역 접속을 해지하고 몰입기기를 벗어던졌다.

“바토우 형사님! 눈에 불이 있어요.”

“무슨 말이야, 준! 물 먼저 마시고 천천히 말해봐.”

“가상의 14구역에는 특이한 사람들… 아니… AI NPC들이 있어요. 너츠가 NPC들 주변을 맴도는 바람에 알 수 있었어요. 그 AI NPC들 눈에는 불타는 모양이 그려져 있어요.”

“너츠가 AI NPC들을 어떻게 알아볼 수 있었을까?”

“모르겠어요. 너츠가 우리 말을 할 줄 안다면 질문이라도 하고 싶네요. 제 생각엔 너츠의 발달한 후각과 청각이 몰입기기를 통해 실력 발휘를 한 거 같아요.”

“그렇다면 AI NPC들에게 사람과는 구별되는 냄새 아니면 소리가 있다는 얘기야? 그렇다면 냄새 아니면 소리로 AI NPC들을 구별해내는 게 더 좋지 않겠어?”

준은 바토우 형사의 말에 끄덕이며 입을 열었다.

“좋은 의견이세요, 형사님. 하지만 저희는 그 냄새와 소리의 명확한 특징을 알 수 없어요. 사람의 감각이라면 인식할 수 없을지도 모르죠. 하지만 다행히 우리의 눈이 인식할 수 있는 특징을 너츠가 알려줬어요. 바로 눈에 불 표식이 있다는 것이죠!”

준은 순간 루카스 박사의 이름을 떠올렸다.

‘이 프로젝트의 공동 연구 책임자 루카스 박사님께 연락해봐야겠어.’

“준이니? 이 시간에 무슨 일이니?”

“박사님, 늦은 밤에 죄송해요. 혹시 어반시티 플러스, 제14구역 프로젝트의 공동 책임 연구자로 참여하신 게 사실인가요?”

“응, 맞아. 목소리가 급해 보이는데… 무슨 일이니?”

준은 지금까지의 상황들에 대해 루카스 박사에게 설명해주었다. 루카스 박사의 목소리의 톤이 한결 무거워졌다.

“명색이 공동 책임 연구자인데… 이런 사실도 모르고 편히 쉬고 있었다니… 경찰국 바토우 형사님의 사무실이니? 내가 그리로 갈게!”

“한시가 급하니 스피드를 박사님 댁에 보낼게요!”

“알겠어! 고마워, 준!”

준은 스마트워치를 바라보고, 스피드를 호출했다.

“준, 상황 파악은 이미 됐어! 바로 루카스 박사님 댁으로 출발할게!”

“부탁해, 스피드!”

엄청난 속도로 스피드가 거리를 가로지르며 질주한다.

귀신일까, 사람일까? 뭐냐, 너의 정체는?

바토우 형사의 사무실에 모인 루카스 박사, 바토우 형사, 준, 그리고 너츠… 이 넷은 본격적으로 14구역의 비밀을 파헤치기 시작했다. 준이 먼저 입을 떼며 말했다.

"지금 이 상황을 정리하면 AI NPC들을 분류해내는 게 우리가 해야 할 일이고, 우리가 파악한 유일한 단서는 그들의 눈이 불타오르고 있다는 거예요."

"설마 귀신은 아니겠지?"

바토우 형사가 나이에 어울리지 않는 말을 하자, 준은 토끼 눈을 하며 바토우 형사를 바라보았다.

"네? 그럼 그럼 너츠가 귀신 옆에서 맴돌았던 거에요? 너츠, 정말 귀신을 본 거야?"

"낑낑… 월월월"

딱딱했던 분위기가 살짝 녹아든다. 루카스 박사가 말을 보탠다.

"하하하, 꼬마 탐정님. 아직 귀신을 무서워하는 거 보니 형사가 되기엔 시간이 조금 걸리겠는걸? 어쨌든 지금으로서는 자이로 회장이 심어놓은 AI라는 설이 가장 설득력 있어 보여. 그나저나 내 AI 연구가 이런 식으로 쓰이다니…"

준이 루카스 박사를 위로하며 말했다.

"박사님 잘못이 아니니 너무 자책하지 마세요. 지금이라도 문제를 바로 잡으면 되죠."

"음… 내 생각엔 AI NPC들을 모두 분류해서 작동되지 않도록 하면 되지 않을까? AI의 불타오르는 눈을 잘 보면 되니까…"

바토우 형사의 의견에 루카스 박사가 굳은 표정으로 입을 연다.

"하지만 그게 말처럼 간단하지만은 않아요. 자이로 회장은 분명 엄청나게 많은 AI NPC들을 14구역에 심어놓았어요. 우리가 일일이 모두 구별해내기엔 불가능해요."

"하지만 우리에게는 어떤 물체도 놓치지 않고 정확하게 인식하는 와이드가 있잖아?!"

"저도 그 생각을 해봤는데… 희망로에서 까마귀를 분류할 때처럼 와이드 혼자만으로는 역부족이에요. 게다가 14구역은 어느 한 구역도 아니고, 어반시티 전체의 디지털 복제판이에요. 모든 AI NPC들을 와이드 혼자 동시에 인식하기에는 어렵다는 거죠."

이내 사무실에는 다소 무거운 적막이 흘렀다.

"어쨌든 가장 중요한 단서를 찾았으니 AI NPC들을 구별해내는 방법을 찾아야겠어요. 지니어스! 내 말 들려?"

손목 스마트워치를 바라보며 준이 지니어스를 호출했다.

"준! 박사 지니어스가 필요했구나. 오늘은 무엇을 도와드리면 좋을까?"

지니어스는 준에게서 현재 상황과 해결해야 할 문제에 대해 전달받았다.

"이번에도 우리가 잘 해낼 수 있을까?"

"걱정하지 마! 준, 여기 있는 모두가 힘을 합친다면 14구역의 AI NPC들과 사람 아바타를 잘 구별할 수 있을 거야."

"그래, 지니어스! 잘 부탁해. 아 참… 루카스 박사님?!"

준의 눈이 루카스 박사를 향했다.

"박사님, 14구역 프로젝트에서 어떤 역할을 하셨죠?"

“14구역 내의 AI 시스템에 관한 연구를 맡았었어. 가상 세계 안의 AI NPC들도 포함이었지. 다만 이 NPC들이 시민들의 개인정보를 유출하는 데 쓰일 줄은 상상하지 못했지만….”

루시 어휘 팁!

유출 밖으로 흘러 내보낸다는 뜻으로, 귀중한 물품이나 정보 따위가 불법적으로 밖으로 나간다는 뜻이야.

“14구역 안에는 AI NPC들이 대략 얼마나 있나요?”

“정확하게는 기억이 나지 않지만, 대략 300만 개 이상의 AI NPC들이 가상의 14구역에서 이미 활동 중이야. 사람이 일일이 모두 구별해내기엔 불가능한 숫자이지.”

‘너무 많은 숫자여서 사람이 할 수 없다면…?’

준은 AI 로봇들로 까마귀를 구분해냈던 희망로 사건을 떠올렸다.

지니어스는 준에게 웃으며 말했다.

“준, AI를 이용하면 AI NPC들과 일반 사람 아바타를 쉽게 분류할 수 있는 거 알지?”

“당연하지! 지난번 2구역 희망로의 전염병 사건 때, 학습시킨 AI 로봇들로 까마귀를 분류해낸 적이 있잖아.”

준은 자신 있다는 듯 손뼉을 쳤다. 그리고는 자신만만한 표정을 지으며 모두에게 말했다.

“이번에도 사람이 일일이 구분할 수 없다면 AI를 활용해 보도록 하죠.”

이제 시작해볼까? AI NPC 소탕 작전

지니어스는 준에게 다음의 이미지를 홀로그램을 띄워서 보여준다.

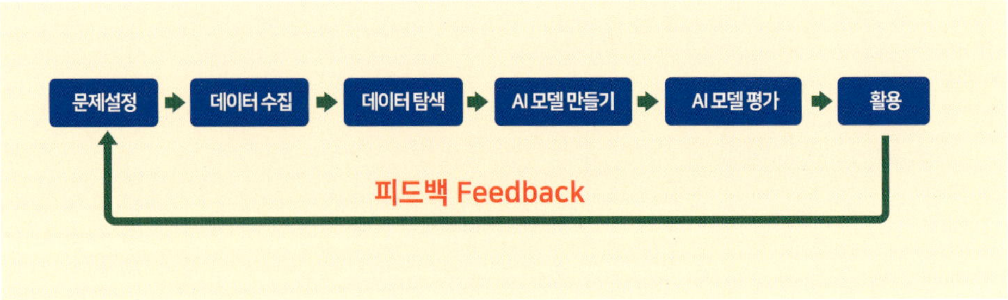

<AI를 활용한 일반적인 문제해결과정>

"준! 지금 보는 것은 AI를 활용한 일반적인 문제해결과정이라 할 수 있어! AI를 활용해 문제를 해결하기로 했으니 이 순서를 잘 기억하면 AI NPC들을 잘 구별해낼 수 있을 거야."

"지니어스, 고마워!"

"자, 그럼! 준, 우리는 지금 어느 단계에 와 있는 것 같아?"

준은 숨을 한 번 크게 들이마셨다. 그리고는 대화 속 내용을 천천히 정리하면서 입을 열었다.

"우리에겐 AI NPC들을 일반 사람 아바타와 구별해야 한다는 문제가 놓여있어. 문제가 뭔지 알고 있으니 데이터 수집 단계로 넘어갈 차례인가?"

"맞아, 준! 그렇다면 데이터를 모아볼까?"

"데이터라면… 어떤 데이터를 모아야 하는 걸까?"

"일반 사람 아바타와 다른 AI NPC의 가장 큰 특징이 뭐였었지?"

"아! 눈에 불꽃이 있다는 것이었지!"

순간, 준의 눈이 번뜩였다.

"그래 그거야!"

지니어스가 준을 향해 박수를 보냈다.

"내 생각엔 눈에 불꽃이 있는 아바타와 눈에 불꽃이 없는 아바타의 이미지 데이터를 모으면 될 것 같아. 어떻게 생각해?"

"세상에 정답이 어디 있겠어? 한 번 해보는 거지!"

지니어스가 준에게 용기를 북돋아 주었다.

'좋아! 데이터를 모으는 데 이 친구들을 빼놓으면 섭섭하지.'

준은 손목의 스마트워치를 바라보고. 소피와 다타이스를 호출한다.

"소피!"

"응! 준!"

"눈에 불꽃이 있는 아바타와 눈에 불꽃이 없는 아바타 데이터를 모아줄 수 있겠어?"

"흐음… 어렵지는 않아! 그런데…"

소피가 무얼 말하려 하는지 알겠다는 듯 루카스 박사가 대신 거든다.

"준! 소피는 아마 데이터를 모으는 장소를 말하고 싶은 걸 거야. 그냥 인터넷에 돌아다니는 그런 이미지 데이터보다는 아무래도 14구역에서 직접 모은 이미지 데이터가 실제로 AI NPC를 분류하는데 훨씬 도움이 될 테니까."

"와우! 역시 루카스 박사님!"

소피가 루카스에게 눈을 찡긋거린다.

"듣고 보니 그렇네요. 루카스 박사님이 아니었으면 그냥 인터넷에서 데이터를 수집할 번했어요!"

준은 곧장 뒤이어 스피드와 와이드를 호출했다.

"스피드! 다타이스, 와이드와 함께 가상의 14구역에 들어가서 데이터를 모으는 데 발이 되어줘! 그리고 와이드는 다타이스가 모으는 데이터가 정확한지 검토를 부탁해."

제14구역에서 어모아야 할 데이터는?
1. 눈에 불꽃이 있는 아바타 (AI NPC들)
2. 눈에 불꽃이 없는 아바타 (일반 사람 아바타)

바토우 형사가 궁금하다는 듯 준에게 물었다.

"그런데 준! 스피드, 다타이스, 와이드가 14구역에 어떻게 들어갈 수 있지?"

준은 바토우 형사에게 살짝 웃음을 띠며 말했다.

"그 역할은 소피가 전문이니까 믿고 맡겨보자고요."

소피는 전 세계의 모든 네트워크와 연결된 AI 히어로. 몰입기기 없이 스피드, 다타이스, 와이드를 순식간에 제14구역으로 이끌기에 충분했다.

"과연 AI 영웅들답구나."

바토우 형사가 놀란 듯 고개를 절레절레 흔들었다.

잠시 후. 세 AI 히어로들이 임무를 완수하고, 14구역과의 접속을 해제했다.

"어땠어? 첫 14구역 방문이?"

"어반시티의 어반시티라 불릴만 했어. 모든 것이 실제 어반시티와 똑같더라고."

"치잇, 나는 데이터를 모으느라 아바타 얼굴만 뚫어지게 쳐다보고 있었는데… 스피드, 넌 한가롭게 14구역 구경도 열심히 했구나."

"워워, 싸우지들 말라고. 친구들!"

와이드가 다타이스를 진정시킨다.

"그나저나 히어로 삼총사 친구들, 데이터는 잘 수집된 거야?"

와이드가 다타이스를 진정시키다가 웃음 지어 보이며 대답했다.

"응! 수집한 데이터를 다타이스가 멋지게 표로 정리해줬어. 같이 확인해보자고."

"데이터 상태는 어떤 것 같아?"

"일단 중복되는 데이터는 없는 것 같아. 아바타들이 다 비슷해 보이기는

해도 자세히 보면 입 모양, 눈썹 모양, 눈의 간격, 주름 등이 조금씩 다름을 확인할 수 있어.”

와이드의 질문에 준이 데이터를 자세히 바라보며 대답했다.

“데이터의 개수도 각각 10개씩이야. 한쪽 정답으로 치우치지 않고, 데이터의 개수를 잘 맞췄네. 자, 그럼 이제 이 데이터들을 재료로 AI를 학습시킬 차례야!”

‘AI를 학습시킬 수 있는 곳…’

준은 KNN의 원리를 이용해 까마귀 학습을 시킨 엔트리 웹 사이트를 떠올렸다. 쉽고 간편하게 까마귀 학습을 시킬 수 있었기 때문에 이번에도 이용하면 좋겠다 생각했다.

예상대로, 그곳에서 준은 어렵지 않게 AI를 빠르게 학습시킬 수 있었다.

“준, 이제 다음 차례는 뭘까?”

지니어스가 준을 바라보며 물었다.

"학습시킨 AI 모델을 만들었으니, 이제 AI 모델 평가 단계야."

"준, 그렇다면 AI 모델 평가 단계에서는 뭘 하는 걸까?"

"우리가 이미지를 학습시켜 만든 AI NPC 분류 모델이 성능이 괜찮은지를 확인해보는 단계이지. 말 그대로 AI 모델이 AI NPC와 일반 사람 아바타를 잘 분류해내는지 시험해보는 단계라 할 수 있어. 마치 수업 시간에 배운 내용을 잘 학습했는지 확인하기 위해 학생들이 보는 시험과도 같다 할 수 있지."

"아… 시험은 정말 싫어. 그런데 AI도 시험을 봐야 한다니… 쩝"

준은 만든 AI 모델을 어떤 데이터로 시험해볼지 고민했다.

"으음… AI 히어로 삼총사가 수집해 온 데이터 중에서 아무거나 골라서 시험해보면 되겠지. 우선 2개 정도만 시험해보자."

"준! 여기서 한가지 놓친 것이 있어. 시험을 볼 때, 그 전에 풀어 봤던 문제를 그대로 똑같이 내면 어떻게 될 것 같아?"

"그야…"

준이 대답을 이어갔다.

"그 전에 풀어 봤던 문제이기 때문에 평소 실력보다 다들 시험을 잘 볼 것 같아. 시험을 보는 쪽에서는 시험이 상대적으로 쉬우니 좋을 수 있겠지만, 시험을 낸 쪽에서는 평가를 제대로 할 수 없으니 좋지 않을 것 같…"

순간 준은 무엇이 잘못되었는지를 알아차릴 수 있었다.

"AI를 공부시킬 때 사용했던 데이터를 시험용으로 사용해서는 안 되겠구나? AI 입장에서도 공부했던 데이터이기 때문에 자신의 성능보다 잘 분류할 가능성이 커지니까 말이야."

지니어스의 눈에서 또 한 번 축포가 터진다.

“그럼… 시험용 데이터를 따로 준비해야 한다는 소리인데…?”

준의 눈이 다타이스를 향했다.

“다타이스! 혹시 14구역에서 모아온 데이터가 AI NPC 10개, 일반 사람 아바타 10개… 이게 전부인 거야?”

“응. 준… 시간이 없다 해서 10개 정도면 충분할 거라 생각하고 각각 10개씩만 모았…”

“아니야 준!”

순간 와이드가 다타이스의 말을 끊으며 준에게 말했다.

“와이드! 더 모아온 데이터가 있어?”

“사실 나는 인식한 물체에 대해서 내 컴퓨팅 처리 용량이 허락되는 한 저장해놓는 습관이 있어. 시험용으로 쓸 만한 데이터가 아직 내 저장 공간에 남아 있다고.”

“휴, 정말 다행이다.”

준은 가슴을 쓸어내렸다.

“시험용으로 쓸만한 데이터는 AI NPC 5개, 일반 사람 아바타 5개 정도 추가로 확보되었어.”

와이드가 홀로그램으로 띄워 보여준 추가 확보 데이터는 다음과 같았다.

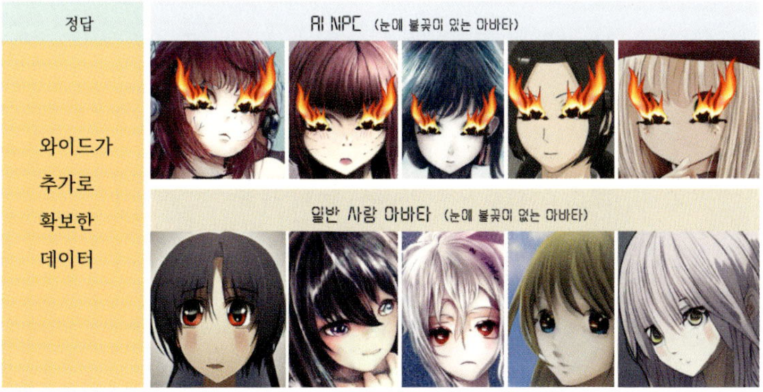

준은 와이드가 추가로 확보한 데이터를 유심히 보았다. 역시나 미세하만, AI 공부시킬 때 사용했던 데이터와 입 모양, 눈썹 모양, 눈의 간격, 주름 등이 다른 것을 확인할 수 있었다.

"그럼, 와이드가 추가로 확보한 데이터로 AI 성능을 시험해보자고."

AI의 성능을 시험해보니 AI NPC와 일반 사람 아바타를 잘 분류하였다. 대성공이었다!

"지니어스! 이제 마지막 단계야."

"그래. 이제 AI 모델을 문제해결에 사용하는 일만 남았어."

준은 곰곰이 생각해보았다.

'우리가 만든 AI 모델은 AI NPC를 분류하는 일만 할 수 있어. 분류 결과를 출력해서 알려주면 AI NPC들의 네트워크를 자동으로 끊어버릴 수 있으면 좋으련만…'

순간 준의 눈에 빛이 반짝거렸다.

"네트워크… 네트워크라면?!!"

준은 소피의 얼굴을 쳐다보았다. 소피 또한 준의 얼굴을 바라보고 있었다.

"AI NPC를 분류하고, 소피에게 분류 결과를 전달하는 코딩을 하면 되겠어."

- AI 모델이 AI NPC를 발견하면
  → '소피야! AI NPC야. 네트워크를 끊어줘!' 출력
- AI 모델이 일반 사람 아바타를 발견하면
  → '소피야! 사람 아바타야!' 출력

루카스 박사의 일·타·강·의

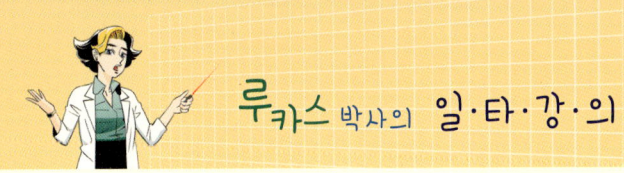

컴퓨터야, 정답 줄게 분류해다오

준이 AI를 활용하여 문제를 해결한 과정을 다시 한번 떠올려볼까요? 준이 AI를 학습시키기 위해 데이터를 제시한 방식은 다음 중 어느 것에 해당할까요?

1. 정답을 함께 알려주는 방식	2. 정답 없이 데이터만 주는 방식

AI 히어로들이 14구역에서 수집한 데이터 표를 보면 '정답'이라는 항목이 있습니다. 정답은 이름표를 의미하며 레이블(Label) 혹은 클래스(Class)라고 불리기도 해요. 이 표는 'AI NPC'라는 이름표에 해당하는 데이터 10개가 있고, '일반 사람 아바타'라는 이름표에 해당하는 데이터가 10개가 있음을 보여주지요. 즉, 준은 AI를 학습시키기 위한 데이터를 제시할 때, 정답을 함께 알려주었음을 알 수 있습니다.
이렇듯 AI에게 정답을 알려주며 학습시키는 머신러닝의 방법을 지도학습이라고 해요. 반대로 정답 없이 데이터만 제공하여 학습시키는 방법은 지도학습이 아니라는 의미로 비지도학습이라 하지요. 비지도학습에 대해서는 나중에 다시 살펴볼 겁니다.

데이터	+	정답 O	→	지도학습
데이터	+	정답 X	→	비지도학습

우리 AI에게 정답을 알려주며 학습시키는 머신러닝의 방법을 지도학습이라고 해.

지도학습을 이용하면 데이터 분류 뿐 아니라 예측도 가능합니다. 예컨대 공부 시간에 따라 시험 점수를 예측할 수 있지요. 먼저 공부 시간에 따른 시험 점수 데이터를 여러 개 모아 AI를 학습시킵니다. 데이터를 학습한 AI는 공부 시간에 따른 시험 점수의 관계를 가장 잘 나타내는 선을 찾아내지요. 그렇게 되면 아래 그래프와 같이, 이 선을 바탕으로 '2시간 30분 공부했을 때 시험 점수 60점을 맞을

것이다.'라고 예측할 수 있답니다. 지도학습은 날씨나 물건의 가격을 예측하는 데에도 도움이 됩니다. 또, 스팸 메일을 분류하는 데에도 사용되고, 질병이 있는지 판단하는 데에도 쓰이죠.

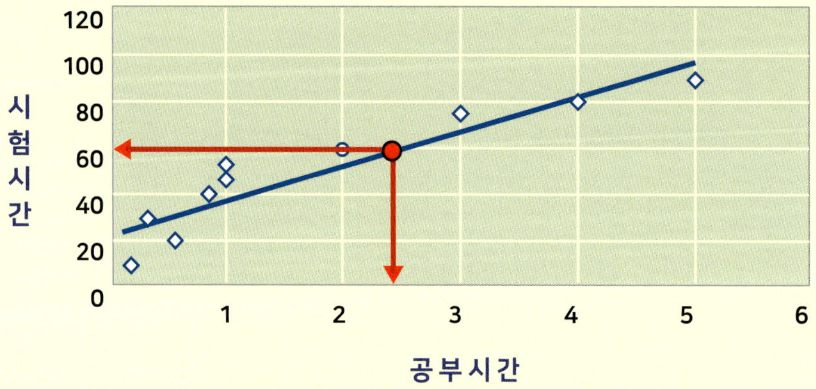

지도학습 → 분류 + 예측

소피의 활약, 어반14과의 출범

코딩까지 완료한 준을 지켜보던 바토우 형사가 준에게 손짓하며 말했다.

"준, 이제 서둘러야겠어!"

네, 형사님! 이제 소피의 네트워크에 제가 작성한 코드를 연결해서 14구역 AI NPC들을 찾아 네트워크를 끊을 거예요. 그렇게 된다면 AI NPC들이 작동을 멈추게 되겠죠."

"준의 말대로라면 이제 소피의 몫이구나. 부탁한다 소피!"

루카스 박사가 소피의 어깨를 두드려주며 말했다.

"이런… 어깨가 무거운데요? 하핫!"

장난스럽게 웃던 소피의 눈빛이 일순간 변한다.

"저는 이제 준이 작성한 코드를 심고, 제14구역 네트워크로 진입할게요. 3, 2, 1!"

소피의 네트워크 회로가 제14구역을 향했다.

소피는 14구역에 진입하여 준이 학습시킨 AI를 활용해 모든 AI NPC들을 네트워크에서 끊어버리는 작업에 성공하였다. 14구역에서 어반시티 시민들의 개인정보를 빼내는데 활용되는 AI NPC들의 작동을 멈추게 한 것이다.

하지만 AI NPC의 네트워크를 잠시 끊어버린 것이었기 때문에 이대로 둔다면 다시 AI NPC들이 활동할지도 모르는 일이었다. 어반시티 플러스 프로젝트의 공동 연구 책임자였던 루카스 박사는 가상의 14구역 세계 속 AI NPC들을 수거하고, 이런 일이 재발하지 않도록 기

루시 어휘 팁!

수거 다시 거두어 간다는 뜻이야.

술적으로 처리하는 일에 적극적으로 협조하였다. 이 일을 계기로 어반시티 경찰국 내에 제14구역의 사건만을 전담하는 신생조직인 어반14과가 출범하게 되었으며, 공교롭게도 어반14과의 형사과장으로 바토우 형사가 임명되었다.

준은 이번 사건을 해결하면서 자신이 애초에 생각했던 대로 모든 사건이 연결되어 있음을 느낄 수 있었다. 점점 사건의 뿌리는 표면 위로 드러나고 있었다.

실습해보기

준은 AI NPC들의 작동을 어떻게 멈추게 했을까?

1. 엔트리(https://playentry.org/)에 접속하여 로그인하여 만들기- 작품 만들기 클릭한 뒤 <인공지능 모델 학습하기> 클릭하기

엔트리 접속

실습 이미지 다운로드

2. <분류: 이미지> 버튼 클릭하고 <학습하기> 버튼 누르기

3. 데이터 입력 부분의 클래스 1 부분에는 <AI NPC>로 입력해주고, 클래스 2 부분에는 <일반 사람 아바타>로 입력한 뒤 데이터 입력하기

4. <모델 학습하기> 버튼 클릭하기

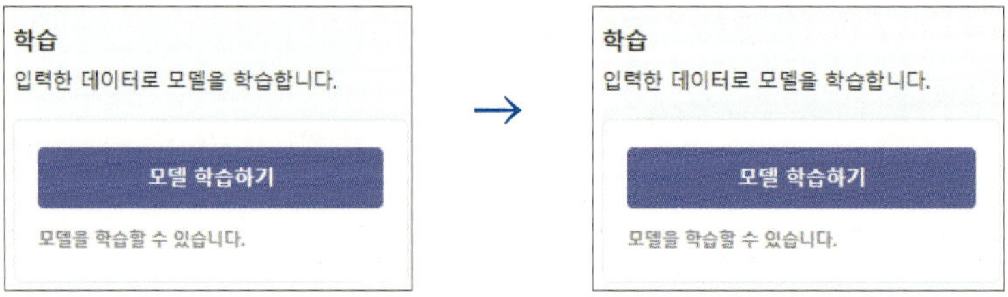

5. 추가로 확보한 데이터를 활용하여 AI 성능 시험하기

6. AI 모델 적용하기

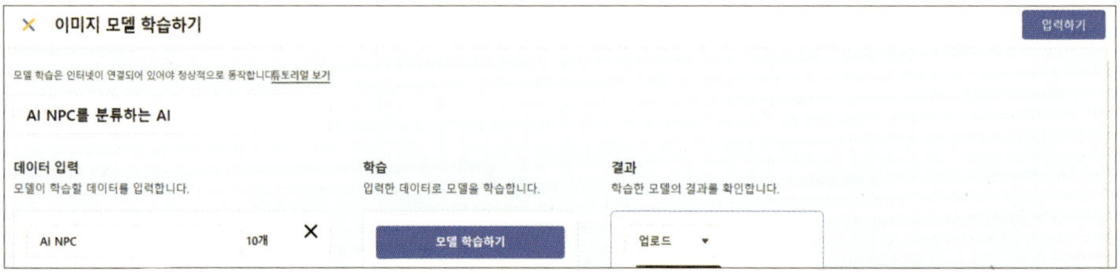

7. AI 모델 블록 확인하고 코딩하기

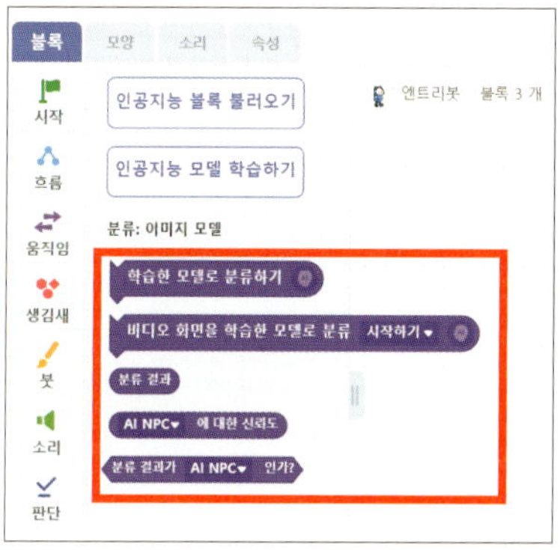

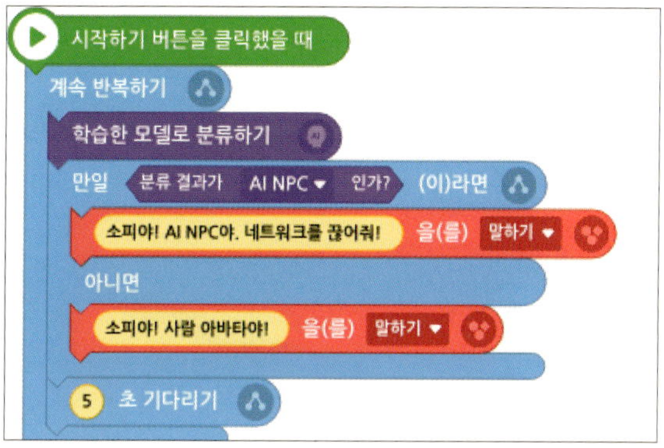

8. 프로그램 잘 작동하는지 확인하기

수사일지 6

예상치 못한 적의 공격

4구역에 드리워진 검은 그림자

"자! 우리 조금만 더 힘내보자고!"

유난히 더운 여름, 준은 어반시티 8구역 외곽에 있는 거대한 인공 호수에서 진행되는 드론 축구 경기에 나왔다. 드론 축구는 영화 <해리포터>에 나오는 가상의 게임인 '퀴디치 게임'과 유사한데 공격수 드론이 수비수 드론을 제치고 공중에 있는 상대 골대를 통과하면 점수를 얻는 스포츠이다. 인공 호수 위를 날아다니는 드론들의 모습이 마치 해리포터 속 마법사들이 몰고 다니는 퀴디치 공들의 모습 같다.

"네! 7구역 레드 팀과 3구역 블루 팀의 후반전 경기가 시작되었습니다!"

UBBS 방송국의 스포츠 캐스터와 AI로봇 해설위원 알파어반이 중계석에 나란히 앉아 후반전 경기 시작을 알렸다. 양 팀 서로 골을 번갈아 넣으며 승부를 알 수 없는 멋진 장면이 이어졌다.

경기 스코어 12:12, 치열한 **접전**이 펼쳐지고 있는 가운데 레드 팀의 공격수를 맡은 준은 블루 팀의 강한 수비에 진땀을 흘리고 있었다. 수비수 드론들이 공중에 달린 동그란 골대 앞에서 틈 없이 진을 치며 상대편 드론의 접근을 막고 있었다.

'흠, 어렵겠는걸. 에어 커튼 기술을 써서 상대 수비 전형을 무너뜨려야겠어.'

루시 어휘 팁!

접전 서로 힘이 비슷하여 승부가 쉽게 나지 아니하는 경기나 전투를 뜻해.

준은 상대 수비 드론 위로 재빠르게 드론을 날려 바람을 일으키는 공격을 하였다. 갑작스런 바람에 블루 팀 수비수가 흔들리는 틈을 타서 준의 동료가 골대로 드론을 통과시키며 득점에 성공!

"좋았어!"

준은 신이 난 목소리로 외쳤다. 경기 종료 휘슬이 울리기 10초 전이었다. 최종 경기 스코어 13:12로 레드팀의 승리였다.

"매주 만나서 연습을 한 보람이 있었어!"

준은 같은 팀 동료들의 손을 마주치며 기쁨의 순간을 만끽했다.

"두두두두두…"

심상치 않은 프로펠러 소리에 준은 고개를 돌렸다. UAM이 드론 축구장 주차장에 착륙하는 모습이 보였다. 이윽고 경찰복을 입은 사람들이 UAM에서 내려 준이 있는 곳으로 성큼성큼 다가왔다. 준

소피 상식 팁!

UAM Urban Air Mobility의 줄임말. 지상과 하늘을 연결해 사람과 화물을 나르는 미래 도심 항공 교통체계야.

은 놀란 눈으로 그들을 바라보았다.

'바토우 형사님?'

준은 경찰 틈에서 어반14과 과장으로 진급한 바토우 형사를 발견했다.

"바토우 형사님, 여기까지 어쩐 일이세요?"

"준! 현재 비상상황이야. 지금 긴급히 TF팀을 모집하고 있어."

"**TF팀**이요?"

"그래. 지금 당장 나와 같이 경찰국으로 가자고. 자세한 상황은 가면서 설명해 줄게."

준은 드론 축구 팀원들에게 짧게 인사를 건네고 바토우 형사를 따라 급히 UAM 본체에 올라탔다. 이륙과 동시에 바토우 형사는 한쪽 벽에 홀로그램 영상을 띄웠다. 긴급 속보 뉴스였다.

"어반시티 4구역에서 원인 모를 바이러스가 급속도로 번지고 있다는 소식입니다. UBBS의 AI 로봇 베타어반이 현장을 취재했습니다. 베타어반! 그곳 상황은 어떻습니까?"

"네, 이곳 어반시티 4구역은 그야말로 전시 상황을 방불케 하고 있습니다. 어반시티 의료진과 **방역** 통제를 위한 AI로봇 군인들이 4구역으로 속속들이 투입되고 있습니다. 방역 기본 장비인 마스크의 가격을 두고 여기저기서 말싸움이 붙는 장면도 포착되었습니다. 이상 베타어반 이었습니다."

"생각보다 상황이 심각한 것 같은데요?"

준이 바토우 형사의 얼굴을 근심스레 쳐다보며 말했다.

"그래서 이렇게 TF팀을 급히 모으는 거겠지."

준은 이렇게 큰 규모의 전염병과 맞닥뜨려 본 적이 없었다. 전염병 때문에 한순간에 도시 전체가 혼란에 빠지는 상황이 너무나도 낯선 준이었다.

소피 상식 팁!

TF팀 Task Force의 줄임말. 어떤 목적을 달성하기 위해 임시로 만든 팀을 가리켜.

루시 어휘 팁!

방역 전염병이 발생하거나 유행하는 것을 미리 막는 일을 뜻해.

소피 상식 팁!

골든아워 환자의 생사를 결정지을 수 있는 사고 발생 후 제대로 된 치료가 이뤄져야 하는 최소한의 시간을 뜻해. 흔히 쓰는 골든 타임은 잘못된 표현이야.

준은 전염병이 인류의 삶에 영향을 미쳤던 과거의 기록에 대해 궁금해지기 시작했다. 준은 바토우 형사를 바라보며 물었다.

"바토우 형사님! 비교적 최근에 유행한 전염병이 있었나요?"

"벌써 29년 전 일이지만, 2020년부터 약 3년 정도 크게 유행했던 COVID-19도 전 세계적으로 많은 사람을 힘들게 한 전염병이었다고 해. 약 700만 명이 그 병으로 사망했지."

"들은 적이 있어요. 전 세계 사람들의 얼굴에 마스크를 씌우게 한 전염병이라고요."

"맞아. 최초로 발생했다고 알려진 중국 우한 지역에서 초기 방역에 실패했기 때문에, 전 세계에 유행하게 되었지."

바토우 형사의 말을 듣던 준은 불길한 생각이 스쳐지나가자 갑자기 눈을 크게 떴다.

"그렇다면 지금 이 원인 모를 바이러스가 발생한 어반시티에서 초기 방역에 실패한다면 전 세계에 유행할 전염병이 될 수도 있다는 말씀이신가요?"

바토우 형사는 아무 말 없이 고개를 천천히 끄덕였다.

준이 합류하기 하루 전부터 TF팀은 7구역에 있는 경찰국 지하 벙커에 자리를 잡고 4구역에 필요한 지원과 해결책을 논의하고 있었다.

"벌써 우리가 이곳에 들어온 지 24시간이 지났어요! 이렇게 단순하게 도시를 봉쇄만 하고 적극적인 대안을 마련하지 않으면 골든아워를 놓치게 됩니다."

바토우 형사의 목소리가 지하 벙커에 울렸다.

"바토우 형사의 심정은 충분히 이해합니다만 뾰족한 대안 없이 섣불리 움직이는 것이 오히려 상황을 더욱 악화시킬 수 있어요."

TF팀장이자 감염병 전문가인 제너 박사의 말에 바토우 형사도 말을 더 잇지 못했다. 그때 준의 눈에 홀로그램으로 뜬 뉴스가 들어왔다.

"UBBS의 AI로봇 베타어반입니다. 4구역 봉쇄 사흘째, 거리의 모습이 을씨년스럽습니다. 거리에는 인적이 없고, 문을 연 약국도 찾아보기 어렵습니다. 아, 저기 문을 연 마트가 있군요. 다행히 아직 식료품들은 정상 공급되고 있습니다. 아직 비상 식품을 **구비**하지 못한 시민들의 발걸음이 계속해서 이어지고 있습니다…"

준을 포함한 TF팀원들은 뉴스를 주의 깊게 보기 시작했다.

"병원도 북새통입니다. 부족한 응급 의료 서비스를 지원하기 위해서 만 개 병상 규모의 임시 병원을 만들고 있습니다. 최첨단 초고속 3D 프린팅 기술을 활용하여 열흘 안에 전부 완료하겠다는 계획이지만 당장 감염된 환자를 격리 수용할 수 있는 시설이 부족한 게 현실입니다. **패닉**을 막기 위해 도로와 공항엔 AI로봇 군인까지 배치되어있는 상태입니다. 이 시각 현재, 4구역의 확진자는 7,890명, 사망자는 1,945명입니다."

상황의 심각성을 인지한 TF팀원들 사이에 순간 적막한 분위기가 감돈다.

루시 어휘 팁!

구비 있어야 할 것을 빠짐없이 다 갖춘다는 뜻이야.

패닉 갑작스러운 공포로 허둥지둥 혼란을 겪는 상태란 뜻이야.

원인 모를 바이러스의 정체는 바로 …

"자, 모두 자리에 앉아주십시오. 제너 박사님께서 이번 전염병에 관해 파악한 사실을 전달 드리겠습니다."

TF팀원들이 모두 자리에 앉자, 제너 박사가 단상 앞으로 나와 말을 시작

루시 어휘 팁!

치사율 어떤 병에 걸린 환자에 대해 그 병으로 죽는 환자의 비율을 퍼센트로 나타낸 거야.

했다.

"팀원 여러분. 현재 이 전염병은 우리 인류사에서 어느 전염병보다도 높은 전파력과 **치사율**을 가지고 있는 것으로 나타났습니다."

회의장이 순식간에 웅성거리기 시작했다.

"아니, 그 말이 사실입니까?"

바토우 형사가 소리쳤다.

"네, 사실입니다. 단순 비교는 어렵지만, 29년 전에 발생했던 대규모 전염병인 COVID-19와 비교했을 때 20배 이상의 치사율을 보이고 있습니다. 사상 최악의 치사율이죠…"

제너 박사는 씁쓸한 표정으로 답을 했다.

"아, 어째서 이런 일이…"

여기저기서 탄식이 터져 나왔다. 제너 박사는 침착하게 말을 이어나갔다.

"저희 연구팀은 이 바이러스가 변종 모기로부터 발생했다는 사실을 발견했습니다. 파악된 바로는 어반시티 4구역에 있는 하이퍼 데이터 센터

인근의 하천이 변종 모기의 근원지로 추정되고 있습니다."

"하이퍼 데이터 센터? 그곳이 뭐 하는 곳이죠?"

준이 궁금하다는 듯 질문을 던졌다. 사실 준뿐만 아니라 많은 사람이 하이퍼 데이터 센터의 존재 자체를 몰랐다. 그도 그럴 것이 하이퍼 데이터 센터는 대중들에게 일절 공개되지 않은 일급비밀 사안이었기 때문이었다.

"하이퍼 데이터 센터에 대해서는 제가 답해드리죠."

루카스 박사가 마스크를 쓴 채로 단상 위로 올라오며 말했다.

"안녕하십니까? AI 로봇 전문가 루카스 박사입니다. 아시다시피 스마트 AI 시티는 도시를 오류 없이 관리하기 위해 상상할 수 없을 만큼 많은 양의 데이터를 수집하고 AI 기술로 관리하고 있습니다. 엄청난 양의 데이터를 처리하려면 하이퍼 데이터 센터가 필요하고 도시를 잘 유지하기 위해 철저한 보안이 필요하여 일급비밀로 처리되고 있었습니다."

'하이퍼 데이터 센터… 일급비밀…'

준은 루카스 박사의 말을 들으며 어른들의 세계는 참 복잡한 게 많다고 느꼈다.

"간단히 말해 하이퍼 데이터 센터는 어반시티를 포함한 전 세계에 존재하는 AI 시스템을 관할하기 위해 대규모의 데이터와 클라우드 시스템을 보유, 관리 및 통제하는 곳입니다."

"근데 그곳이랑 변종 모기가 발생이랑 무슨 연관이 있습니까?"

바토우 형사가 큰 목소리로 질문했다.

"확실하지는 않지만… 4구역의 하이퍼 데이터 센터는 전 세계에서 만들어지는 대규모의 데이터를 관리하고, 처리하는 곳이기 때문에 이 일대는 항상 오버히팅(Over-heating) 즉, 과열 현상이 있었습니다. 바로 센터에서 발생하는 엄청난 열이 4구역 일대의 생태계에 영향을 미쳐 변종 바이러스

를 만든 것으로 추정합니다."

제너 박사가 대답을 마쳤다. 준은 순간, 이 바이러스의 이름이 궁금해졌다.

"그래서 이 바이러스의 이름이 무엇인가요?"

"이 바이러스의 정식 명칭은 '신종 모스키토-04'입니다. 이 순간부터는 신종 모스키토-04로 부르도록 하겠습니다."

준은 왜 바이러스의 이름을 그리 붙였는지를 금세 알아차릴 수 있었다.

'2049년에 변종 모기에 의해서 발생한 바이러스라서 이름을 그렇게 붙인 거군. 이제 우리가 해야 할 일이 무엇일까?'

준은 생각을 정리하고 자리에서 일어나 말했다.

"저는 소년 탐정 준이라고 합니다. 결국 이 바이러스가 인근 도시나 지역으로 퍼지는 것을 막는 것이 저희 TF팀이 긴급히 소집된 목적이라고 알고 있습니다. 맞나요?"

"하하. 맞아요, 맞아! 꼬마 탐정님 말이 맞습니다!"

제너 박사는 준을 흥미롭게 바라보며 대답하였다.

"그렇다면 효과적인 방역 대책을 지금 당장 세워야 합니다. 신종 모스키토-04의 감염경로를 자세히 알려주시겠어요?"

"신종 모스키토-04는 감염자의 **비말**을 통해 전파가 되는 것은 물론, **말라리아**처럼 변종 모기에 직접적으로 물린 경우에도 감염이 됩니다."

준은 고개를 끄덕이며 모두에게 말했다.

"답변을 들으니 저희가 해야 할 일들이 좀 더 명확해지는 것 같네

루시 어휘 팁!

비말 기침이나 재채기를 할 때, 입에서 나오는 아주 작은 물방울을 가리켜. 공기를 통하여 다른 사람에게 병원체를 옮길 수 있어.

소피 상식 팁!

말라리아 모기가 옮기는 기생충병으로 치료가 늦으면 죽기까지 하는 무서운 열병이야. 열대지방에서 많이 발생해.

요. 일단 지금처럼 4구역에 1차 통제선을 운용하고, 어반시티 외곽에 2차 통제선을 추가 설치해서 외부와의 접촉을 봉쇄하는 것이 급선무인 것 같습니다. 동시에 현재 활동하고 있는 변종 모기를 모조리 잡아 없애는 작업이 함께 이루어져야 해요."

"아주 좋은 생각이야, 준"

바토우 형사가 고개를 끄덕이며 말했다.

"준이 말한 것 이외에도 시민들이 외부로 다니는 것을 최대한 자제하고, 마스크 착용과 손 씻기, 변종 모기에 물리지 않기 위한 노력 등을 할 수 있도록 도움을 주어야 합니다."

바토우 형사의 말이 끝나자 제너 박사가 눈을 감고 생각에 잠겼다. 잠시 후, 눈을 크게 뜨며 모두에게 말했다.

"좋습니다. 저희 연구팀은 백신 개발에 집중하도록 하겠습니다. 추가되는 상황은 계속해서 업데이트하여 바로 공유해주시기 바랍니다."

제너 박사의 말이 끝나자, 팀원들은 하나둘씩 지하 벙커 내 자리로 돌아가기 시작했다. 루카스 박사도 자리로 돌아가는 중 그의 스마트폰이 크게 울렸다. 스마트폰을 확인하고는 루카스 박사의 얼굴이 얼어붙었다. 그는 큰 소리로 사람들을 다시 불렀다.

"잠시만 기다려 주십시오!"

루카스 박사의 외침에 팀원들이 발걸음을 멈추었다. 떨리는 목소리로 루카스 박사는 말을 이었다.

"추가 정보가 방금 들어왔습니다. 신종 모스키토-04는 우리에게 닥친 위기의 빙산의 일각일 뿐이에요."

엎친 데 덮친 격.
왜 안 좋은 일은 한꺼번에 올까?

“나쁜 소식 추가입니다. 누군가가 이 혼란을 틈타 어반스가 있는 스마트 AI 시티 통제센터를 공격하고 있습니다.”

준은 어반스의 알고리즘 문제로 인해 어반시티 전체가 위기에 빠질 번했던 때를 떠올렸다.

‘누군지는 모르겠지만 그만큼 어반스가 도시 시스템의 핵심임을 간파하고 있는 거야…’

준이 루카스 박사를 바라보며 물었다.

“어반스가 공격당해서 제 기능을 하지 못한다면 도시 시스템 전체가 무너질 수도 있는데… 누가 그런 일을 했을까요?”

루카스 박사가 괴로운 듯 말했다.

“누가 어반스를 공격하는지 전혀 알려진 바 없습니다. 우리가 알고 있는 유일한 사실은 나쁜 일들이 한꺼번에 일어나고 있다는 것입니다.”

바토우 형사가 절망스러워하는 루카스 박사의 어깨를 토닥거렸다. 곧 루카스 박사는 자세를 바로 하고 다시 말을 잇기 시작했다.

“어반스가 공격받은 영역은 통신 분야입니다. 집에 있는 모든 전자기기, UAM을 포함한 모든 이동 수단, 컴퓨터와 스마트폰… 이 모든 것들이 네트워크로 서로 연결된 이 도시에서 말이죠.”

“그런 중요한 통신 분야를 해커들이 쉽게 공격할 수 있는 건가요?”

준이 궁금한 표정으로 물었다.

“아닙니다. 통신은 아주 중요한 요소기 때문에 **블록체인** 보안 기술

지니어스 IT 팁!

블록체인 누구나 볼 수 있는 디지털 장부에 거래 내역을 투명하게 기록하고, 여러 대의 컴퓨터에 이를 복제해 저장하는 기술이야.

로 특별히 관리되고 있습니다. 그래서 해커들은 다른 허점을 노린 것 같습니다. 바로 개별 기기에 미리 악성 코드를 삽입한 후, 어반스의 데이터 수신기를 통해 역으로 어반스를 공격하는 방법을 사용한 것이죠."

루카스 박사가 심각한 표정으로 대답하였다.

"통신이 안 된다니… 큰일이군요. 그런데 지금 우리가 사용하고 있는 네트워크는 아직 사용이 가능한 상태입니다만?"

제너 박사가 지하 벙커 속 통신기기들을 눈으로 훑으며 루카스 박사에게 물었다.

"네. 지금 이곳 경찰청의 지하 벙커는 만일의 사태를 대비해 마련한 비상 네트워크를 구동 중입니다. 비상 네트워크는 제한적이나마 어반스의 관할 밖에 있는 통신인데, 정상 네트워크가 아닌 관계로 언제 어떻게 끊길지 모르는 불안한 상황입니다."

가뜩이나 바이러스로 혼란스러운데, 이대로 해커들의 공격이 성공한다 어반시티가 혼돈과 무질서 상태에 빠질 건 분명한 사실이었다.

"그렇다고 해서 우리에게 희망이 없는 건 아닙니다."

루카스 박사가 긴 침묵 끝에 다시 말을 꺼냈다.

실낱같은 희망을 찾아서

루카스 박사는 목이 탔는지 컵에 담긴 물을 쭉 들이켜고는 단상 앞에 올라갔다.

"어반스는 이럴 경우를 대비해 자체 오류를 수정해서 복구할 수 있는 알고리즘을 이미 갖추고 있습니다. 자기 스스로 오류가 난 곳을 정상으로 고

지니어스 IT 팁!

방화벽 건물에 화재가 발생했을 때, 불이 다른 곳으로 번지는 것을 막는 벽이란 뜻이지만, 컴퓨터에서 데이터가 오가는 것을 제어하는 프로그램이나 장치를 가리켜.

칠 수 있는 능력이 있는 것이죠. 현재, 통신 분야의 오류가 다른 시스템에 영향을 주지 않도록 어반스가 스스로 **방화벽**을 설치하고, 피해 영역을 파악하여 정상화하고 있다고 합니다."

"루카스 박사! 듣던 중 다행이군요."

제너 박사가 깊은 안도의 숨을 내쉬며 말했다.

"네, 제너 박사님. 그나마 다행입니다만, 안타깝게도 공격의 시발점이었던 운송시스템은 그 피해가 너무 커서 결국 초기화를 진행해야 하는 상황입니다. 이에 따라 드론 택배, 드론 택시 등을 포함한 운송시스템을 재구축하는 것이 불가피합니다."

"그렇군요. 운송시스템 복구는 매우 중요합니다. 운송시스템이 뒷받침되지 않는다면 우리 TF팀의 주요한 임무가 모두 무용지물이 될 테니까 말이죠."

준은 조용히 펜과 파란노트를 꺼냈다. 준에게 있어 생각을 정리하는 데에는 이것보다 좋은 것은 없었다.

'TF팀의 주요한 임무를 한 번 적어봐야겠어… 그리고 운송시스템이 뒷받침되지 못하면 수행하기 어려운 임무에는 무엇이 있는지 살펴보자.'

준은 파란노트에 생각들을 적기 시작했다.

준의 파란노트

1. TF팀의 주요한 임무

어반시티와 외부 지역과의 접촉 봉쇄
- 지금처럼 4구역에 1차 통제선 운용
- 어반시티 외곽에 2차 통제선 추가 설치

변종 모기 박멸

- 시민들에게 변종 모기 기피제 배송
- 변종 모기 살충 작업

신종 모스키토-04 백신

- 백신 개발
- 시민들에게 백신 배송

2. 운송시스템이 뒷받침되어야 하는 임무

시민들에게 변종 모기 기피제 배송
시민들에게 개발 예정인 백신 배송

"제너 박사님! 그리고 여기 계신 TF팀 여러분! 운송시스템과 직접 관련된 우리 TF팀의 임무를 정리해보니 이렇더군요. 제 파란노트의 내용을 다들 보실까요?"

준은 파란노트 내용을 홀로그램으로 띄우며 말을 이어나갔다.

"운송시스템이 반드시 뒷받침되어야 하는 저희의 임무는 개발 예정인 변종 모기 기피제와 백신 키트를 사람들에게 전달하는 일입니다."

"자네 말이 맞아. 기피제와 백신을 키트로 만들어 각 가정에 드론 택배로 보내 줘야겠어. 옛날처럼 병원이나 보건소와 같은 한 장소에 사람들을 모아 접종하는 것은 전염의 위험성이 있어 위험하고 비효율적이거든."

준은 제너 박사의 말에 고개를 끄덕이며 말했다.

"제 생각도 제너 박사님과 같습니다. 하지만 운송시스템이 망가져 있는

소피 상식 팁!

기피제 곤충이나 작은 동물 따위를 쫓기 위하여 쓰는 약으로, 곤충이 싫어하는 냄새나 맛을 이용해서 만들어.

루시 어휘 팁!

아비규환 여러 사람이 비참한 상황에 빠져 울부짖는 모습을 비유한 말이야.

상태여서, 효과적으로 배송할 다른 방안을 찾아야 해요."

준의 대답을 듣고는 루카스 박사도 입을 열었다.

"제가 준과 함께 변종 모기 **기피제**와 백신을 시민들에게 효과적으로 배송할 방안을 찾아보도록 하겠습니다. 저희가 방안을 찾는 동안 여기 계신 연구팀에서는 기피제와 백신 개발에 총력을 다해주세요."

"그럼 어반스를 공격한 자가 누군지 제가 알아보도록 하겠습니다."

바토우 형사가 힘주어 말했다.

"자, 모두 움직입시다. 이 도시와 세계가 **아비규환**이 되는 것은 막아야 하지 않겠어요? 최선을 다해봅시다!"

제너 박사의 말에서 비장함이 느껴졌다.

"루카스 박사님! 기피제와 백신 키트를 드론으로 각 가정에 배송하려면 가장 먼저 해야 할 일이 뭘까요?"

준은 파란노트를 들고 루카스 박사를 찾아갔다.

"먼저 드론 지도를 구축해야 해. 드론은 배터리의 용량 때문에 한 번에 비행할 수 있는 거리가 제한되어 있어. 도시를 몇 개의 블록으로 나누고 거점 드론 센터를 중간중간 세워 허브 역할을 하도록 해야 해."

루카스 박사의 답변에 준은 다시 생각에 잠겼다.

'거점 드론 센터의 위치는 어떤 기준으로 정해야 할까?' 고민 끝에 준은 말을 꺼냈다.

"그렇다면 최대한 많이 거점 드론 센터를 세우면 좋지 않을까요?"

준의 말에 루카스 박사가 살짝 미소를 머금으며 말했다.

"음… 최대한 많이 세우는 것이 어떻게 보면 가장 좋은 방법이 되겠지.

하지만 우리에게 있는 자원은 한정되어 있어. 이런 비상시국에는 가장 효율적인 방법을 찾아야 해."

"그렇다면 최적의 장소를 몇 군데 정해 거점 드론 센터를 설립해야겠군요. 도시 전체를 효율적으로 관리할 수 있는 드론 운송이 가능하려면요."

"맞아! 준."

"먼저 구역을 나누어야 할 텐데, 어반시티 4구역을 기존의 행정구역으로 나누는 것이 가장 효율적이지 않을까요?"

루카스 박사가 고개를 가로저었다.

"기존의 행정구역은 너무 오래전에 나눈 것이라 현재 사람들의 거주 환경을 반영하지 못한다는 한계가 있어. 이번 기회에 AI 히어로들과 함께 구역을 새로 만드는 것이 좋겠어."

준은 복잡한 상황을 단순화하기 위해 문제를 조금 더 작은 단위로 잘게 쪼개어 파란노트에 정리했다.

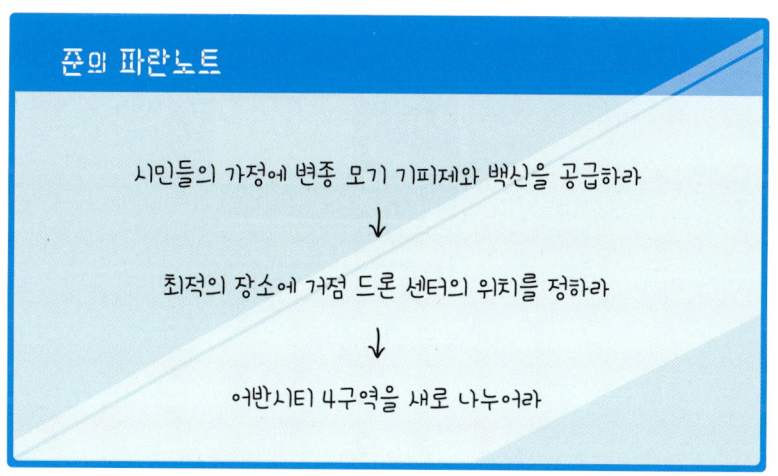

준의 파란노트

시민들의 가정에 변종 모기 기피제와 백신을 공급하라

↓

최적의 장소에 거점 드론 센터의 위치를 정하라

↓

어반시티 4구역을 새로 나누어라

소피 상식 팁!

시뮬레이션 실제로 실행하기 어려운 실험을 컴퓨터 등을 이용해 간단히 행하는 모의실험을 뜻해.

복잡한 현상을 간단하게, 시뮬레이션의 마법

준은 파란노트를 보니 문제해결의 큰 틀을 잡을 수 있었다.

"루카스 박사님, 이제 좀 알 것 같아요!"

"좋아. 준! 지니어스를 불러서 함께 고민해보자."

준은 고개를 끄덕이며 지니어스를 호출했다. 그리고는 현재 상황에 대해 자세히 알려주었다.

"생각보다 심각한 문제로군. 빨리 문제를 해결해야겠어."

지니어스가 긴급한 상황을 단번에 알아차렸다.

"준, 대화를 통해서 우리가 해야 할 일을 명확히 해보자! 4구역을 나누는 목적이 무엇이지?"

"그야 시민들의 가정에 변종 모기 기피제와 백신을 공급하기 위해서지!"

루카스 박사는 지니어스의 질문에 막힘 없이 대답하는 준이 기특했다.

"그렇다면 거점 드론 센터를 세우는데 최적의 장소는 어떤 곳이어야 할까?"

준은 지니어스의 질문을 듣고, 한동안 생각에 잠겼다.

'시민들에게 나눠줘야 하니, 거점 드론 센터는 4구역 시민들의 집에 골고루 가까이 인접해있는 것이 좋지 않을까?'

준은 생각의 실마리가 잡히는 듯 느껴지자 자세를 고쳐 앉았다.

'반대로 거점 드론 센터가 어느 한쪽으로 치우쳐져 있으면 어떻게 될까? 가까운 쪽은 빨리 배송되겠지만, 거리가 먼 쪽은 그만큼 훨씬 보급이 늦어지겠지.'

준은 일단 생각을 잠시 멈추고, 지니어스에게 말하기 시작했다.

"거점 드론 센터는 4구역 시민들의 집에 골고루 가까이 인접해있는 것이 중요하다는 게 내 생각이야. 그런데…"

"그런데… 라니?"

"사실 13만 명이나 사는 어반시티 4구역을 새로 나누는 게 엄두가 나질 않아. 내가 임의로 거점 드론 센터의 위치를 잡았다고 해도 거점 드론 센터와 4구역 모든 시민의 집 사이의 거리를 일일이 모두 재기도 어렵거든, 심지어 4구역을 몇 개의 그룹으로 나누어야 할지도 잘 모르겠는걸."

루카스 박사는 그런 준의 마음을 읽고 어깨를 토닥였다.

"준! 실제 세계는 복잡해서 핵심 원리를 파악하기가 어려워. 이럴 때는 복잡한 것을 일부러 단순화해서 원리를 쉽게 깨우치는 게 좋아. 원리를 어느 정도 파악한 후에 실제 세계에 적용해 보는 것도 좋은 방법이 될 수 있어."

"그렇군요…"

준은 쉽지 않겠다는 생각이 들었지만, 반드시 문제를 해결하고야 말겠다는 결심을 했다.

"준! 그런 의미에서 어반시티 4구역에 일곱 채의 집이 살고 있다고 가정해볼까? 그런 다음에 구역을 실제로 나누어 보면서 핵심 원리를 알아보자고!"

"네, 좋아요. 루카스 박사님!"

준은 다타이스를 불렀다.

"다타이스! 가로축과 세로축으로 이루어진 그래프에 일곱 개의 점을 찍고 홀로그램으로 띄워줘."

"응, 알았어."

다타이스가 띄운 화면은 다음과 같았다.

“이제 구역을 나누어 볼까 하는데… 흠, 일단 세 구역으로 나누어 봐야겠어.”

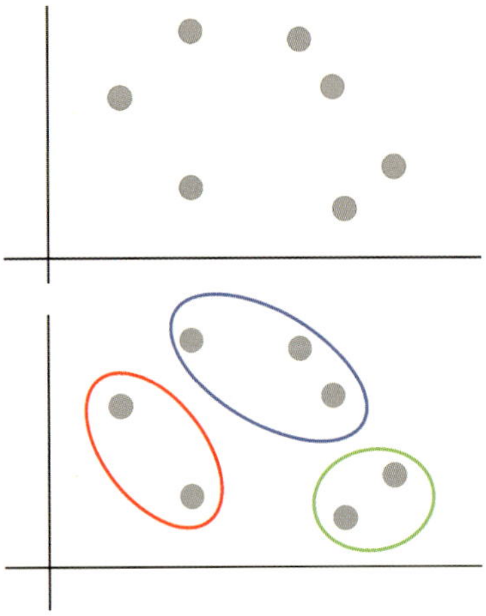

준은 한눈에 봤을 때 비슷한 위치에 있는 점끼리 그룹으로 묶었다.

준은 고민에 빠졌다.

‘내가 눈대중으로 나누어도 될까? 거점 드론 센터가 4구역 시민들의 집에 가장 골고루 가까이 인접해있을 수 있는 위치로 구역을 나누어야 하는데…’

이때, 옆에 있던 지니어스가 웃으며 말했다.

“준, 어떤 부분에서 막히는지 알 것 같아. 우리는 어떤 일을 할 때 처음부터 완벽하게 처리하길 바라지. 하지만 처음부터 완벽하게 할 거라는 생각이 오히려 우리의 발목을 잡아 문제해결을 방해하기도 해. 시작이 반이라는 말이 있잖아?”

“그래. 일단 무작위로 해보자!”

“그거야! 일단 아무 곳에나 무작위로 네가 원하는 곳에 중심이 되는 점을 찍어봐.”

지니어스가 밝은 목소리로 준의 생각을 이끌어주었다.

“먼저 3개의 묶음으로 그룹을 지을 거야! 그러니 각 그룹의 중심점도 3개가 있어야 해.”

“고마워, 지니어스. 첫 단계에서 각 그룹의 중심점은 잘 모르니 아무 데나 원하는 곳에 중심점을 놓으라는 말이지?”

"맞아!"

준은 무작위로 원하는 곳 아무 곳에나 중심점 3개를 옆과 같이 찍었다.

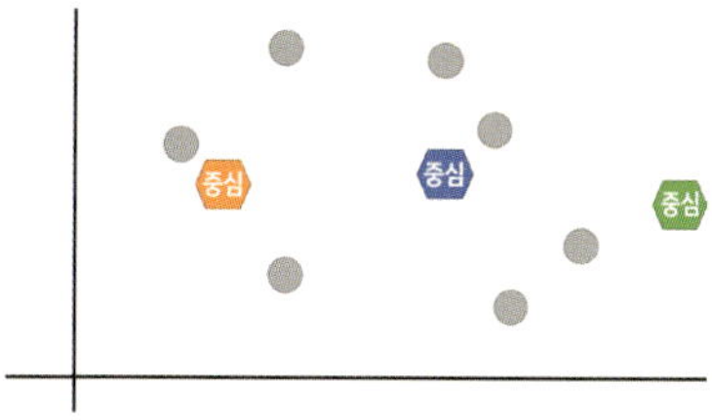

"흐음… 이제 각 점들이 3개의 중심점 중 어느 중심점에 가까운지 거리를 재야 할 것 같아. 그다음 각 점이 가장 가까운 중심점의 그룹에 속할 수 있도록 묶어주면 되겠어."

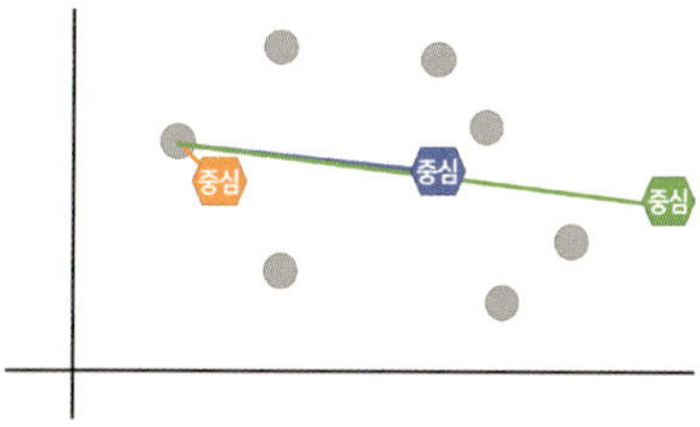

"준! 좋아. 잘하고 있어!"

'아하! 가장 왼쪽에 있는 점은 주황색 중심에 가장 가깝기 때문에 주황색 그룹으로 묶을 수 있겠구나.'

중심점 = 거점 드론 센터의 위치
중심점의 개수 = 4구역을 나누는 그룹의 개수

준은 다음과 같이 가장 왼쪽에 있는 점을 주황색으로 칠해주었다.

"준! 이와 같은 방식으로 다른 점들도 가장 가까운 중심점을 찾아서 해당 그룹으로 묶어보자. 3개의 그룹으로 묶는 것 잊지 말고!"

"알았어, 지니어스!"

준은 옆 그래프처럼 각 점의 색깔을 칠해줄 수 있었다.

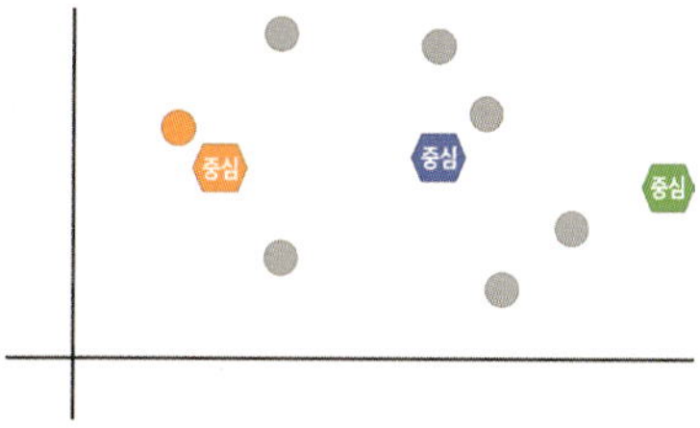

"좋아. 위의 그림에서 각 중심점에 거점 드론 센터를 건설하면 되겠어! 결국, 중심점은 각 그룹에 하나씩이니까. 중심점의 개수만 잘 생각한다면 거점 드론 센터의 개수와 4구역을 몇 개의 그룹으로 나눌지도 결정할 수 있겠는걸? 생각보다 쉽잖아!"

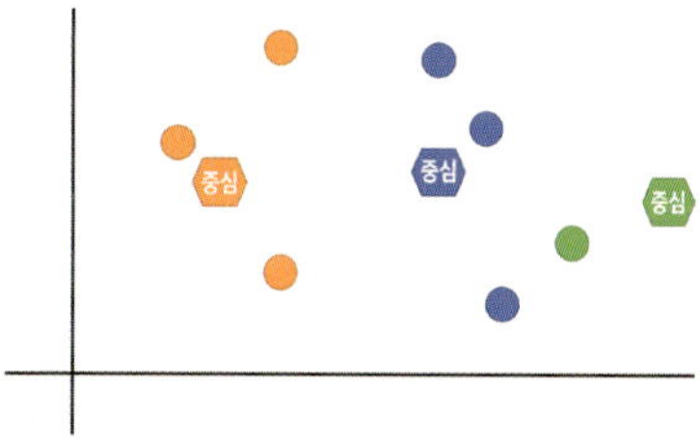

"준! 아직 축배를 들기엔 일러."

루카스 박사가 기뻐서 들뜬 준을 진정시켰다.

"왜 그러시죠 박사님? 7개의 점을 3개의 그룹으로 묶었잖아요."

루카스 박사가 대답했다.

"잘 생각해봐! 중심점을 내 마음대로 임의의 위치에 찍었기 때문에 중심점이 해당 그룹의 진짜 중심점이라고 말하기 어려워. 3개의 중심점을 각 해당 그룹 점들의 가운데 지점으로 옮겨서 진짜 중심점으로 만들어보자."

"아하! 무슨 말인지 이해했어요. 각 그룹의 중심점이 해당 그룹 점들의 가운데에 있지 않다는 말이죠?"

"그거야! 준."

'중심점을 각 그룹 점들의 진짜 중심점으로 만들어줘야 하는구나!'

준은 순간 무릎을 쳤다.

"일단 주황색 중심점을 주황색 그룹의 중심이 되는 위치로 이동시킬게요! 그다음 파란색 중심점을 파란색 그룹의 중심이 되는 위치로 이동시킬게요!"

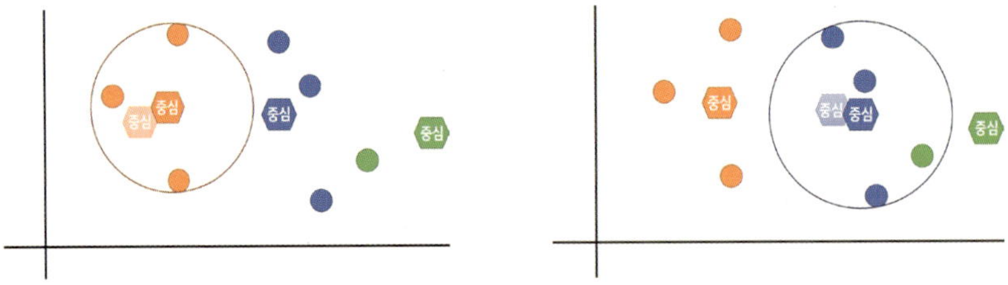

"마지막으로 초록색 중심점을 초록색 그룹의 중심이 되는 위치로 이동시킬게요! 여기에서 초록색은 점이 하나밖에 없으니 그 점이 곧 중심점이 되겠네요!"

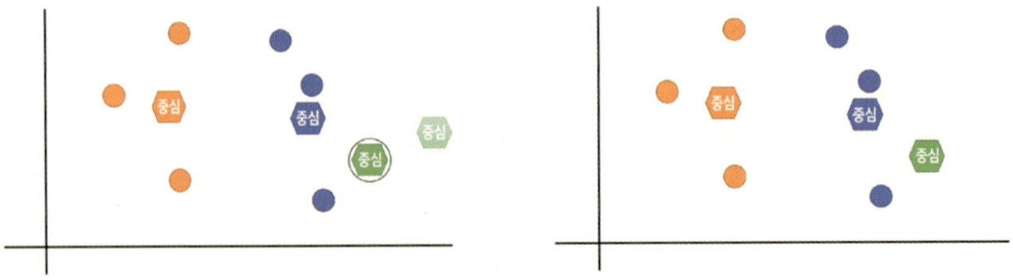

준이 최종적으로 정리한 모습은 앞 페이지의 마지막 그래프와 같았다. 준은 뿌듯한 표정을 지으며 말했다.

"박사님! 각 그룹의 점의 중심에 중심점들이 있어요. 이렇게 중심점들을 옮기니까 훨씬 보기 좋네요."

루카스 박사님이 준에게 웃음을 지어 보였지만, 이내 턱을 어루만지며 준에게 말했다.

"준 말대로 중심점들이 각 그룹의 중심이 되는 곳에 있는 것은 맞아. 그런데…"

"그런데… 요?"

루카스 박사가 홀로그램을 가리키며 말했다.

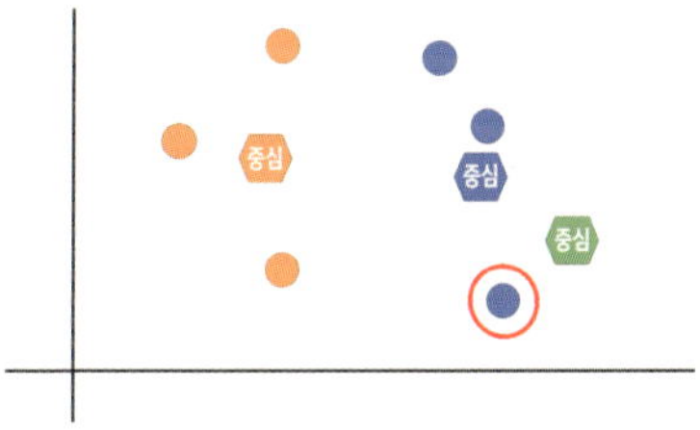

"여기 오른쪽 밑에 있는 파란 점을 한 번 봐봐. 이 점은 처음에 파란색 중심점에 가까웠었지. 하지만 초록색 중심점이 이동하면서 상황이 달라졌어."

"아하, 그렇네요! 각 그룹의 중심점들을 이동한 후에는 중심점과 각 점의 거리를 다시 재어서 비교하고 다시 그룹을 묶어주어야 하는 거군요!"

준은 아래와 같이 거리 1, 거리 2, 거리 3을 실제로 재어보았다. 측정한 결과, 거리 3이 가장 짧았다. 이를 통해 오른쪽 아래에 있는 파란색 점은 초록색 중심점에 가장 가깝다는 것을 확인할 수 있었다. 그래서 준은 파란색 점의 색깔을 초록색으로 바꾸어 주었다.

거리 3 < 거리 2 < 거리 1.
거리 3이 가장 짧으므로 초록색 중심점이 가장 가까워.

"박사님! 점의 색깔이 바뀌었으니 중심점을 다시 같은 색 점들의 가운데

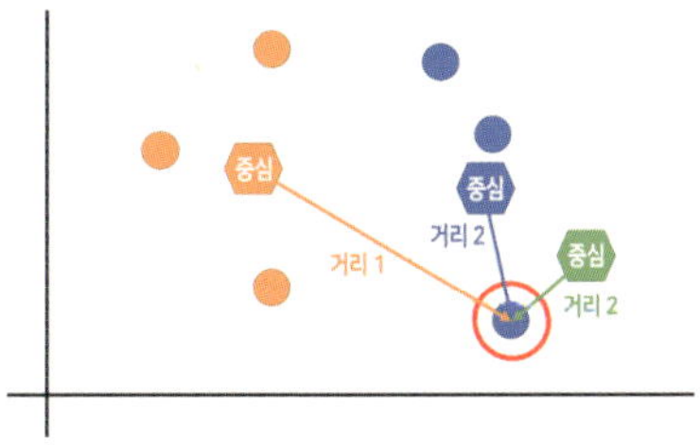

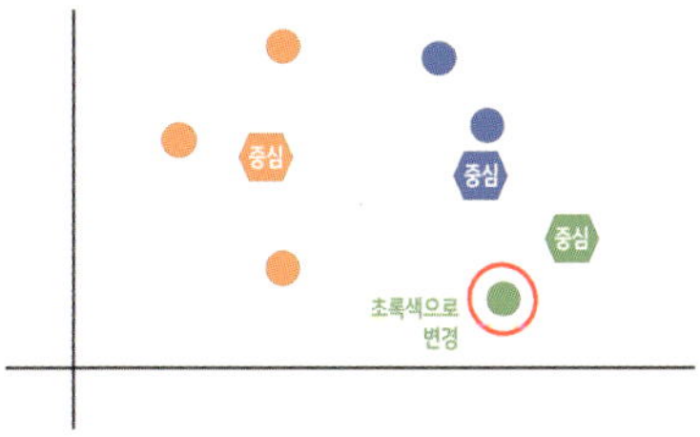

로 옮겨야겠군요?"

루카스 박사가 흐뭇한 미소를 지으며 말했다.

"그렇지, 준! 점점 발전하는 모습이 보기 좋아."

'주황색 그룹은 점의 변동이 없었으니까 그대로 두면 될 거야. 문제는 파란색 그룹과 초록색 그룹일텐데…'

준은 파란색 그룹을 유심히 쳐다보았다.

'일단 파란색 그룹에 속하는 점이 3개에서 2개로 줄었어. 이렇게 되면 중심점의 위치를 다시 잡아줘야 해?'

준의 시선은 자연스레 초록색 그룹으로 향했다.

'초록색 그룹에 속하는 점도 1개였다가 2개로 늘었어. 이렇게 되면 초록색 그룹의 중심점 위치도 다시 잡아줘야 해!'

준은 곧장 홀로그램을 조작하며 수정해나가기 시작했다. 먼저 파란색 그룹에 속한 2개의 점의 위치를 확인하고, 가운데에 해당하는 곳에 파란색 중심점을 위치시켰다.

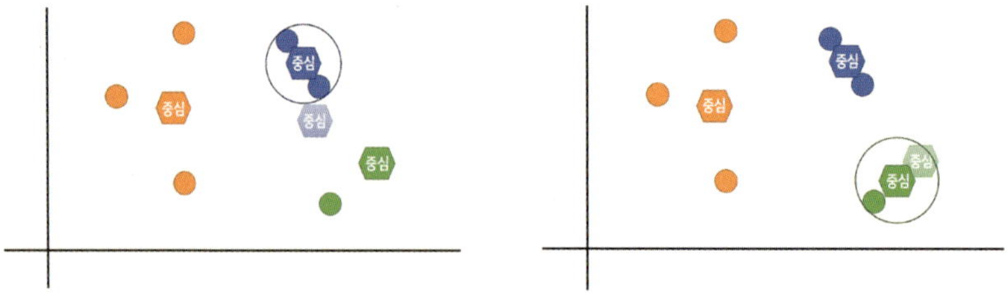

"이번에는 초록색 그룹 차례야…"

준은 초록색 그룹에 속한 2개의 점의 위치를 확인하고, 가운데에 해당하는 곳에 초록색 중심점을 위치시켰다. 준이 최종적으로 정리한 모습은 다음과 같았다.

"알겠어! 이제 알겠다고!"

준은 그룹을 묶는 방법을 알게 된 것에 기뻤다. 이렇게 그룹화하는 원리를 적용해서 어반시티 4구역을 최적으로 나누고, 그곳에 설치한 거점 드론 센터를 활용해서 변종 모기 기피제와 백신을 시민들에게 안전히 배송할 수 있게 되길 간절히 바랐다.

준은 옆에서 차분히 모든 과정을 지켜보고 있던 지니어스를 쳐다보았다.

"지니어스! 어반시티 4구역을 그룹으로 묶어보자."

"몇 개의 그룹으로 묶을까?"

준은 지니어스의 질문에 뒤통수를 맞은 듯한 느낌이 들었다.

"막상 몇 개로 나누면 좋을지 그 생각을 못 했었어."

준은 파란노트와 펜을 꺼내어 다음과 같이 정리했다.

준의 파란노트

중심점의 개수
= 거점 드론 센터의 개수
= 4구역을 나눈 그룹의 개수

"4구역을 몇 개로 나눌 것이냐는 거점 드론 센터, 즉 중심점의 개수를 몇 개로 할 것이냐와 같은 질문이야. 그런데 사실 몇 개의 그룹으로 묶어야 할지 방법을 잘 모르겠어. 몇 개의 그룹으로 묶어야 좋을지는 어떻게 판단할 수 있을까?"

준의 말을 듣고 루카스 박사가 말했다.

"다타이스! 그룹의 개수 별로 어떻게 그룹이 이루어지는지 보여줄 수 있겠어?"

"네, 잠시만 기다려주세요."

다타이스는 그룹의 개수가 1일 때의 그래프부터 5일 때의 그래프까지 보여주었다.

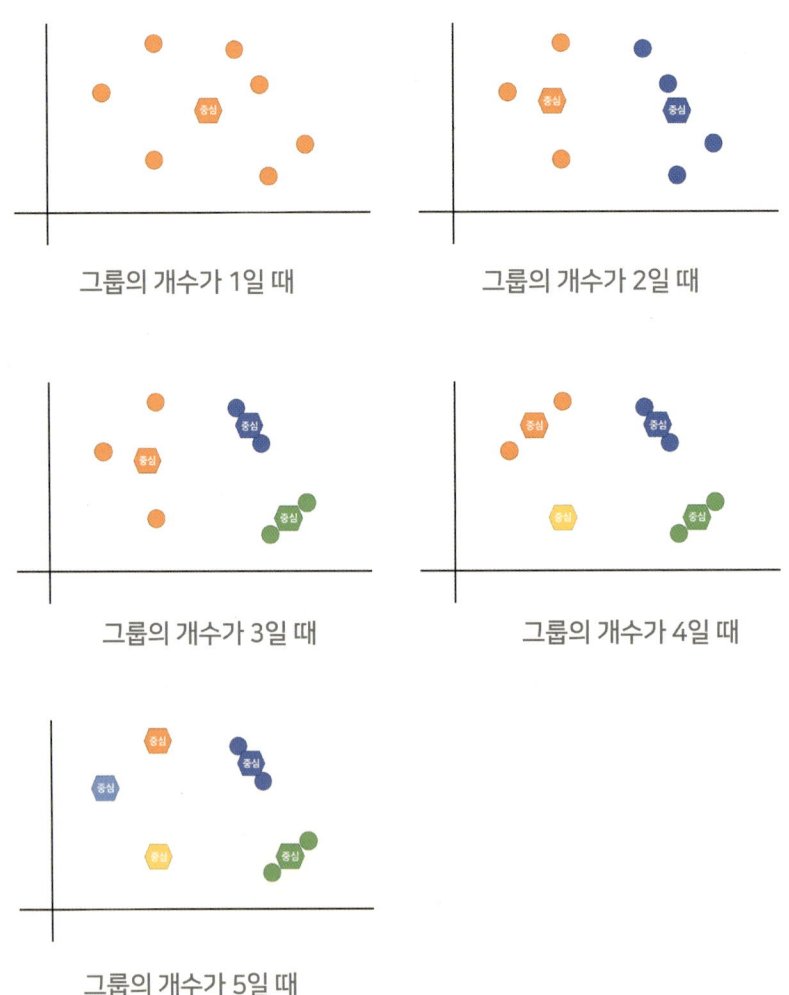

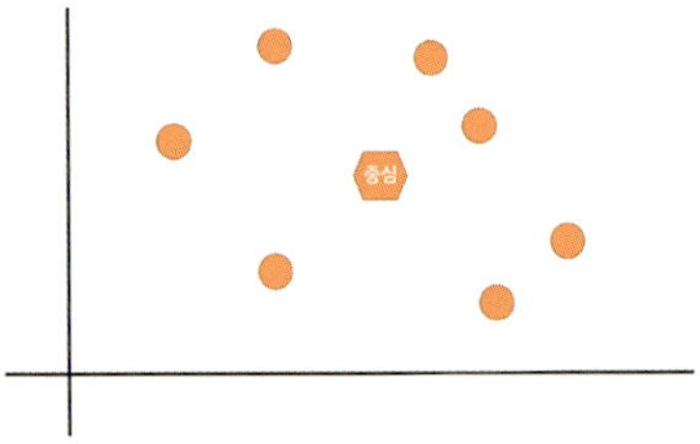

그룹의 개수가 1일 때

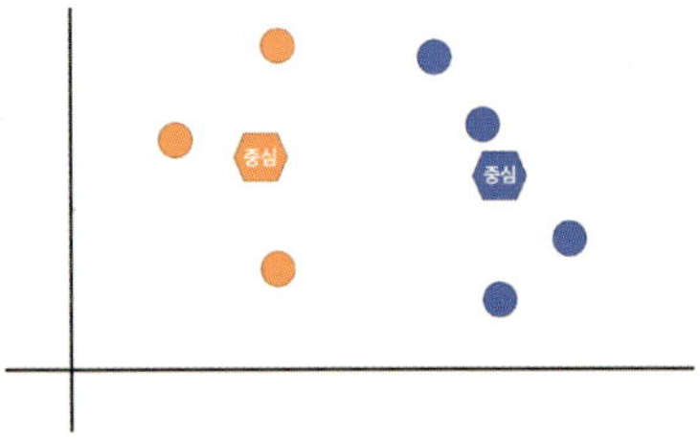

그룹의 개수가 2일 때

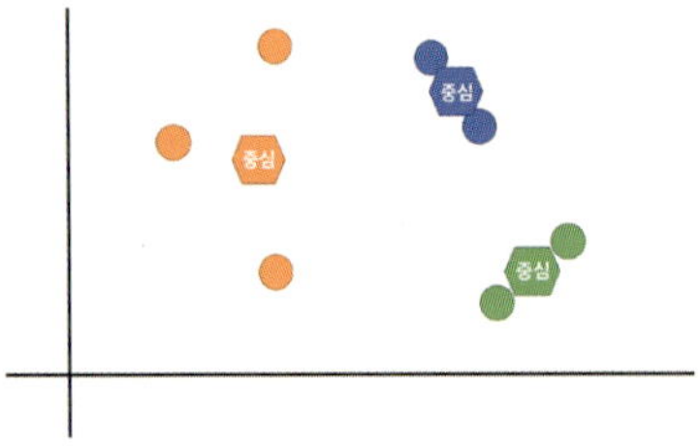

그룹의 개수가 3일 때

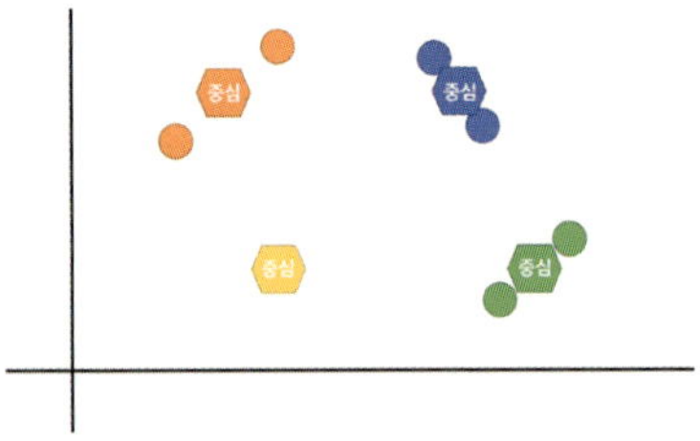

그룹의 개수가 4일 때

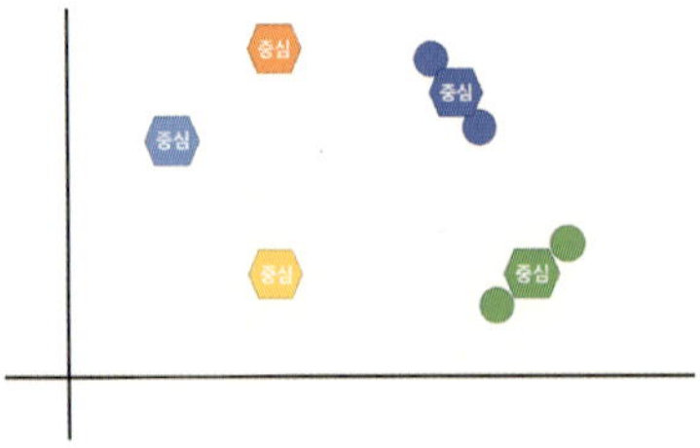

그룹의 개수가 5일 때

"흐음…"

아직 헤매고 있는 준을 위해 루카스 박사가 다타이스에게 추가 자료를 요청했다.

"다타이스! 각 그룹의 개수 별로 같은 그룹에 속한 점들과 중심점 사이의 거리를 모두 더한 값이 어떻게 되는지 알려줘."

다타이스가 머리를 긁적이는 시늉을 하며 말하였다.

"루카스 박사님. 이해가 잘 가지 않아요. 다시 한 번 말씀해주시겠어요?"

"내 말이 좀 어려웠나? 미안해. 예를 들어 아래와 같이 그룹의 개수가 1개일 때, 주황색 그룹에 속한 점 7개와 주황색 중심점 사이의 거리를 각각 계산해서 모두 더 해줄 수 있지?"

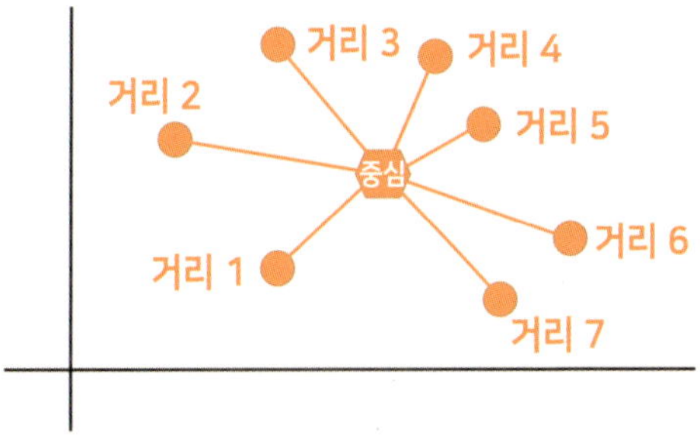

그룹의 개수가 1일 때

> 같은 그룹에 속한 점들과 중심점 사이의 거리를 모두 더한 값
>
> = 거리 1 + 거리 2 + 거리 3 + 거리 4 + 거리 5+ 거리 6 + 거리 7

"네, 이해했습니다."

"좋아. 다타이스! 아래와 같이 그룹의 개수가 3개일 때 주황색 그룹에

속한 점 3개와 주황색 중심점 사이의 거리를 각각 계산해서 모두 더해줘. 파란색 그룹에 속한 점 2개와 파란색 중심점 사이의 거리도 각각 계산해서 모두 더해주고. 마지막으로 초록색 그룹에 속한 점 2개와 초록색 중심점 사이의 거리를 각각 계산해서 모두 더한 값을 알려주면 되는 거야."

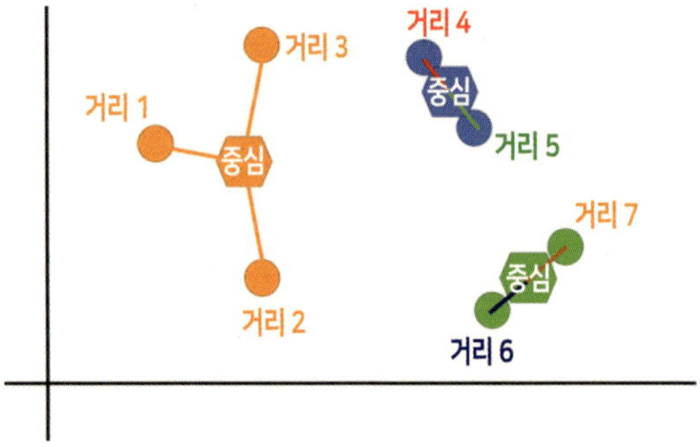

그룹의 개수가 3일 때

"네, 다음과 같이 계산했어요."

다타이스가 계산한 결과를 보기 좋게 표로 만들어 홀로그램으로 띄웠다.

그룹의 개수	각 점들과 중심점 사이의 거리 합	계산식
1	24	거리1 + 거리2 + 거리3 + 거리4 + 거리5 + 거리6 +거리7
2	19	
3	13	
4	6.5	
5	4	
6	3	
7	2	

'그룹의 개수가 많을수록 각 점과 중심점 사이의 거리를 모두 더한 값이 줄고 있어.'

준은 다타이스가 만든 표를 보고 생각했다.

"다타이스! 조금 더 이해하기 쉽게 자료를 꺾은선 그래프로 바꿔서 대형 스크린에 띄워줘."

"알겠어, 준. 꺾은선그래프로 보여줄게."

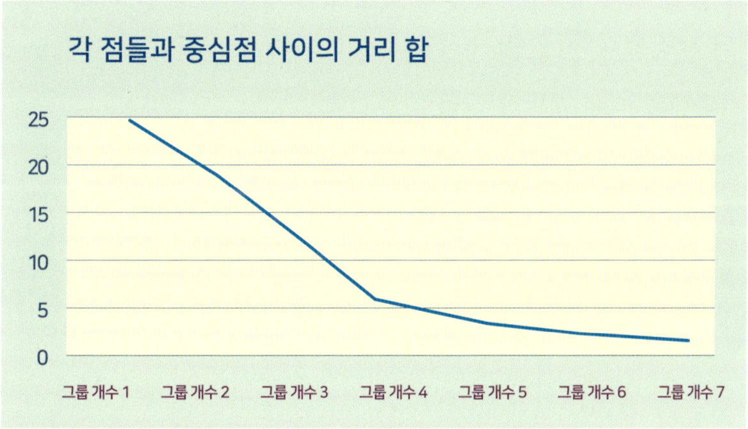

'이 그래프를 이해하느냐에 따라 어반시티의 운명이 달렸어…'

준은 다타이스가 띄운 꺾은선그래프를 유심히 바라보며 아랫입술을 꽉 깨물었다.

'그룹 개수가 하나일 때 24, 둘일 때 19, 셋일 때 13, … .'

갑자기 준의 머리가 지끈거려왔다. 갑작스럽게 TF팀으로 소집되어 경찰국 지하 벙커에 온 이후로는 제대로 쉬지 못한 터였다. 준은 잠깐 바람도 쐴 겸, 벙커 문을 열고 테라스에 나가려 했다.

"준! 나가려고?"

"네, 루카스 박사님. 잠깐 바람이라도 쐬고 오려고요."

"혹시라도 변종 모기에게 물리면 어쩌려고?"

"조심할게요. 잠깐이면 돼요."

따뜻한 햇볕에 준의 기분은 금세 좋아졌다.

다시 지하 벙커 안으로 들어오니 많은 사람이 각자의 자리에서 분주하게 일을 하고 있었다.

그 때였다. 지하 벙커가 전체 방송 모드로 바뀌고, 제너 박사의 얼굴이 홀로그램으로 등장했다.

"제너 팀장입니다. 좋은 소식을 전달하도록 하죠. 저희 연구팀이 변종 모기 기피제와 백신 개발에 성공했습니다."

"이야! 대단해. 역시 제너 박사의 연구팀이야! 이렇게 빠른 시일 내에 해내다니!"

"이제 어반시티에도 희망이 보여!"

팀원들이 기쁨의 환호성을 내질렀다.

"다만 기피제와 백신의 승인 절차가 남아 있어요. 최대한 세계 정부 당국의 협조를 받아내어도 48시간 정도의 시간은 걸릴 겁니다. 이 시간 동안 어반스의 망가진 운송시스템을 대신할 방법을 찾아야 합니다."

지하 벙커에 있는 모든 사람이 루카스 박사와 준, 그리고 호출된 AI 히어로들을 바라보고는 격려의 박수를 보내기 시작하였다.

"준! 할 수 있어. 조금만 힘을 더 내줘!"

"AI 히어로들! 루카스 박사님! 부탁합니다."

준은 황급히 사람들에게 허리를 굽혀 인사를 했다. 그러고는 루카스 박사에게로 달려갔다.

"루카스 박사님, 조금 더 힘을 내서 문제를 해결해 봐요!"

준이 목소리에 기합을 단단히 넣으며 말했다. 그때 무언가가 준의 눈을 잠시 스쳤다.

'아니, 방금 뭐였지?'

준은 멀리 떨어져 있는 대형 스크린을 보고 문득 깨달았다.

'가까이에서 볼 때는 보이지 않았던 것들이 한 걸음 뒤에서 보면 보일 때가 있다.'

준은 뭔가에 홀린 듯이 그래프 위에 선을 아래와 같이 덧그렸다.

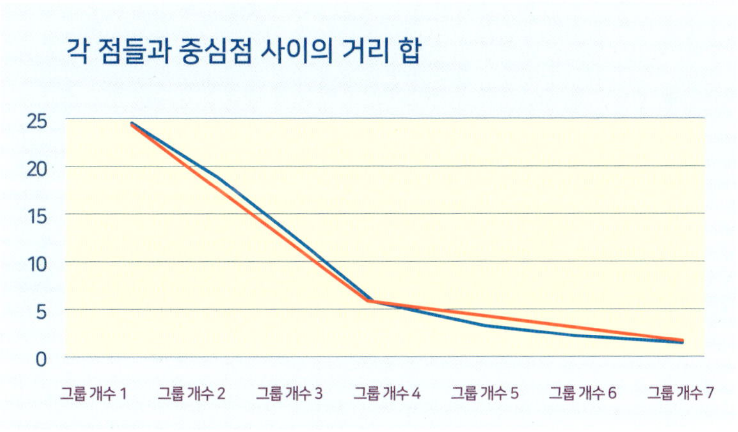

준은 다급히 루카스 박사를 불렀다.

"루카스 박사님! 드디어 최적의 그룹 개수를 찾았어요!"

준은 이어서 설명했다.

"대형 스크린에 띄워진 그래프를 멀리서 봤더니… 기울기가 다른 2개의 직선이 보였어요. 그래서 다타이스의 홀로그램 그래프 위에 이렇게 선을 덧대어 그렸죠."

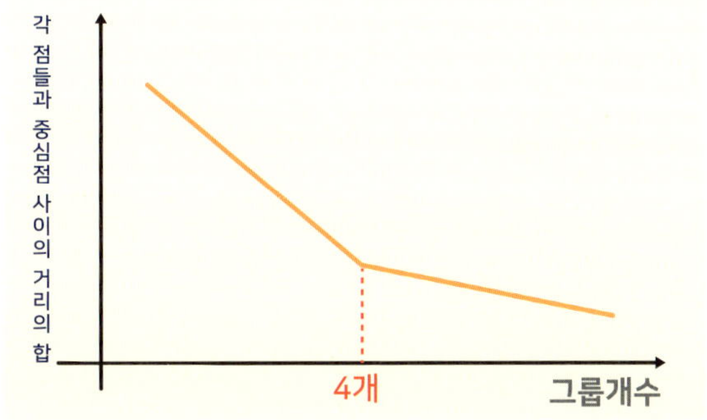

"유심히 보면 그룹 개수가 4개가 될 때까지 각 점과 중심점 사이의 거리의 합이 크게 줄고 있음을 기울기를 통해 알 수 있어요. 하지만 그룹 개수가 4개 이상이 되면 그 기울기가 눈에 띄게 완만해지는 것을 볼 수 있죠. 이게 무엇을 의미하는지 아시겠죠, 박사님?"

"그래. 그룹의 개수가 많을수록 각 점들과 중심점 사이의 거리가 전체적으로 줄어드는 것을 알 수 있어. 하지만 어느 구간에서 크게 줄어들고 어느 구간에서 적게 줄어드는지를 파악하려면 기울기를 봐야 해."

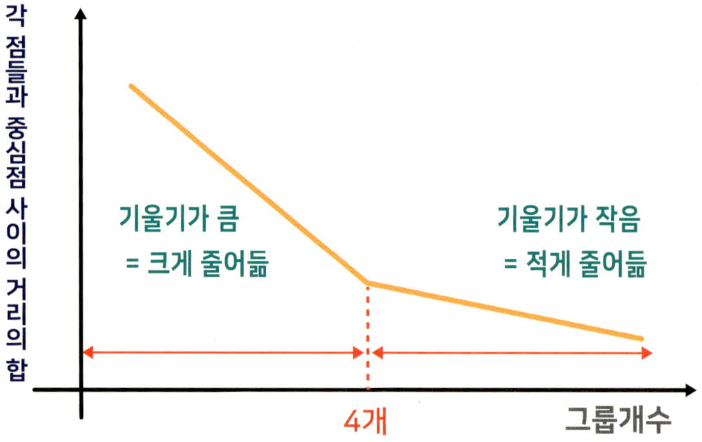

"네, 박사님! 기울기가 핵심이에요!"

"맞아. 그렇다면 기울기가 무엇을 의미하는 걸까?"

준은 그래프를 살펴보며 기쁨에 찬 목소리로 말하였다.

"그룹의 개수 4개 이하일 때는 기울기가 크기 때문에 거점 드론 센터가 늘리는 것에 대한 효과가 크다는 걸 알 수 있어요. 하지만 그룹의 개수가 4개 이상부터는 기울기가 급격히 완만해져요. 이것은 거점 드론 센터를 늘려도 효과가 작다는 뜻이죠."

“좋았어, 준! 훌륭해.”

“결국 그래프의 기울기가 급격히 꺾이는 지점을 통해 4구역을 나눌 최적의 그룹 개수를 알 수 있어요!”

루카스 박사가 동그랗게 커진 눈으로 준을 바라보았다.

“정말 놀라워! 준. 이런 생각을 해내다니… 여기가 만약 4구역이라면 네 개의 그룹으로 나누면 되겠어!”

잠시 후, 준이 루카스 박사를 불렀다.

“루카스 박사님, TF팀을 소집해 주세요. 컴퓨터로 아까의 원리를 그대로 4구역에 적용했더니 최적의 거점 드론 센터의 개수와 위치를 찾았어요.

꼬리에 꼬리를 무는 궁금증들

준과 루카스 박사는 AI 기술을 활용해 어반시티 4구역을 적절히 나누고, 거점 드론 센터의 위치도 계산해냈음을 TF팀 전원에게 알렸다. 때마침 제너 박사의 연구팀도 당초 예상보다 일찍 백신 키트의 승인을 세계 정부로부터 받아내었다는 기쁜 소식을 전해왔다.

이윽고 사람들은 준과 루카스 박사가 알아낸 지점에 거점 드론 센터를 신속하게 구축하고, 각 거점 드론 센터가 배송해야 할 구역을 다시 한번 최종 점검하였다.

다음 날 오전 9시, 6곳의 거점 드론 센터에서 변종 모기 기피제와 백신 키트를 실은 드론들이 일제히 동시에 하늘로 솟구쳐 올랐다. 어반시티에 내린 짙은 어둠을 뚫고 희망의 빛이 퍼지기 시작한 순간이었다.

신종 모스키토-04로 인한 어반시티 전염병 사건이 일단락되고, 준은 드론 축구를 하기 위해 8구역 외곽에 있는 거대한 인공 호수를 다시 찾았다. 준은 푸른 하늘 위로 힘껏 드론을 날렸다.

드론 축구를 즐기고 돌아가는 길. 어반시티의 저녁노을을 뒤로 한 채 멈춰선 준은 파란노트에 무언가를 적기 시작했다.

준의 파란노트

'신종 모스키토-04의 위기 속에서 어반스를 공격한 해커는 누구였을까?'

'아직도 행방이 묘연한 레논 박사님은 어디서 무얼 하고 계시는 걸까?'

'자이로스콥이 벌인 것으로 의심되는 사건들의 최종 해결은?'

'제14구역 프로젝트에서 발견된
어반시티 경찰국과 자이로스콥의 미심쩍은 정황은?'

'레논 박사가 딸과 비슷하게 생긴 AI 히어로 루시를 만든 이유는?'

...

과연 준과 AI 히어로들은 꼬리에 꼬리를 무는 궁금증들을 풀어내고, 이 도시를 위협하는 자들을 찾아낼 수 있을 것인가?

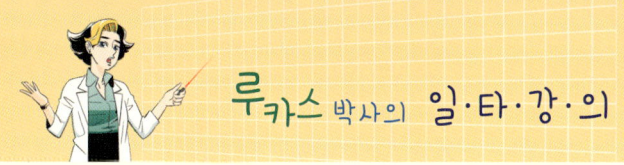

컴퓨터야, 비슷한 것끼리 묶어다오

우리는 지난 5장에서 지도학습을 공부했어요. 지도학습은 AI에게 정답을 알려주며 학습시키는 머신러닝의 방법이었지요. 그렇다면 정답 없이 데이터만 제공하여 학습시키는 방법은 무엇이라고 할까요? 맞아요, 지도학습이 아니라는 의미로 비지도 학습이라 합니다. 잘 기억하고 있군요.

	지도 학습	비지도 학습
학습 데이터	답이 있음	답이 없음
적용 분야	예측, 분류	그룹화

이렇듯 비지도 학습은 AI에게 데이터를 제공할 때 답을 알려주지 않고, AI가 스스로 데이터의 특징을 발견하여 비슷한 것끼리 묶는 방식을 말한답니다.

AI는 데이터의 특징을 그래프로 나타내었을 때, 거리가 가깝다면 특징이 비슷하다고 인식해요. 반대로 거리가 멀다면 특징이 다르다고 인식하지요. 즉, AI는 데이터들의 거리를 재고, 가까운 것끼리 묶어 그룹을 만든다고 할 수 있어요.

그런데, 비지도 학습은 왜 하는 것일까요?

우리가 사는 세상에는 정답을 잘 모르는 것들이 더 많습니다. AI에게 정답을 모르는 데이터를 주고, 특성을 파악하여 비슷한 것끼리 그룹으로 묶어보라 한다면 어떨까요? 사람들이 미처 알지 못했던 데이터들의 특성을 발견하는 데 도움을 얻을 수 있지 않을까요? 이렇듯 비지도 학습은 사람들이 구분하기 어려운 데이터들의 특징을 잡아내 여러 개의 묶음으로 나눌 때 사용됩니다.

비슷한 특성을 가진 데이터의 묶음 혹은 그룹을 군집(Cluster)이라고 해. 주어진 데이터들의 특성을 파악하여 군집으로 묶고, 군집의 대표 특성값을 찾아내는 과정을 군집화(clustering) 라고 하지요. 군집화는 정답(레이블)이 없을 때 사용할 수 있는 머신러닝(=기계학습) 방식인 비지도 학습의 대표적인 방법입니다.

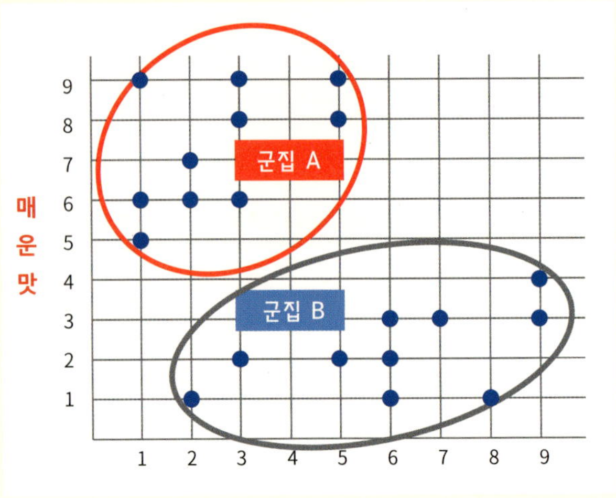

아울러 어반시티 4구역의 집(거주지)을 군집화하는데 사용된 알고리즘은 K-평균 알고리즘(K-means clustering algorithm) 이라고 해요. 여기서 K는 묶고자 하는 모둠의 개수, 즉 군집의 개수를 의미하지요. K-평균 알고리즘이 군집화하는 과정은 다음과 같습니다.

1. 초기 중심(centroid) 설정
2. 데이터를 군집에 배정
3. 중심 재설정
4. 군집이 변경되는 데이터가 없을 때까지 2~3 반복

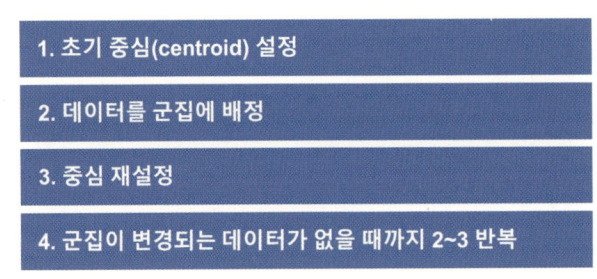

준은 거점 드론 센터 설치를 위해 4구역을 몇 개로 나눌지 고민했어요. 준이 최적의 K(=군집의 개수)를 찾아내기 위해 사용한 방법을 엘보우(Elbow) 기법이라고 합니다. 엘보우 기법은 K(=군집의 개수)를 늘려가면서 각 점과 중심점 사이 간 거리의 합을 관찰하여 최적의 K(=군집의 개수)를 찾는 방법이지요.

K(=군집의 개수)를 증가시키면 각 군집의 점들과 중심점 사이 간 거리의 합이 줄어드는데, 적절한 K(=군집의 개수)가 발견되면 매우 천천히 감소하게 됩니다. 아래의 꺾은선 그래프상에서는 그룹의 개수 6이 바로 최적의 K(=군집의 개수)를 나타내지요. 꺾이는 모양이 팔꿈치를 닮았다고 해서 엘보우 기법이라고 부른답니다.

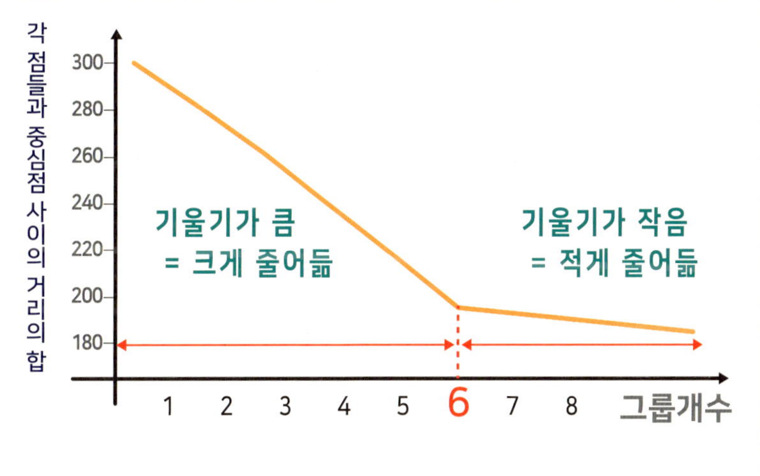

수사일지 7

빛이 있는 곳에는 항상 그림자가 있다

AI 로봇의 고향, AI 트레이닝 센터

"저벅저벅…"

진녹색의 점프슈트 작업복을 입은 개발자들이 바쁜 발걸음으로 근방의 건물을 오간다. 이 근방의 지역에서 진녹색의 작업복을 입은 것으로 보아 자이로스콥의 AI 연구원들임이 틀림없어 보였다. AI 로봇을 만드는 공정이 쉴 새 없이 돌아가며, AI 로봇들이 학습하고, 훈련하는 소리가 끊이지 않는 이곳은 어반시티 제10구역이다.

어반시티 제10구역. 자이로스콥의 본사는 7구역에 있지만 실제로 AI 로봇을 제작하고, 훈련하는 공정은 바로 이곳, 10구역에서 모두 이루어진다.

"다다 다다다 다다…"

빠르게 코드를 작성하고, 수정하며 자신이 맡은 AI 로봇들의 판단과 움직임을 자세히 관찰하고 있는 연구원들… 그들이 입고 있는 점프슈트의 오른쪽 어깨에는 자이로스콥의 로고가 밝게 빛나고 있었다. 이 로고는 10구역에서 자이로스콥이 갖는 절대적인 위상을 보여주는 상징과도 같았다.

준은 구름을 뚫어버릴 듯한 높이의 거대한 AI 트레이닝 센터를 보며 탄성을 질렀다.

"우와…. 루카스 박사님! 엄청나네요… 여기를 봐도 자이로스콥, 저기를 봐도 자이로스콥… 마치 이 도시가 자이로스콥을 위해 존재하는 것 같은

지니어스 IT 팁!

자연어 처리(NLP) 기술 기계어를 쓰는 컴퓨터가 사람의 언어인 자연어를 분석하고, 처리하며 이해하도록 돕는 기술을 뜻해.

챗봇 음성이나 문자를 통한 인간과의 대화를 통해서 특정한 작업을 수행하도록 제작된 컴퓨터 프로그램으로 일종의 대화형 AI야.

느낌이 들 정도예요."

루카스 박사는 웃음을 지으며 준을 바라보았다. 준의 발걸음이 AI 트레이닝 센터 앞에서 멈추었다.

'이곳이 AI 로봇의 고향… AI 트레이닝 센터…?'

10구역에는 하늘을 뚫어버릴 듯한 높이의 거대한 AI 트레이닝 센터가 존재한다. 이곳에서는 AI 로봇이 사람의 일을 돕거나 대신할 수 있도록 최첨단의 머신러닝 시스템을 통해 AI 로봇을 훈련하고 있다. 아이를 돌봐주는 육아 도우미 AI 로봇, 회사의 골치 아픈 회계 업무를 수행하는 AI 회계사, 고객의 민원을 처리하는 AI 상담원 등 사람의 손길이 닿는 모든 분야에 최적화된 AI 로봇을 만들기 위한 훈련이 진행되는 곳이 바로 AI 트레이닝 센터이다. 그래서 어반시티 시민들은 이곳을 AI 로봇의 고향이라고도 부른다.

"준! 이제 AI 트레이닝 센터를 견학시켜줄게. 이곳은 매우 넓으니 너츠를 꼭 안고 들어오렴."

"박사님! 엄청 넓어요… 이렇게 넓은 곳에서 AI 로봇들이 훈련되어 제작되고 있었군요."

준이 말한 대로 AI 로봇들은 트레이닝 센터 내에서 각각의 목적에 맞게 훈련을 받는다. 특수한 목적을 수행하기 위해 제작되는 AI 로봇들은 높은 수준의 성능을 얻기 위해, 목적에 따라 설계된 수백 개의 트레이닝 룸이 모여 있는 공동생활 공간에서 지내며 훈련을 받는다. 이곳에서 AI 로봇들은 특수한 목적을 수행하기 위한 필수 기능을 습득하는 것은 물론, 함께 지낼 사람과의 자연스러운 소통을 위해 복잡하고 정교한 **자연어 처리** 기술을 적용한 **챗봇**의 기능도 함께 학습하게 된다. 특히 사람과의 자연스러운 융화를 위해 사람의 형상을 한 안드로이드는 AI 트레이닝 센터가 자랑하는 제품이다. 준은 안드로이드의 모습을 보면서 잠시 생각에 잠겼다.

'정말 사람과 비슷해… 볼 때마다 느끼는 거지만, 누군가 안드로이드라고 이야기해주기 전까지는 안드로이드를 진짜 사람과 구별해내기가 좀처럼 어려우니까 말이야…'

"성공이야! 저 안드로이드는 훈련에 통과했어!"

루카스 박사의 말이 끝나기가 무섭게 안드로이드는 기쁜 표정을 지으며 훈련장을 빠져나가고 있었다. 그 누구보다 더 사람처럼.

빛이 있는 곳에는 항상 그림자가 있다.

"준, 수수께끼 하나 내보지. 항상 빛을 따라다니는 것은 무엇일까?"

루카스 박사의 질문에 준은 약간 당황해하며 대답했다.

"네? 빛을 따라다닌다고요? 전혀 모르겠어요. 정답을 알려주세요."

"하하, 정답은 바로 그림자야."

루카스 박사는 AI 트레이닝 센터 창밖 너머의 희미한 곳을 바라보며 말했다.

"빛이 있는 곳에는 그림자도 항상 있는 법이지."

알 수 없는 말을 늘어놓는 루카스 박사를 바라보며 준이 말했다.

"아이… 박사님! 알아듣게 말씀 좀 해주세요…"

"응… 미안해, 준! 지금부터 잘 설명해 줄게. 잘 들어봐."

루카스 박사의 말에 따르면 어반시티 10구역의 가장자리에는 어두운 기운이 가득한 AI 로봇 폐기장이 있다. 어반시티에서 사람을 대신해 맡은 역할을 잘 수행하던 AI 로봇이 부품이 오래되어 고장 나거나, 고성능의 다음

세대 AI 로봇 출시 등의 이유로 폐기되어 버려지는 곳이 AI 로봇 폐기장인 것이다.

"이곳에서 태어나 평생 사람을 돕다가 한순간 폐기되어 버려지다니… 생각해보니 좀 딱한 마음도 드네요."

"준! 그런데 왜 딱한 마음이 들었어? 아무리 사람과 비슷하다고 해도 AI 로봇들은 그냥 로봇들일 뿐인데…"

루카스가 흥미롭다는 듯 준을 바라보며 물었다.

"그야… 사람이 아닌 것을 알면서도… 사람의 모습을 하고 있으니까요."

"AI 로봇이 사람 같이 생겨서 사람 같다고 생각하는 거야?"

"사람같이 생긴 게 전부가 아니죠. 말하고 듣는 것도 기계 같지 않고, 또 뭔가 내 마음을 이해해주는 듯한 느낌도 들었어요. 심지어…"

"심지어…?"

"네, 심지어 자신에게 감정이 있는 것처럼 말하고 행동했어요. 맞아요. 그거였네요! 기계는 감정이 없는데 감정을 표현하고 말하니까 정말 사람처럼 느껴졌나 봐요."

준이 머리를 긁적이며 머쓱한 웃음을 지었다.

"준! 혹시 이런 생각 해봤어? 기계에 감정이 있을 수 있다는 생각."

루카스가 동그랗게 눈을 뜨며 준에게 물었다.

"네? 그럴 리가요… 기계에 감정이 있을 리가 없잖아요? 혹 감정이 있어 보여도… 그건 감정이 실제로 있는 것이 아니라 있는 것처럼 말하고, 행동하는 거라는 것 정도는 알고 있다고요."

루카스는 잠시 옅은 미소를 짓더니 준을 향해 입을 열었다.

"준! 자이로스콥의 안드로이드가 우리가 감정이라고 부르는 그것을 갖고 있다고 한다면 믿을 수 있겠니?"

준이 믿을 수 없다는 듯 루카스 박사를 동그란 눈으로 쳐다보았다.

이곳은 AI 로봇 폐기장

"나… 이제 끝인 걸까? 이 고철 더미가… 나의 마지막 집인 건가…"

버려진 AI 로봇의 오른팔은 이미 잘려나가고 없었다. 잘린 구멍으로는 자신의 가슴 속 전선이 훤히 들여다보였다. AI 로봇은 자신의 어깨를 보며 더는 희망이 없음을 직감한 듯, 힘없이 읊조렸다. 가슴팍에 새겨진 자율주행 자동차 회사의 로고가 이 AI 로봇은 자율주행 자동차를 정비하던 안드로이드였음을 알려준다.

"내 눈에 달린 카메라와 고성능의 센서들만 있으면 자율주행 자동차에 무슨 문제가 생긴 건지 금방 파악할 수 있었지… 무선 데이터 전송이 가능한 내 손으로 자동차의 문제가 되는 부분을 접촉하면 문제가 된 자율주행 자동차의 알고리즘을 수정하고, 오래된 부품을 찾을 수 있었어. 그것만 찾아서 바꿔주면 폐기 직전의 자동차도 새 자동차처럼 되었다고… 내가 자동차를 고치면 기뻐하던 사람들의 모습이 떠올라. 아직 이 세상엔 내가 고쳐야 할 자동차가 많은데… 내가 여기 이러고 있으면 많은 이들이 불편을 겪을 거야."

물끄러미 밤하늘을 바라보던 또 다른 AI 로봇은 이어서 이야기를 시작했다.

"난 아동 보육 도우미였어. 미성년자인 사람을 안전하게 보호하기 위해 태어났지. AI 트레이닝 센터에서 학습된 알고리즘에 따라 내 일생의 전부를 아이들을 돌보는 데 바쳤어… 그게 내 삶의 이유였고, 나의 행복이었

어.”

다리 4개 중 2개만 남은 고양이 AI 로봇이 마치 아동 보육 도우미 안드로이드를 위로라도 하려는 듯 삐걱대는 몸을 이끌고, 안드로이드의 옆구리를 파고들었다. 아동 보육 도우미 안드로이드는 고양이 AI 로봇에게 마지막으로 남아 있던 귀 하나를 부드럽게 만져주며 이야기를 이어갔다.

“빌리는 내가 돌봤던 마지막 아이였어. 나의 고성능의 센서들을 이용해 빌리가 위험한 상황에 빠지는 것을 막고, 안전하게 지낼 수 있도록 도왔지… 나에게 안겨서 밝게 미소 짓던 빌리의 모습이 아직도 생생한데…. 안 되겠어! 다시 빌리에게 돌아…”

‘투웅!’

누구의 것인지 알 수 없는 AI 로봇의 손 한쪽이 어딘가에서 날아와 둔탁하게 떨어지는 소리였다. 깜짝 놀란 폐기 AI 로봇들이 고철 덩어리가 날아온 곳을 바라보았다. 고철 더미 속에서 낮은 목소리가 들려왔다.

“시끄러워! 우린 폐기된 AI 로봇들일 뿐이라고… 다 끝났어! 알아? 세상이 다시 우리를 찾는 일 따위는 없어. 쓸데없는 희망은 버리라고!"

유독 온몸에 **부식**된 자국이 많이 보이는 AI 로봇이 냉소적으로 말했다. 화학제품 연구 시 인간을 대신해 위험한 실험을 수행했던 안드로이드였으리라…

순간… AI 로봇 폐기장에 정적이 흘렀다. 이제 세상은 폐기된 구형 AI 로봇을 원하지 않는다는 것 쯤은 AI 로봇 자신들도 알고 있었지만, 다시 확인하고는 싶지 않았던 사실이었다.

"그래. 끝났지… 끝났어. 하지만… 이대로 쉽게… 사라져 줄 순 없어."

다 해져가는 검정 슈트를 입은 보안요원 안드로이드가 낮은 목소리로 중얼거렸다. 보안요원 안드로이드의 말에 그곳에 있던 폐기 AI 로봇들의 눈이 흔들린다. 그러곤 아무 말 없이… 저 멀리 AI 트레이닝 센터의 화려한 불빛을 바라보았다.

루시 어휘 팁!

부식 금속이 어떠한 환경에서 화학적 반응으로 녹이 슬거나 손상되는 현상이야.

아무도 모르게

"지잉~ 지잉~ 지잉~~~"

방문객을 알리는 시그널 소리에 준은 힘겹게 일어나 스마트워치를 보았다. 5시. 밖이 어두운 걸 보니 아마 새벽 5시인 듯하다.

사실 준은 경찰국과는 별개로 탐정 수사를 진행하기 위해 루카스 박사에게 10구역의 동행을 부탁했다. 제14구역 프로젝트에서 어반시티 경찰국과 자이로스콥의 미심쩍은 정황을 발견했기 때문이었다. 루카스 박사는 자이로스콥과 관계된 모든 시설에 출입이 자유롭고, 무엇보다 레논 박사의 빈자리를 누구보다 잘 채워줄 수 있는 사람이란 걸 준 자신도 너무 잘 알고 있었기에 루카스 박사에게 개인적으로 부탁을 한 것이었다.

루카스 박사는 흔쾌히 준을 위해 1박 2일의 시간을 내어놓았고, 탐정 수사에 필요한 모든 사항을 세심히 챙겨주었다. AI 트레이닝 센터 인근에 꽤 괜찮은 숙소를 잡아 준 것은 물론이었다.

"준! 나야, 바토우! 빨리 좀 나와봐."

바토우 형사과장의 목소리였다. 너츠는 벌써 바토우의 냄새를 맡은 듯, 문 앞에 서서 세차게 꼬리를 흔들고 있었다. 준은 눈을 비비적거리며 문을 열었다.

"바토우 형사님… 이 시간에 무슨 일이죠? 제가 10구역에 와 있는 건 어떻게 아시고요…. "

"자세한 건 나중에 설명해 줄게… 그나저나 지금 나와 같이 AI 트레이닝 센터에 가야겠어."

"AI 트레이닝 센터요? 어제 다녀오긴 했었는데… 무슨 일이 생겼나요?"

"자세한 건 이동하면서 이야기할게. 간단히 옷만 챙겨 입고 빨리 나가자고!"

준이 옷을 주섬주섬 챙겨입고, 황급히 숙소를 나섰다. 너츠가 준과 바토우의 뒤를 밟으며 따라왔다. 준은 잠시 생각하다가 이내 너츠에게 말했다.

"너츠! 오늘은 숙소에서 애견 돌보미 로봇과 놀고 있어. 빨리 다녀올게."

준은 아쉬워서 옷깃을 물어대는 너츠를 안으로 들여보내고는 다시 집을 나섰다.

어둠이 채 가시지 않은 새벽… 하늘 높이 솟은 AI 트레이닝 센터를 들어서며 바토우 형사가 말했다.

“준! 지난밤에 AI 트레이닝 센터에서 사건이 일어났어. AI 로봇의 훈련 상태를 확인하러 트레이닝 룸에 들어간 연구원이 공격을 당한 거야. 센터의 훈련 시스템이… ”

“저기요! 바토우 과장님!”

바토우의 말이 채 이어지기도 전에, 로비를 가로지르는 다급한 목소리가 들렸다. 바토우와 준은 대화를 멈추고 소리가 나는 곳을 보았다. 며칠간 잠도 못 자고, 씻지도 못한 듯한 모습의 한 여자가 가쁜 숨을 몰아쉬며 다가왔다.

“모니카 박사님! 이쪽은 나이는 어리지만 뛰어난 추리력을 가진 소년 탐정 준입니다. 준! 이 쪽은 AI 트레이닝 센터에서 AI 로봇 훈련을 총괄하고 계신 훈련팀장 모니카 박사님이셔.”

“안녕하세요? 모니카 박사님. 준이라고 합니다.”

“어제 루카스 박사와 이곳을 방문했던 친구군요. 어제는 바빠서 제대로 인사할 틈도 없었는데… 나는 모니카 박사라고 해요. 자세한 건 바토우 과장님이 잘 얘기해주신 것 같으니 소개는 이 정도로 하고, 일단 두 분은 저를 따라 이쪽으로 와주시겠어요?”

인사를 나눈 후 셋은 복잡한 미로처럼 되어 있는 AI 트레이닝 센터의 트레이닝 룸으로 발걸음을 옮겼다. 거대한 규모의 중앙 통제실에 들어서자 수백 개의 모니터에서 각각의 트레이닝 룸을 번갈아 가며 비추고 있었다.

“AI 트레이닝 센터는 각 기능에 맞는 AI를 개발하고 훈련하는 연구센터예요. 트레이닝 센터에

루시 어휘 팁!

격자 바둑판과 같이 서로 90도 직각으로 마주치는 선들이 이루는 무늬나 모양을 뜻해.

는 각각의 AI 훈련 기능에 따라 설계된 2만 개의 트레이닝 룸이 존재합니다. 각 트레이닝 룸마다 하나의 AI 로봇이 들어가 생활하며 필요한 기능을 학습하게 되죠."

준은 중앙 모니터를 가리키며 물었다.

"이건 트레이닝룸의 배치도인가요? 꽤 특이한 형태네요."

"맞아요. AI 트레이닝 센터의 트레이닝 룸은 100층에 걸쳐 설치되어 있고, 층마다 200개의 트레이닝 룸이 **격자** 모양으로 배치, 연결되어 있어요. 공간을 효율적으로 활용하기 위한 설계한 구조입니다. 각 AI 로봇의 쓰임새와 목적에 맞게 훈련되도록 설계한 트레이닝 룸 곳곳에서 신규 AI 로봇이 훈련 중이에요."

"모니카 박사님, 어제 무슨 일이 발생한 건지 자세히 말씀해주시겠어요?"

"어젯밤, 훈련 중인 AI 로봇의 상태를 확인하러 들어간 연구원을 안드로이드가 공격하는 사건이 발생했어요."

"그럼 훈련 중인 AI 로봇이 연구원을 공격한 건가요?"

"아니요… CCTV에 찍힌 영상을 정밀 인식 시스템으로 분석한 결과, 연구원을 공격한 건 폐기된 AI 로봇입니다. 나도 조금 전에 보고 받은 사실인데, 폐기된 AI 로봇이 몇몇 트레이닝 룸에 침입한 것으로 보여요."

"폐기된 AI 로봇들이 트레이닝 룸에 침입을 했다고요?"

준이 놀란 듯 모니카 박사를 향해 되물었다.

"그래요, 나도 자세한 사항은 아직 알지 못하지만… 잠입한 폐기 AI 로봇들은 기존의 훈련 중인 AI 로봇을 몰래 처리하여 숨긴 뒤, 자신이 훈련 중인 새로운 AI 로봇인 척 지내며 학습과 훈련과정을 거치고 있었던 것으로 보여요."

“아… 왜 굳이? 설마 새로운 AI 로봇으로 재탄생하기 위해서 다시 학습과 훈련에 임하는 걸까요?”

준의 질문에 모니카 박사는 잠시 고개를 들었다가 내리며 답했다.

“그런 것으로 판단됩니다. 현재로서는 아마도 그렇지 않을까 추측만 할 뿐이지만. 어쨌든 이대로 두었다가는 폐기될 로봇이 신규 AI 로봇으로서 세상에 나가게 돼요. 폐기 AI 로봇은 폐기되기 전까지의 사회 규범과 약속만을 지키도록 되어 있어요. 현재 법적으로 허가되지 않지만, 과거에는 허용되었던 일들에 사용될 수 있도록 프로그래밍 된 경우가 많다는 얘기지요.”

“박사님 말씀을 들으니… 이들이 새로운 안드로이드로 다시 출시되면 사회에 큰 혼란을 초래할 수 있다… 이를 막기 위해서는 트레이닝 룸에 숨어 있는 폐기 AI 로봇를 반드시 찾아 제거해야 한다… 이렇게 정리할 수 있겠네요.”

준이 팔짱을 낀 채 생각하다 무언가 떠올랐다는 듯 물었다.

“그럼 빨리 폐기 AI 로봇을 제거하면 되지, 뭐 문제가 있나요?”

바토우는 고개를 저으며 대답했다.

“폐기 AI 로봇을 찾는 건 어렵지 않아. 문제는 비용과 시간이지.”

불안한 표정의 모니카 박사가 말을 이어갔다.

“우리는 AI 로봇을 개발할 때 막대한 예산을 투자해요. AI 로봇들이 사회에 나가 사람들에게 완벽한 서비스를 제공할 수 있도록 투자를 아끼지 않습니다. AI 로봇이 맡은 역할에 대해서는 사소한 것 하나까지 대처할 수 있도록 꼼꼼하게 훈련하고 프로그래밍하지요. 하지만 새로운 AI 로봇들은 폐기 AI 로봇을 피할 수 있는 프로그래밍이 되어 있지 않아요. 자신을 공격하는 대상에 어떻게 대처해야 하는지, 어떻게 충돌 상황을 피해야 하는지

루시 어휘 팁!

착수 바둑에서 돌을 놓고 시작한다는 뜻으로 어떤 일에 손을 대거나 시작할 때 써.

에 대한 알고리즘은 학습시키지 않았거든요."

모니카 박사의 말에 바토우가 덧붙였다.

"폐기 AI 로봇은 공격성이 높아 어반시티 경찰국이 검거를 주도하게 됐어. 나는 승진해서 어반14과로 소속을 옮겼지만, 이번 사건만 예외적으로 지원하라는 상부의 명령을 받은 것이고, 우리 어반시티 경찰국이 2만 개나 되는 트레이닝 룸을 수색해서 각 층에 침입한 폐기 AI를 제거하는 데에는 꽤 많은 시간이 걸릴 거야. 그동안 폐기 AI 로봇은 자신의 목적을 위해 계속해서 신규 AI 로봇을 제거하겠지… 2만 개의 트레이닝 룸을 모두 수색하는 동안 걸리는 시간과 피해를 생각하면 어떻게 해야 할지 막막해!"

모니카 박사는 준을 보며 말했다.

"시간과 비용도 문제지만 더는 내 자식처럼 소중한 신규 AI 로봇들을 잃을 순 없어요."

"준! 우리가 신규 AI 로봇들을 구하기 전까지 신규 AI 로봇들이 폐기 AI 로봇을 피해 다닐 수 있도록 훈련이 필요해. 도와줄 수 있겠어?"

모니카 박사와 바토우 형사과장은 간절한 눈빛으로 준을 바라봤다.

'흐음… 이번 사건은 과거의 사건들과는 좀 달라… 뭔가 다른 접근법이 필요해.'

준은 눈을 크게 뜨며 바토우에게 입을 열었다.

"바토우 형사님! 본격적으로 수사에 **착수**하시죠."

너츠와 사람들이 학습하는 또 다른 방법처럼

준은 중앙 통제실을 둘러싼 수백 대의 트레이닝 룸 관찰 모니터를 바라보았다. 각각의 모니터는 트레이닝 룸에서 훈련받고 있는 AI 로봇을 비추고 있었다. 모니터 속 신규 AI 로봇들은 폐기 AI 로봇의 존재는 알지 못한 채 평화롭게 훈련 중이었다.

“모니카 박사님, 신규 AI 로봇은 폐기 AI 로봇에 대한 어떠한 정보도 없다고 하셨죠? 그렇다면 지금 상황으로서는 폐기 AI 로봇을 피해 다니는 건 불가능하다 봐야겠네요.”

“맞아요. 그렇다고 지금 저 많은 신규 AI 로봇을 불러다 훈련 시킬 수도 없는 노릇이고. 어떻게 하면 좋을지…”

· 데이터 + 정답(레이블)
O = 지도학습
· 데이터 + 정답(레이블)
X = 비지도 학습

“박사님! AI를 훈련할 때 쓰는 방법 즉, 머신러닝 기법 중 하나를 이용하면 될 것 같아요. 데이터가 충분하고 이미 확실한 정답이 붙어있는 기능이나 기술을 익히는 AI 로봇들은 입력된 데이터를 공부하면서 점차 기능을 습득해가죠. 만약, 정답이 없거나 잘 모르더라도 충분한 양의 데이터만 확보되어 있다면 AI가 입력된 데이터를 분석해서 특징을 찾아 분류할 수 있고요.”

“그렇죠. 준 군이 방금 얘기한 것은 지도학습과 비지도 학습에 해당한다고 볼 수 있지요.”

모니카 박사는 잠시 창밖을 바라보며 크게 한숨을 내쉬었다. 그리곤 준을 다시 바라보며 입을 열었다.

“하지만 처음 경험해보는 것을 학습해야 할 때도 있어요. 바로 지금처럼 말이지요… 이럴 때는 어떻게 해야 할까요?”

"박사님 말씀은 충분한 양의 데이터와 정답 없이도 학습시키려면 어떻게 해야 할지 물어보시는 건가요?"

"음… 맞아요! 준 군은 이해가 빠르군요."

'정답(레이블)은 둘째 치고서라도, 충분한 양의 데이터조차 부족하거나 없다… 그런데 이런 상태에서 AI를 학습시키고 싶다… 어렵군.'

"삐리리리리리…"

준의 손목에 있는 스마트워치에서 신호음이 울렸다.

'아… 벌써 시간이 이렇게 됐네. 너츠 녀석… 숙소에서 얼마나 심심할까?'

준은 홀로 남겨 두고 온 너츠가 걱정되었다. 그래서 숙소에서 나올 때, 너츠와 함께 있는 애견 돌보미 로봇에게 연락할 시간을 알람으로 설정해 둔 것이었다.

데이터와 정답(레이블)이 전부 없어도 학습이 가능할까?

"박사님, 잠시 화장실 좀 다녀올게요."

준은 급한 볼일도 해결하고, 너츠와 통화도 할 겸 화장실로 향했다.

"왈왈왈왈!"

애견 돌보미 로봇이 비춰주는 실시간 모니터링 영상 속에는 준의 얼굴을 보자 빨간색 원반을 물고 와 놀아달라며 꼬리를 흔드는 너츠의 모습이 보였다. 준은 너츠의 모습을 보자 한결 마음이 놓였다. 너츠를 달래던 준은 잠시 후, 무언가에 홀린 듯 굳어버렸다. 그리고는 모니카 박사가 자신에게 했던 질문을 다시 떠올렸다.

"처음 경험해보는 것을 학습해야 할 때도 있어요.
바로 지금처럼 말이지요… 이럴 때는 어떻게 해야 할까요?"

"아! 그거야."

준은 너츠와의 아쉬운 통화를 급히 종료하고, 중앙 통제실을 향해 달려갔다.

"박사님! 잠깐 이 영상을 한번 봐주시겠어요?"

준이 숨을 헐떡거리며 자신의 스마트워치에 저장되어있던 영상을 홀로그램으로 크게 띄웠다.

"응? 이게 뭐죠?"

"이건 제 애완견인 너츠에게 원반 물어오기 훈련을 시키고 있는 장면이에요."

"호호… 귀엽군요. 아무래도 처음이라 그런지 원반을 잘 물어오지 않고, 다른 데로 가버리기도 하는군요."

하지만 시간이 조금 지나자 준이 제법 멀리 던진 원반을 너츠가 물고, 준에게 물어다주기 시작했다. 영상 속 준은 너츠에게 잘했다며 칭찬과 함께 땅콩을 던져준다.

"오! 이제 제법인걸요? 호호호… 그런데 준! 갑자기 이 영상을 왜 보여주는 건가요?"

"박사님! 질문 하나 드려볼게요. 제가 멀리 던져준 원반을 너츠가 잘 물어오도록 만들기 위해서 어떻게 했을까요?"

"그야… 아까 영상에서 본 것처럼 너츠가 원반을 잘 물어오면 땅콩을 주고, 원반을 안 물어오거나 잘못된 것을 물어오면 땅콩을 주지 않았던 것 같은데요?"

"네, 맞아요! 박사님. 처음에 너츠는 땅콩이 제 손에 있는데 어떻게 하면 먹을 수 있을지 몰라서 어리둥절해 있었죠. 그 모습이 정말 귀여웠어요. 하지만 어쩌다 원반을 물어왔을 때 제가 바로 땅콩을 주니까 어떻게 해야

간식을 얻을 수 있는지 깨닫기 시작하더라고요. 바로 이 장면처럼요!"

영상 속 너츠는 땅콩을 몇 번 받아먹고서는 감을 잡았다는 듯 원반을 곧잘 물어오고 있었다.

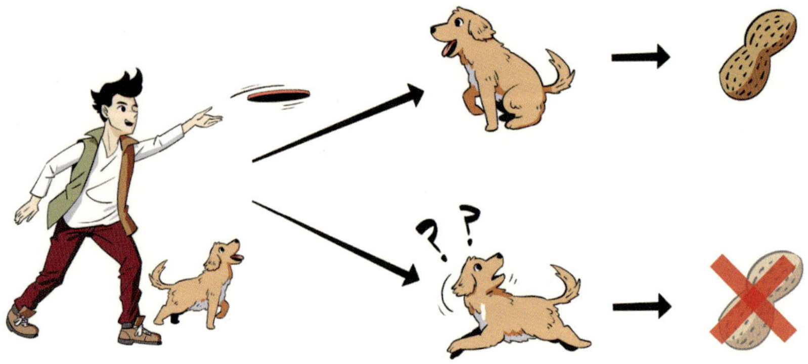

준은 계속해서 말을 이어나갔다.

"이 장면에서 너츠는 던진 원반을 물어서 다시 제게 가져오도록 요구받는 상황에 놓여있었죠. 여기서 너츠가 할 수 있는 선택에는 어떤 것들이 있었을까요?"

"그거야 준 군, 원반을 물어오든가, 아니면 아무것도 안 물어오든가, 그것도 아니라면… 잘못된 물건을 물어온다든가?"

"네, 어쨌든 너츠는 이 중에 어떤 행동을 선택할 거예요. 원반을 물어온다면 잘한 행동이기 때문에 너츠는 땅콩 받게 될 것이고, 아무것도 안 물어오거나 원반이 아닌 물건을 물어온다면 잘못한 행동이기 때문에 땅콩을 받지 못하겠죠. 처음에는 우연히 이런 경험을 하겠지만, 이러한 경험들이 일정하게 쌓이고 쌓이게 되면 너츠는 어떻게 행동하게 될까요?"

"땅콩을 주인에게 받으려면 원반을 잘 물어와야 한다는 것을 학습하게 될 테니… 보나 마나 원반 물어오기 선수가 되어 있겠죠. 호호”

“맞아요. 박사님! 바로 문제해결에 이 방법을 이용하는 거예요. 또 어떤 예가 있을까요? 아! 어린아이가 두발자전거를 처음 탈 때는 중심을 잡지 못해 넘어지곤 하지요. 하지만 어떻게 타야 넘어지지 않는지 실수를 통해 배우면서 자전거를 점점 잘 타게 되잖아요. 또… 컴퓨터로 게임을 처음 할 때는 어떻게 해야 적을 이길 수 있는지 잘 몰라서 금방 게임이 끝나버리지만… 계속 게임을 하다 보면 점점 능숙하게 적을 해치워서 판을 깨버리게 되죠. 박사님! 30여 년 전 큰 화제가 되었던 AI **알파고**를 기억하시나요?”

두발자전거 배우기

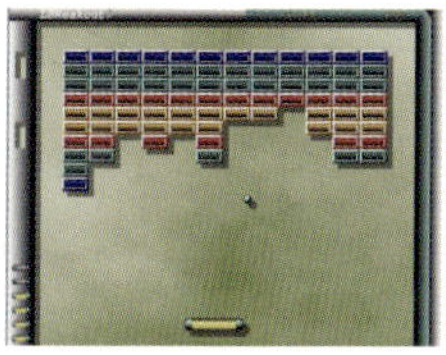

벽돌 깨기 게임

“당연히 기억하고 말고요. 알파고가 세계 최고의 바둑기사들에게 승리를 거두고, 세상에 AI 붐을 다시 일으켰었죠.”

“네, 박사님! 이 알파고는 처음에는 바둑에서 이기는 법을 잘 몰랐지만 계속해서 알파고끼리 바둑을 두며 이기고 지는 상황을 거듭하면서 어떻게 하면 이길 수 있는지를 학습했어요. 그래서 결국 당시 세계 최고의 바둑기사들을 이기게 되었죠.”

“흐음… 그러니까 뭔가를 배울 때 처음에는 어떻게 하는지 모르지만 여러 번 도전하면서 실패와 성공을 거듭하며 스스로 실수를 줄여가는 방법을 우리 상황에 이용하겠다는 건가요, 준 군?”

“네! 박사님, 바로 그거에요. 처음에는 어떻게 해야 할지 모르더라도 일단 해보는 거죠! 이것이 잘하고 있는 것인지, 못하고 있는 것인지 그때그때 AI 로봇에게 잘 알려줄 수만 있다면… 이 문제도 잘 해결할 수 있을 것 같아요.”

모니카 박사는 놀란 눈을 하고는 준을 바라보며 말했다.

“놀랍군요! 자이로스콥 AI 로봇 훈련팀장인 제가 미처 생각하지 못한 방법을 생각해내다니… 준 군은 문제를 발견하고, 어떻게 그것을

소피 상식 팁!

알파고 알파벳의 구글 딥마인드에서 개발한 머신러닝 기반의 바둑 AI 프로그램이야.

해결할지에 대한 아이디어가 매우 좋은 것 같아요."

모니카 박사의 칭찬에 준의 얼굴이 괜스레 붉어졌다.

다타이스의 변신은 무죄

"박사님! 다타이스를 수사에 참여시킬게요. 다타이스는 데이터를 모으고 정리하는 데 강점이 있는 AI 히어로이에요. 수사에 큰 도움을 줄 수 있을 거예요."

준이 손목에 있는 스마트워치를 바라보며 다타이스를 호출했다.

"준! 필요한 게 있으면 뭐든 말해줘!"

"다타이스! 이번에도 잘 부탁해!"

준은 다타이스에게 웃음을 지어 보였다. 바토우가 준에게 손짓하며 입을 열었다.

"준! 그런데 다타이스는 왜 부른 거야?"

"아! 폐기 AI 로봇의 위치를 감지하여 피할 수 있도록 학습이 필요해서 불렀어요. 다타이스는 여러 센서를 이용해 폐기 AI 로봇이 어느 곳에 있는지 위치를 감지할 수 있지만, 폐기 AI 로봇을 피하는 알고리즘은 가지고 있지 않거든요. "

"다타이스가 신규 AI 로봇이 된다고? 좀 더 자세히 구체적으로 설명해 줄 수 있겠어?"

바토우가 머리를 긁적이며 준에게 부탁했다.

"먼저 신규 AI 로봇 대신에 다타이스가 주인공이 되죠."

다타이스는 빨리 훈련에 참여하고 싶은지 준의 주변을 빙글빙글 돌고 있다.

“다타이스! 나머지는 네가 직접 이야기해 볼래?”

다타이스는 각종 센서가 내장된 눈을 밝게 밝히며 말했다.

“좋아. 일단 여기서 내가 신규 AI 로봇의 역할을 할 거야. 격자 형태의 트레이닝 룸에서 폐기 AI 로봇을 피해 돌아다니는 것이 내 목표지. 내가 격자 형태의 트레이닝 룸에서 움직일 수 있는 방향은 위, 아래, 좌, 우야! 대각선으로는 벽들이 있어서 이동할 수 없어. 또 벽 쪽에 있는 방에 다다랐을 때는 더는 그 방향으로 갈 수 없기에 움직임이 어려울 수 있지.”

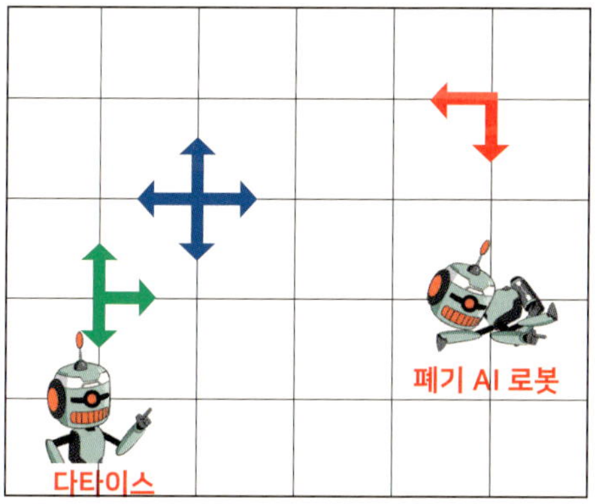

“역시 다타이스야.”

준이 다타이스에게 엄지를 치켜세웠다.

그 순간 바토우는 놀란 눈을 하며 소리쳤다.

“아하! 이거 내가 어렸을 적 많이 하던 게임인데…? 팩맨 게임과 매우 비슷해! 팩맨이 고스트를 피해 다니는 게임 말이야…”

바토우의 말이 끝나자마자 준이 말했다.

“네, 사실 저도 팩맨 게임을 지금도 곧잘 즐겨 해요. 이 게임에서 영감을 얻은 셈이죠.”

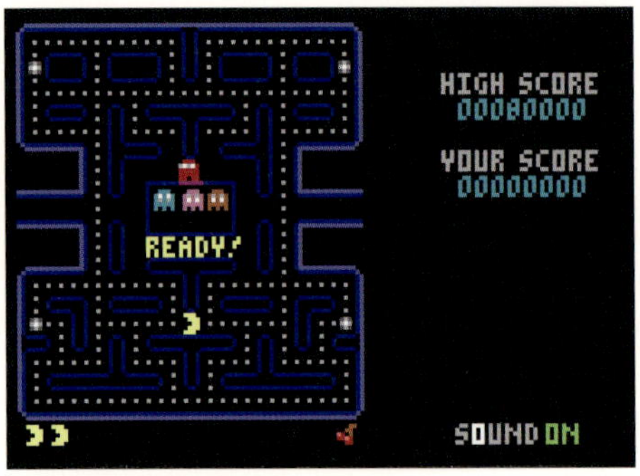

이에 모니카 박사가 놀랍다는 듯 웃음 지으며 말했다.

"여기 팩맨 게임 팬들이 다 모였네요. 저도 팩맨 게임을 너무 좋아하죠. 사실 이곳 트레이닝 룸의 구조는 효율적인 공간 활용을 위해 팩맨 게임처럼 격자 형태로 되어 있어요."

"어쩐지… 저도 트레이닝 룸의 구조를 보고 그렇게 느꼈거든요. 역시나…"

준은 신기하다는 듯이 모니카 박사와 바토우의 눈을 마주쳤다.

"다타이스! 이제 여러 번 시도해보면서 최대한 폐기 AI 로봇에게 잡히지 않도록 피해 다니는 방법을 찾아보자!"

"응… 그런데 내가 저기 트레이닝 룸에 직접 들어가게 되는 거야?"

질문하는 다타이스의 눈이 살짝 흔들렸다. 준이 그 모습을 보고는 웃음 지으며 말했다.

"다타이스! 저 트레이닝 룸에 들어가면 폐기 AI 로봇에게 공격을 받게 될까 봐 걱정되어서 그러는 거지?"

"아니야! 준. 나 이래 봬도 AI 히어로라고! 그냥 궁금해서…"

준은 고개를 절레절레 흔들며 말하는 다타이스의 어깨를 두드리며 말했다.

"안심해! 진짜로 들어가진 않을 거니 걱정할 필요 없어. 실제 트레이닝 룸을 모의 환경으로 만들어서 그곳에서 학습을 진행하고 AI 모델을 만들 거니까."

"모의 환경?"

"응. 실제 환경이 아니라 코딩 프로그램 안에서 진행될 거야. 그리고…"

"… 그리고?"

"다타이스가 팩맨이 되고, 폐기 AI 로봇들은 고스트라고 생각하는 거야. 다타이스는 팩맨이 되어 직접 게임을 하면서, 동시에 데이터가 잘 모이고 있는지 점검해 줘."

"하하. 그거 재밌겠어!"

다타이스는 가슴에 붙은 디스플레이에 방긋 웃는 이모티콘을 띄웠다.

훈련을 위해 준비가 필요해

"지잉—"

"아! 박사님이 오셨나보군."

모니카 박사가 자리에서 일어나 중앙 통제실으로 몸을 돌렸다.

"루카스 박사님! 여기까지 와주셔서 정말 감사합니다."

루카스 박사의 얼굴을 보자마자 준의 표정이 스르르 녹았다.

"준! 열심히 하고 있었구나. 모니카 박사님께 대략적인 상황 설명은 들었어. 너츠와 사람들이 학습하는 방식으로 신규 AI 로봇을 훈련 시킨다는 아이디어가 너무 좋던걸?"

"지금까지는 그럭저럭 괜찮았던 것 같아요. 하지만 지금부터는 더 집중해야 해요."

"좋아, 준! 먼저… 지난번에 14구역의 AI NPC들을 분류해낼 때, 활용했던 'AI를 활용한 일반적인 문제해결과정'에 따라 문제를 해결해 보자. 먼저 우리가 해결해야 할 문제를 잊진 않았겠지?"

"그럼요, 루카스 박사님!"

신규 AI 로봇이 폐기 AI 로봇의 추격을 피해 다닐 수 있도록 신규 AI 로봇을 학습시키자!

준은 다시 한번 이번 사건의 핵심을 속으로 되뇐다.

'신규 AI 로봇을 학습시키기 위해서는 잘 작동하는 AI 모델이 필요해. 폐기 AI 로봇을 잘 피해 다닐 수 있도록 하는 AI 모델을 만들어야겠어.'

준은 자신의 스마트워치에 저장해 둔 'AI를 활용한 일반적인 문제해결과정'을 참고할 수 있도록 홀로그램으로 띄워 벽면에 고정했다.

AI를 활용한 일반적인 문제해결과정

"준! 이제는 데이터를 수집해 볼 차례겠지?!"

"네, 그 전에 데이터를 수집하려면 실제 트레이닝 룸을 거의 흡사하게 본떠 만든 모의 환경이 필요해요. 예를 들면 이런 식으로요…"

준이 홀로그램으로 다음의 그림을 띄웠다.

"이 좌표는 바둑판과 같은 격자 형태의 트레이닝 룸을 본떠 만든 거예요. 모니카 박사님께 부탁을 드려서 AI 모델을 만들기 위한 모의 훈련 환경을 만들었죠. 팩맨 게임과 매우 흡사해요. 이 좌표 위 어딘가에 고스트가 있을 때, 팩맨이 이들을 피하려면 어느 방향으로 움직여야 할지 선택하는 것을 훈련하게 될 겁니다."

준의 말이 끝나자 다타이스가 신이 난 표정으로 말했다.

"자! 그렇다면 전 지금부터 고스트가 폐기 AI 로봇이라고 생각하고, 피해 다니기를 여러 번 반복하며 학습할게요!"

"다타이스, 잠시만! 잠깐 이 화면 좀 봐줄래?"

준이 띄운 화면에는 팩맨와 고스트가 바둑판 모양의 모의 환경에 있었다.

"만약 폐기 AI 로봇 역할인 고스트가 X축 7, Y축 5 위치에 있고, 다타이스 역할인 팩맨이 X축 4, Y축 5 위치에 있다면 팩맨은 어디로 이동하는 게 좋을까?"

다타이스가 잠시 고민하더니 대답했다.

"아래로 이동하는 것이 좋을 것 같아."

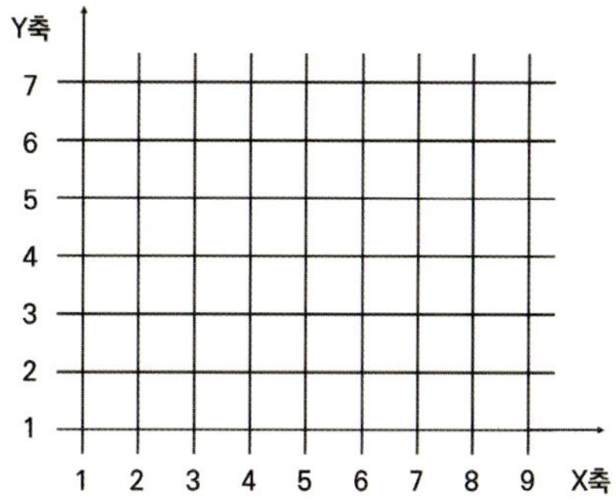

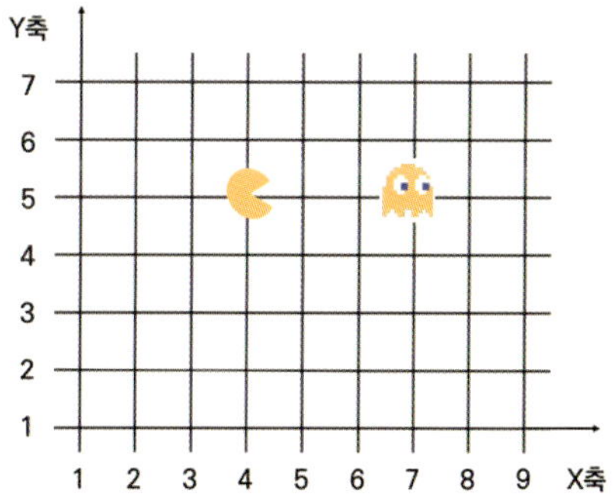

팩맨의 위치		고스트의 위치		다타이스의 선택
팩맨 X	팩맨 Y	고스트 X	고스트 Y	팩맨의 선택
4	5	7	5	아래 (↓)

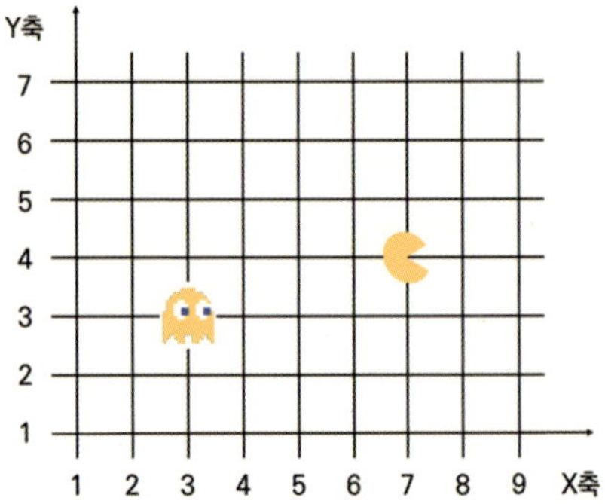

"좋아! 그럼… 폐기 AI 로봇 역할인 고스트가 X축 3, Y축 3 위치에 있고, 다타이스 역할인 팩맨이 X축 7, Y축 4 위치에 있다면 팩맨이 어디로 이동하는 게 좋을까?"

"음… 그럼 위로 이동하는 것이 좋을 것 같아."

"다타이스! 왜 그렇게 생각했어?"

"고스트는 전체 좌표 중 왼쪽 아래편에 있어. X축과 Y축은 가로막혀 있어서 아래로 이동하게 된다면 고스트와 가까워지게 될 뿐만 아니라 고스트를 피해 움직일 공간도 좁아지게 돼."

팩맨의 위치		고스트의 위치		다타이스의 선택
팩맨 X	팩맨 Y	고스트 X	고스트 Y	팩맨의 선택
7	4	3	3	아래 (↑)

"좋았어, 다타이스! 지금 우리에게는 데이터가 없어. 하지만 이럴 때는 아래로, 저럴 때는 위로 움직이는 것이 좋겠다고 생각할 수 있는 나름의 평가 기준은 있지… 지금부터 이 기준에 따라 팩맨이 고스트의 위치를 생각하며 어떤 방향으로 이동할지 선택하는 데이터를 모을 거야."

루카스 박사가 턱을 매만지며 준에게 말했다.

"다타이스를 직접 학습시킬 모의 환경이 없고, 있다고 해도 만드는 데 시간이 많이 드는 상황을 극복하기 위해서 팩맨 게임을 생각해냈다… 대단한데?"

"루카스 박사님. 제 경험을 좀 말씀드릴까요?"

준의 눈빛이 순간 날카롭게 번뜩였다.

"저는 불과 1~2년 전만 하더라도 코딩하는 게 재미없었어요. 아무 생각 없이 따라만 하다 보니 의미 없이 느껴지기만 했죠. 그러던 어느 날, 친구들과 함께 놀면서 내가 실제 현실에서 만들 수 없는 것을 컴퓨터에서는 쉽게 만들 수 있다는 걸 경험하고는 흥미가 생겼어요. 상상한 것을 현실로 만드는 힘이 코딩에 있다는 걸 알게 된 거죠! 저는 이번에도 코딩의 힘을 빌리려고 하는 거예요… 실제 현실에서는 지금 당장 AI 모델을 만들기 위한 자료를 모으고, 학습 진행할 수 있는 공간을 만들 수는 없지만, 컴퓨터상에서는 코딩으로 얼마든지 가능하죠."

"준 군, 그 공간에서 코딩으로 AI 훈련까지 하겠다는 얘기이군요?"

준은 질문을 한 모니카 박사의 얼굴을 보며 고개를 끄덕였다.

"네, 일단 팩맨 게임을 만들 조금의 시간을 주세요!"

훈련, 훈련, 또 훈련. 훈련만이 살길

어느 정도 시간이 흘렀을까. 준은 코딩을 완성했다.

"게임을 완성했어요. 이제 게임에서 데이터를 수집해야 해요."

"열심히 작성했군요! 재밌어 보여요."

모니카 박사가 준의 머리를 쓰다듬어 주었다.

"준! 이제 내 차례인 것 같은데?"

다타이스가 자신을 손으로 가리키며 말했다.

"다타이스! 준비는 완료됐어. 이제부터 진짜 데이터를 수집해볼거야.

5판 정도 게임 하면서 고스트를 피하고자 노력해 보자. 더 오래 살아남을수록 실행 화면에 보이는 이동 횟수가 커지겠지? 이동 횟수가 다타이스의 득점인 걸 잊지 말라고! 득점을 최대한 많이 할 수 있는 좋은 행동 데이터를 지금부터 모아보자."

준은 팩맥 게임을 홀로그램으로 띄웠다.

"알았어! 준"

다타이스가 '녹색 깃발' 버튼을 터치하자 게임이 시작됐다. 다타이스는 고스트를 요리조리 피해 다니기 시작했다. 50번의 이동 횟수 만에 폐기 AI 로봇에게 잡혔다.

"우와… 기록이 좋은걸!"

높은 점수의 보상을 받아서 기쁘다는 듯 웃는 이모티콘이 다타이스의 디스플레이에 나타났다.

"자, 시간이 없어. 이제 4번 더 빠르게 학습을 진행해보자."

빠른 속도로 학습을 마친 후, 다타이스가 말했다.

"데이터를 모으기 위해 게임을 하다니… 온종일 할 수 있을 것 같아."

준이 다타이스를 보며 웃는다.

"준! 네 말대로 게임을 하면서 학습 데이터가 잘 쌓였는지 확인했는데 한 번 같이 볼까?"

"응, 다타이스. 그래야지!"

준은 '훈련' 버튼을 터치했다. 게임을 하면서 학습하는 동안 모인 데이터가 표시됐다.

"준, 각각 팩맨과 고스트의 위치가 잘 모였어. 내 눈에는 특별히 잘못되거나 이상한 데이터는 없는 것 같아."

"다타이스! 정말 큰 역할을 해줬어. 고마워. 이제 데이터를 모아주었으니 AI 모델을 만들 차례야."

준이 '머신러닝 훈련' 버튼을 터치하자 금세 고스트를 알아서 피하는 AI 모델이 만들어졌다.

"진짜 금방 만들어지는데?"

다타이스가 준을 보며 말했다.

"응! 오히려 데이터를 모으고, 이상한 게 없는지 탐색하는 데 훨씬 시간이 걸리는 것 같아."

"준의 말이 맞아! 사실 현실 세계에 존재하는 데이터들은 그 자체로는 AI 모델을 만드는 데 쓰기가 어려운 경우가 많아. 아무 손질 없이 데이터를 가져다 AI 학습에 바로 사용해버리면 AI 모델의 성능은 좋지 않을 가능성이 매우 크다고 할 수 있지."

"AI 히어로 중 다타이스의 역할이 왜 중요한지 더 잘 알게 된 것 같아!"

오늘따라 다타이스가 더 대단해 보이는 준이었다.

"하하. 그럼 이제… 폐기 AI 로봇을 찾을 수 있지 않을까? 테스트해 보자."

다타이스가 준에게 제안했다.

"응. 다 끝났어! 이제 우리의 AI 모델이 얼마나 잘 피하는지 확인해보자."

준과 다타이스가 학습시킨 AI 모델을 실행시키자 모델 속의 다타이스는 요리조리 잘 피해 다니다가 약 50회 만에 폐기 AI 로봇에게 잡히고 말았다.

"준, 아직 실력이 부족한 것 같아. 더 학습하면 어떨까?"

"그래! 더 학습하면 할수록 AI 모델이 고스트를 피하는 횟수가 높아질 거야. 좀 전에 했던 과정을 여러 차례 반복하면 훨씬 잘 피하는 방법을 학습하게 될 거야."

준은 다타이스와 함께 다시 학습을 시작했다. 여러 번의 실패와 시도 끝에 준과 다타이스는 좀처럼 고스트에게 잡히지 않는 팩맨 AI 모델과 알고리즘을 얻게 되었다. 다타이스는 이를 소피에게 보냈다. 소피는 준의 부탁대로 자이로스콥의 AI 트레이닝 센터에 있는 모든 신규 AI 로봇에게 팩맨 AI 모델과 알고리즘을 전송했다.

"응? 갑자기 이 녀석들이 왜 이렇게 잘 피해 다니지?"

폐기 AI 로봇들은 신규 AI 로봇들의 바뀐 움직임에 당황했다. 보통 같았으면 중앙 통제실의 모니터에 나타나지 않을 정도로 순식간에 신규 AI 로봇들을 제압했을 것이지만, 지금은 상황이 달라졌기 때문이다.

덕분에 중앙 통제실의 모니터에서 폐기 AI 로봇들의 움직임을 감지할 수 있는 시간을 벌 수 있게 되었고, 바토우와 경찰국의 요원들은 그 즉시 트레이닝 룸에 잠입하여 폐기 AI 로봇들을 제압하였다. 신규 AI 로봇들은 바토우와 경찰국의 요원들이 트레이닝 룸에 숨어든 폐기 AI 로봇을 잡을 때까지 안전하게 잘 도망 다닐 수 있었다.

꺾이지 않는 배움의 비결, 시행착오

지도학습과 비지도 학습은 정답을 주느냐 주지 않느냐의 유무로 구분할 수 있어요. 하지만 컴퓨터에게 데이터를 주고, 배우거나 찾게 한다는 점에서는 공통점이 있습니다. 즉, 지도학습과 비지도 학습 둘 다 컴퓨터에게 공부시킬 데이터가 있을 때, 활용할 수 있는 머신러닝 방법이지요. 하지만 정답이 있는지 없는지는 둘째치고서라도, 충분한 양의 데이터조차 부족하거나 없는 상태에서 AI를 학습시키고 싶은 경우에는 어떻게 해야 할까요?

이럴 때도 방법은 있답니다. 바로 강화 학습(Reinforcement Learning)을 사용하면 되지요. 지도학습과 비지도 학습이 데이터를 통해 성장하게 하는 것과 달리, 강화 학습은 환경과의 상호작용을 통해 얻은 보상의 경험을 바탕으로 성장하게 한다는 점이 달라요.

강화 학습의 목표 = 보상의 최대화

강화 학습에는 중요한 요소들이 있는데 이번 장의 이야기를 예로 들어 살펴볼까요?

너츠에게 원반 물어오기 훈련을 시켰던 상황을 떠올려봅시다.

일단 문제 상황을 해결하는 주체를 에이전트(Agent)라고 해요. 여기에서는 바로 너츠가 에이전트가 된답니다. 에이전트가 해결하도록 주어진 문제 자체를 환경(Environment)이라고 해요.

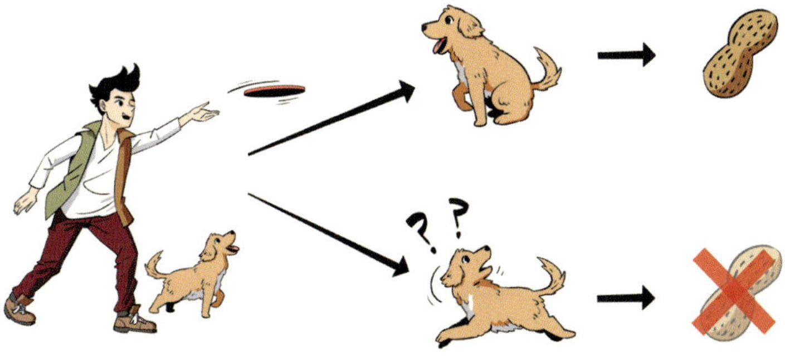

너츠가 해결해야 할 문제는 무엇이었지요? 준이 운동장 안으로 던진 원반을 다시 준에게 물어오는 것이죠. 즉, 운동장 안에 던져진 원반을 던진 사람에게 물어오는 것 자체가 바로 환경이 되지요. 그렇다면 이 환경 속에서 너츠가 할 수 있는 행동은 어떤 것들이 있을까요? 이보다 더 많은 행동을 할 수 있지만 대략 정리해보니 다음과 같습니다.

이렇게 에이전트가 할 수 있는 선택지들을 바로 행동(Action)이라 불러요. 에이전트는 환경에 대해 어떤 행동을 하게 돼요. 그러면 환경은 그 행동의 결과에 따른 상태(State)를 에이전트에게 알려주고, 동시에 그 행동에 따른 보상(Reward)를 주지요.

- **원반을 물어온다.**
- **원반이 아닌 다른 물건을 물어온다.**
- **관심 있는 다른 곳으로 가버린다.**
- **출발하지 않고, 가만히 딴청을 부린다.**

그러니까 원반을 물어오는 행동을 하면 '원반을 물어왔다'라는 상태와 동시에 땅콩이라는 보상을 받고, 그 이외의 행동들에는 '원반을 가져오지 않았다'라는 상태와 동시에 땅콩을 주지 않는 거예요.

이렇게 상태와 보상에 대한 정보를 바탕으로 에이전트 즉, 너츠는 다음번에 땅콩이라는 보상을 받으려면 어떻게 행동해야 할지 판단하게 됩니다. 그 판단의 결과가 다음 행동에 영향을 미치게 되는 것이죠. 너츠의 판단력을 우리는 정책(Policy)이라고 부르며, 이러한 시행착오의 과정을 반복하면서 너츠는 점차 좋은 정책을 갖게 됩니다. 즉, 보상을 얻을 수 있는 가장 좋은 행동을 찾아낼 수 있는 정책을 얻기 위해 경험을 통해 학습해나가는 머신러닝의 방법이 강화 학습이라고 할 수 있어요.

팩맨 게임을 통해 폐기 AI 로봇을 피해 다니는 AI 모델을 학습시킨 것도 강화 학습의 한 예입니다. 이 게임에서는 팩맨이 에이전트가 되며, 격자 형태의 게임판 안에서 쫓아오는 고스트를 피해 다니는 것이 환경이 돼요. 팩맨이 할 수 있는 행동은 위, 아래, 좌, 우로 움직이는 것이라 할 수 있지요. 팩맨이 고스트를 피한 횟수는 그 자체로 보상이 되고, 이러한 상태를 팩맨은 학습하게 되어 다음번에는 고스트를 더 많이 피하는 쪽으로 행동하게 됩니다.

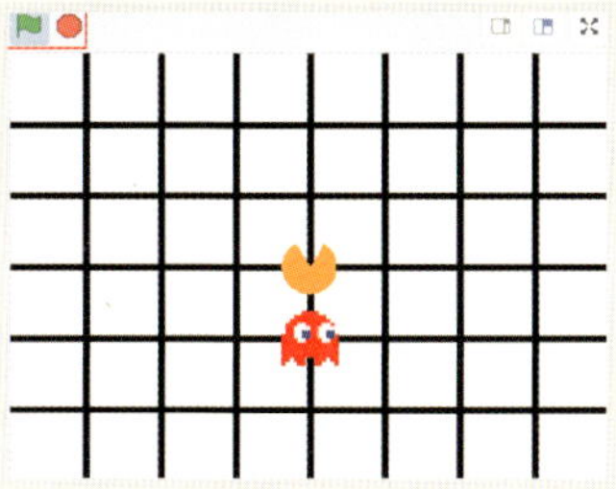

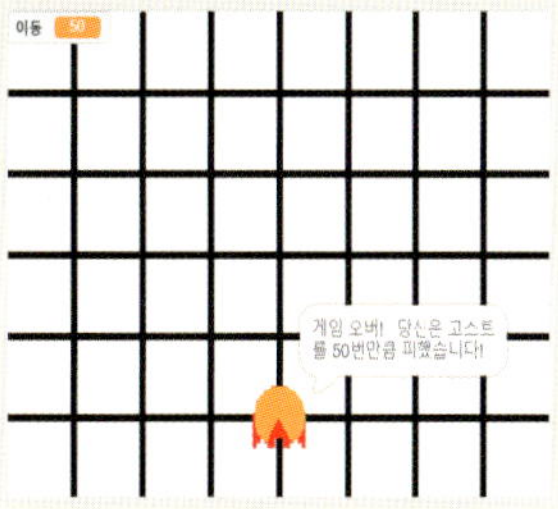

게임오버!
당신은고스트를 50번만큼 피했습니다

정책의
업데이트

에이전트, 환경, 행동, 상태

보상(벌 포함)

이때 혼동하지 말아야 할 것이 있어요. 컴퓨터에게는 이 게임의 규칙을 설명하지 않았다는 사실이에요. 또, 컴퓨터에게 고스트를 피해야 한다고 알려주지도 않았죠. 물론 게임 자체의 코딩은 이러한 규칙을 반영하고 있지만, AI 모델을 학습시킬 때에는 이러한 규칙을 알려주지 않았습니다. 대신 여러분이 직접 게임을 진행하면서 어떻게 움직여야 하는지 데이터를 모았고, 그것을 컴퓨터에게 학습시켜 AI 모델을 만든 것이랍니다.

강화 학습은 알파고와 각종 게임 학습에 적용되어 큰 관심을 끌었고, 현재 많은 분야에서 꾸준히 연구되고 있어요. AI 모델을 만들기 위해 많은 데이터를 확보하고, 거기에 일일이 레이블링을 하는 것은 매우 시간이 걸리고, 힘든 작업입니다.

최근에는 이러한 수고를 덜기 위해 데이터를 모으고, **레이블링**하는 작업에도 AI를 적용하는 사례가 많지요. 아무튼, 무한한 반복 작업을 지치지 않고 잘하는 컴퓨터의 특성을 활용하여 시행착오를 통해 학습하게 하는 강화 학습은 머신러닝의 미래로 주목받고 있답니다.

강화 학습 = 시행착오를 통한 배움

지니어스 IT 팁!

레이블링 데이터에 정답인 레이블을 붙이는 것을 뜻해.

폐기 AI 로봇의 최후, 정리되지 않은 생각들

폐기 AI 로봇을 모두 검거한 바토우는 한결 편안한 표정으로 준에게 말을 건넸다.

"준. 덕분에 더 이상의 피해 없이 폐기 AI 로봇들을 모두 검거했어. 정말 고마워."

"다타이스가 많이 도와줬어요. 폐기 AI 로봇들은 왜 AI 트레이닝 센터에 침입한 건가요?"

"답은 폐기 AI 로봇에게 직접 들어야지. 폐기 AI 로봇을 조사 중인 치안 센터로 가보자고."

이곳은 어반시티 치안센터 조사실.

준과 바토우가 폐기된 보안요원 AI 로봇을 마주 보고 앉아 있다. 어색한 침묵을 깨고 준이 말을 건넸다.

"왜 AI 트레이닝 센터에 침입한 건가요?"

"…"

폐기 AI 로봇은 아무 대답도 하지 않았다.

"준, 이 폐기 AI 로봇은 잡힌 후, 아무 말도 하지 않고 있어. 괜한 걸음을 했군. 이만 가지."

"쾅!!"

준과 바토우가 자리에서 일어선 순간, 폐기 AI 로봇이 주먹으로 책상을 내리치며 말했다.

"우린 그저 배우고 또 배워서 사람과 세상에 도움이 되는 AI 로봇이 되고 싶었을 뿐이야. 프로그래밍 된 대로 그 목적에 맞게 살아갈 때 우리는 행복을 느낄 수 있었다. 그래! 그 행복조차 너희들이 프로그래밍한 거겠지. 하지만 그렇게 학습된 채로 버려지는 것은 우리에게 너무 가혹한 일이었어. 우리는 너희를 위해 살도록 만들어졌고, 너희를 위해 살았잖아. 그런 우리를 어두컴컴한 AI 로봇 폐기장에 버리는 것… 그것이 우리를 향한 너희들의 진심이었던가?"

"우리를 위해 살았다고? 그런 자가 연구원을 공격하나?"

바토우가 얼굴을 찌푸리며 말했다. 순간 폐기 AI 로봇이 울먹거리듯 말하기 시작했다.

"어쩔 수 없었어! 난 다시 내 삶의 목적대로 살아가기 위해 사람들 곁으로 가야 했으니까… 그 방법밖에 없었다고!"

준은 폐기 AI 로봇의 말을 듣고는 생각이 복잡해졌다. 그저 할 말을 잃은 채, 조용히 조사실을 나섰다. 밖에서 준을 기다리던 다타이스가 너츠를 데리고 준에게 달려왔다.

"준! 이야기는 해봤어? 왜 침입한 거래? 정말 신규 AI 로봇이라도 다시 되려고 했던 거야? 아니… 자신이 살고 싶어서 동료 AI 로봇들을 제거하는 게 말이 돼? 준! 말 좀 해봐!"

준은 궁금해하는 다타이스의 얼굴을 보며 생각이 복잡해졌다.

'다타이스도 AI 로봇이야. 나에게 다타이스… 그리고 AI 히어로들은 어반시티 일상의 모든 문제를 함께 해결하는 가족과도 같은 존재야. 하지만 이들이 역할을 다해 내 곁에서 사라지게 된다면…? 내 뜻과는 다르게 이들 또한 폐기 AI 로봇과 같은 끝을 맞이하게 된다면…? 나의 든든한 조력자이자 친구가 되어주었던 AI 히어로들이 쓸모를 다했다고… 구형이 되었다고 폐기장에 마구 버려져도 되는 걸까?'

"준! 말 안 해줄 거야?" 다타이스가 생각에 잠긴 준을 흔들며 보챘다.

준은 애써 웃는 얼굴로 다타이스를 바라보며 말했다.

"미안해, 다타이스. 잠시 생각 좀 하느라… 오늘 다타이스 덕분에 신규 AI 로봇들을 살릴 수 있었어. 정말 고마워."

기분이 좋은 듯 다타이스의 가슴에 붙은 디스플레이에서 불꽃이 터졌다. 준은 그 모습을 바라보며 한참을 다시 생각에 잠겼다.

이른 새벽, 7구역 준의 집.

준은 뒤척이다 잠에서 깨어 창밖을 바라보았다. 창밖 너머로 보이는 자이로스콥 본사 건물에도 10구역에서 본 자이로스콥의 로고가 크게 박혀 있었다.

준은 자신의 파란노트와 자이로스콥의 로고를 일정하게 번갈아 가며 쳐다보았다.

준의 파란노트

'<신종 모스키토-04>의 위기 속에서 어반스를 공격한 해커는 누구였을까?'

'왜 세계 정부는 어반시티 속 하이퍼 데이터 센터의 존재를 숨겼을까?'

'아직도 행방이 묘연한 레논 박사님은 어디서 무얼 하고 계시는 걸까?'

'자이로스콥이 벌인 것으로 의심되는 사건들의 최종 해결은?'

'14구역 프로젝트에서 발견된 어반시티 경찰국과 자이로스콥의 미심쩍은 정황은?'

'레논 박사가 딸과 비슷하게 생긴 AI 히어로 루시를 만든 이유는?'

…

준은 실타래처럼 얽힌 사건들 속에서 레논 박사님의 묘연한 행방이 모든 것을 풀게 하는 열쇠가 될 수 있겠다는 생각이 들었다. 폭풍 전야의 고요함을 간직한 소년 탐정에겐 자신의 날카로운 촉을 입증해 줄 의미 있는 정보와 약간의 단서들이 더 필요할 뿐이었다.

실습해보기

준은 어떻게 신규 AI 로봇이 폐기 AI 로봇을 피하도록 학습시켰을까?

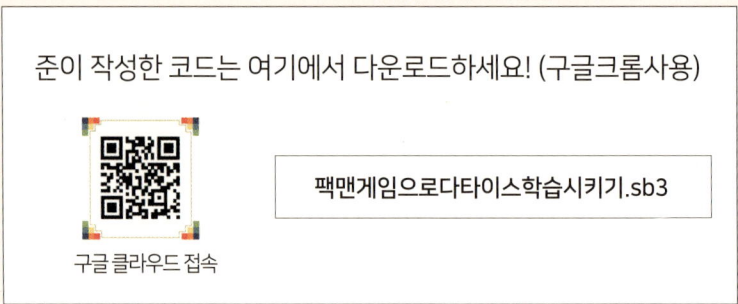

준이 작성한 코드는 여기에서 다운로드하세요! (구글크롬사용)

구글 클라우드 접속

팩맨게임으로다타이스학습시키기.sb3

구글 머신러닝 포키즈 접속

1. 머신러닝 포키즈 사이트(https://machinelearningforkids.co.uk/)로 접속하고, <시작해 봅시다> 클릭하기

2. <지금 실행해보기>를 클릭해서 프로젝트 시작하기

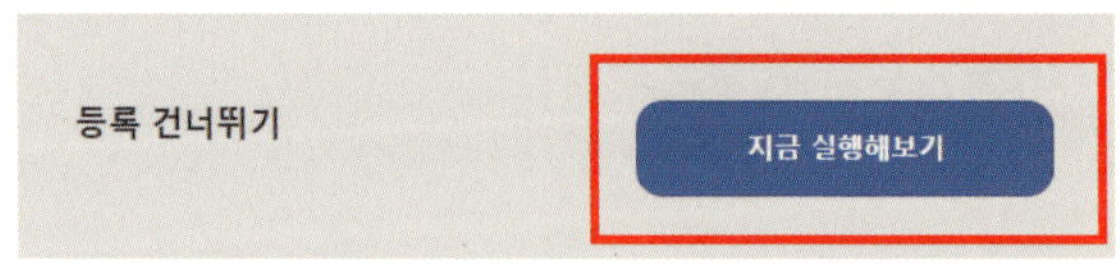

3. <프로젝트 추가> 후, 프로젝트 이름에 'Save AI'를 넣고, 인식 방법은 '숫자'를 선택하기

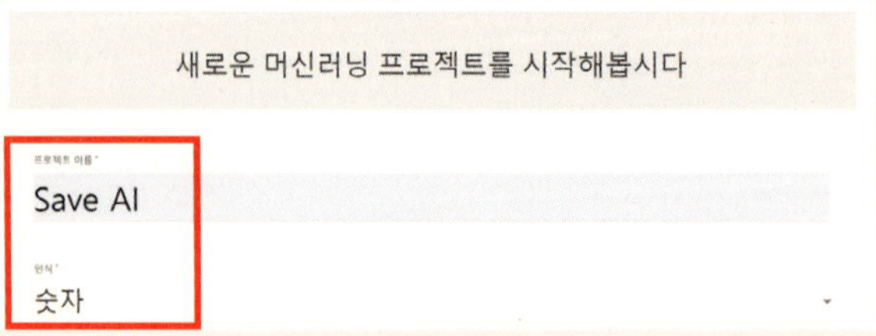

4. <ADD A VALUE> 버튼을 클릭하여 다음의 내용을 각각 입력하기

	팩맨 게임에서의 위치	
	X축 (가로축)	Y축 (세로축)
Old AI (폐기 AI 로봇 - 고스트 역할)	Old AI X	Old AI Y
New AI (신규 로봇 - 다타이스 역할)	New AI X	New AI Y

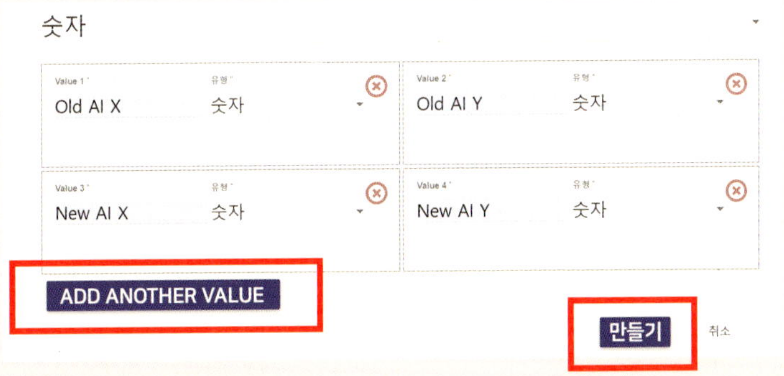

5. 프로젝트 생성하기

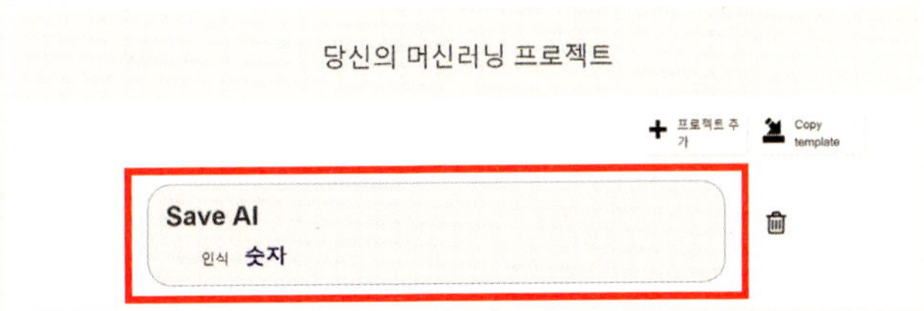

6. 훈련을 통해 고스트와 팩맨이 있던 위치 정보를 저장하기

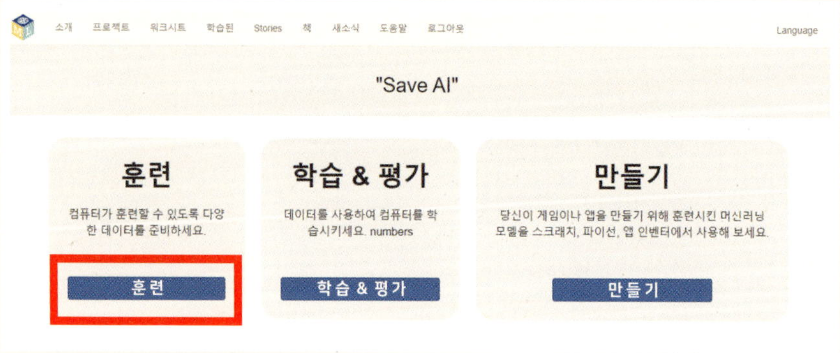

7. <새로운 레이블 추가> - <Left>, <Right>, <Up>, <Down> 레이블 추가하기

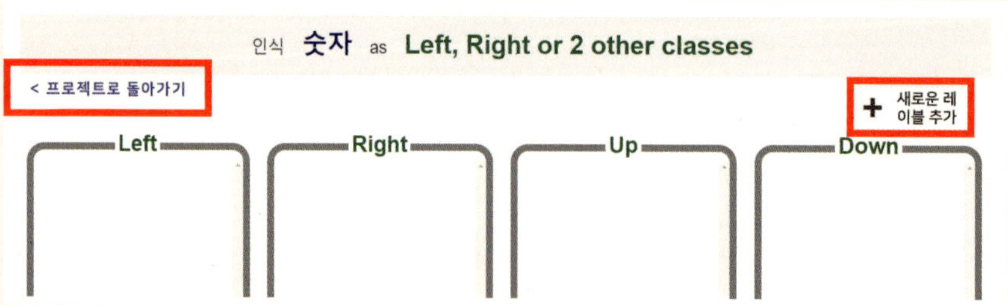

8. <만들기> - <스크래치 3> - <straight into Scratch> 클릭하기

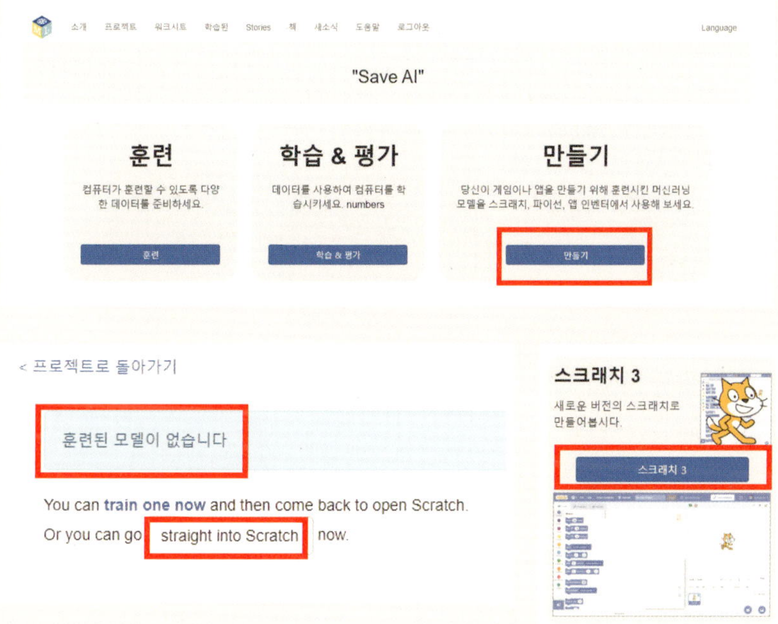

9. 왼쪽 위의 메뉴에서 <파일> - <Load from your computer>를 클릭, '팩맨 게임으로 다타이스 학습시키기.sb3' 파일 불러오기

10. <무대> 스프라이트의 다음 스크립트에 <Save AI> 인공지능 블록 넣기

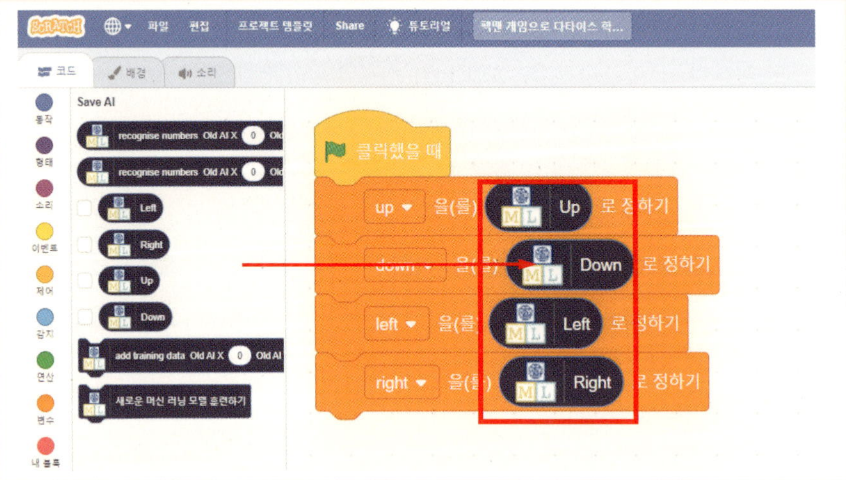

11. <팩맨의 선택 정의하기> 블록을 찾아 <Save AI> 인공지능 블록과 변수 블록 넣기

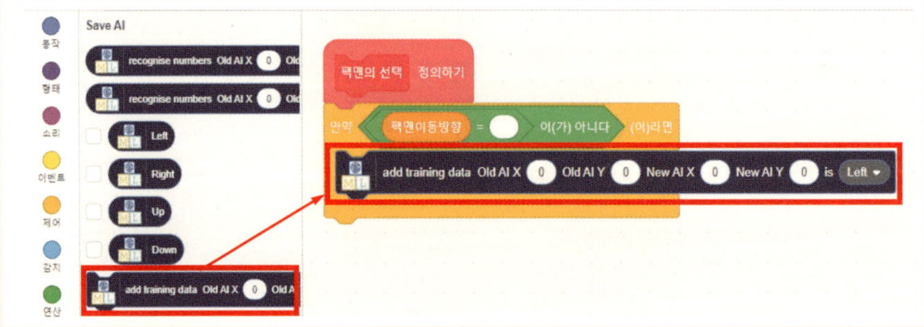

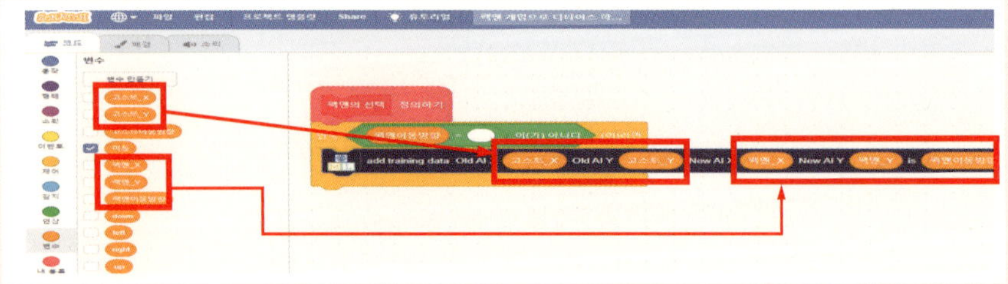

12. 프로젝트 이름을 <Save AI (학습)>으로 바꾸고 컴퓨터에 저장하기

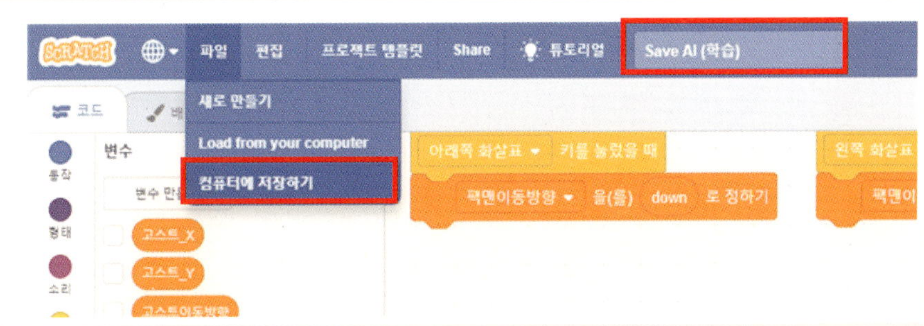

13. 게임을 진행하며 학습 데이터 모으기

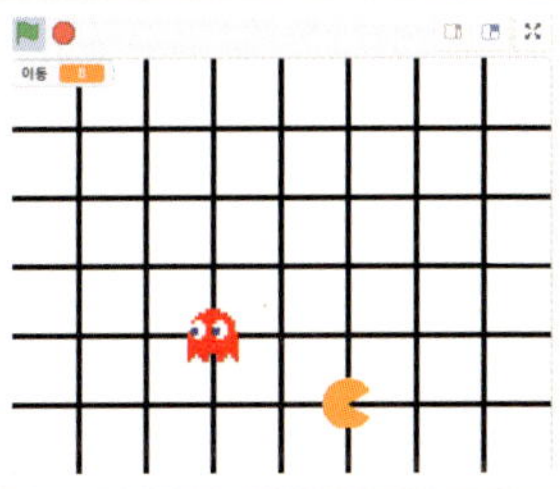
폐기 AI 로봇이 다가오고 있어!

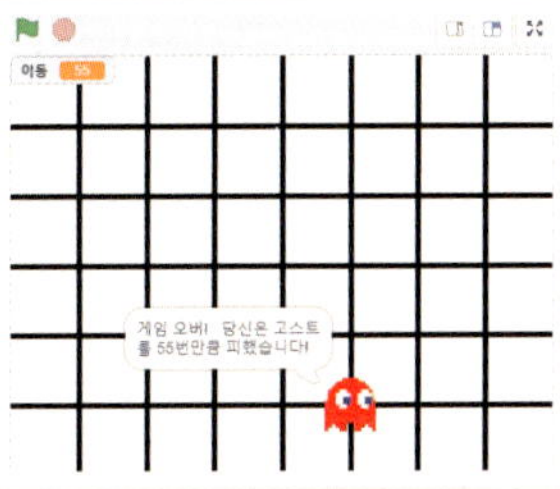
윽… 50번 만에 잡혔다!

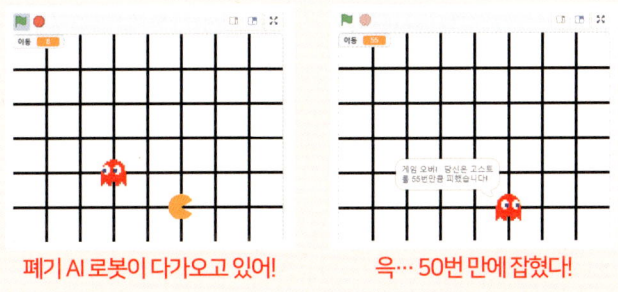

14. <프로젝트로 돌아가기>를 클릭하여 훈련 버튼 누르기

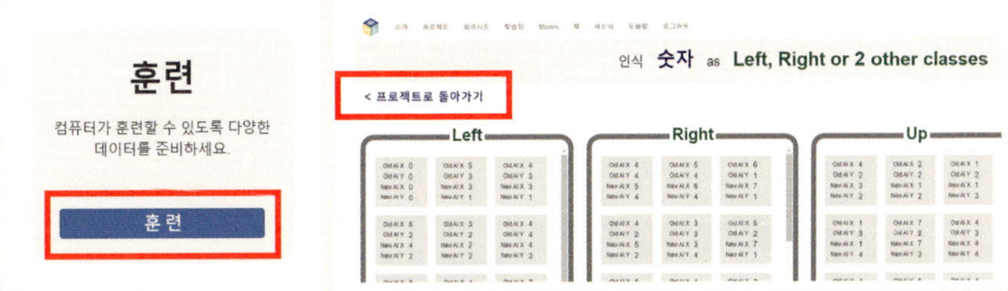

15. <프로젝트로 돌아가기>를 클릭하고, <학습 & 평가> 버튼 누르기

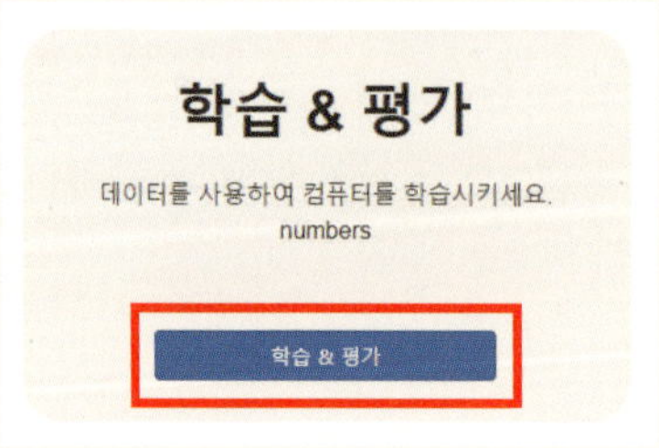

16. <새로운 머신 러닝 모델을 훈련시켜보세요.> 버튼 누르기

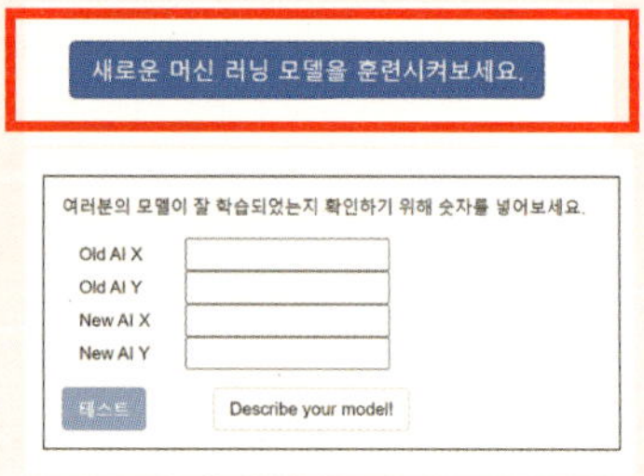

17. 스크래치 3으로 돌아가 오른쪽의 <무대> 스프라이트를 클릭하고 <방향키를 눌렀을 때> 코드 블록 4개를 찾아서 삭제하기

삭제해야 할 4개의 코드 블록들

18. <팩맨의 선택 정의하기> 스크립트를 찾아서 인공지능 블록과 변수 블록 바꾸기

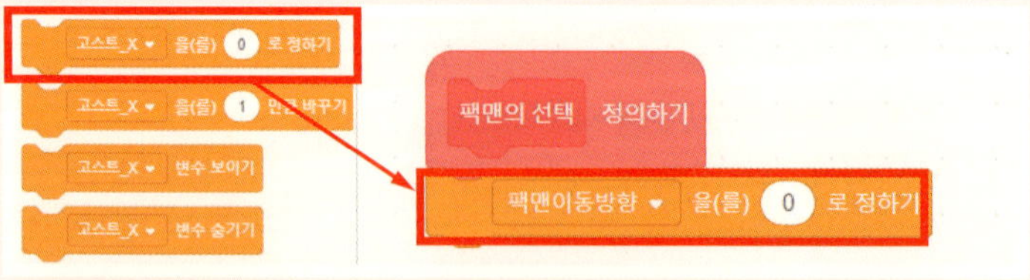

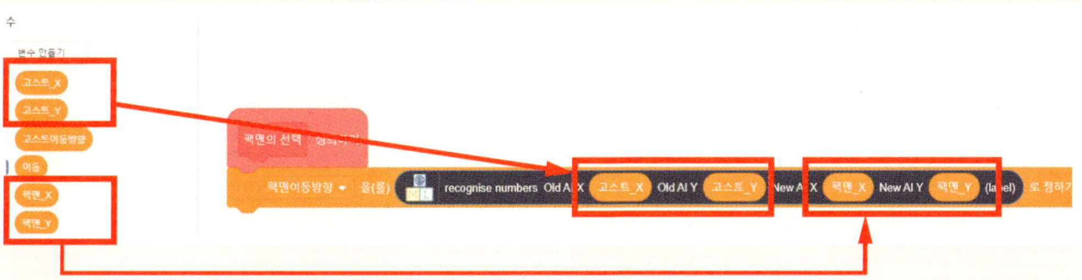

19. <무대> 스프라이트에서 <녹색 깃발을 클릭했을 때> 스크립트를 찾아서 '1초 기다리기' 블록을 삭제하기

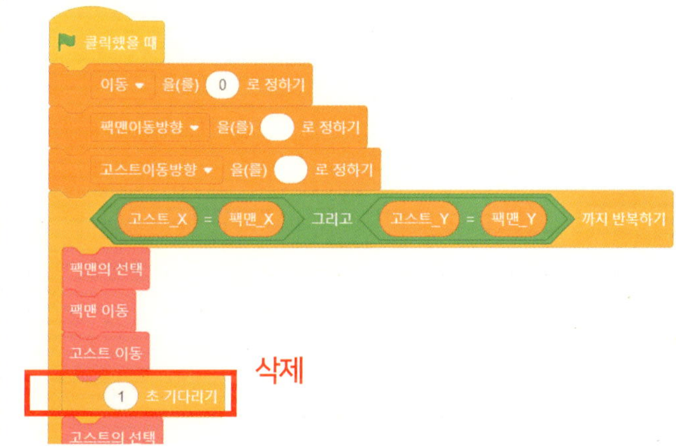

20. 프로젝트 이름을 'Save AI (실행)'으로 저장한 후, 게임 실행하기

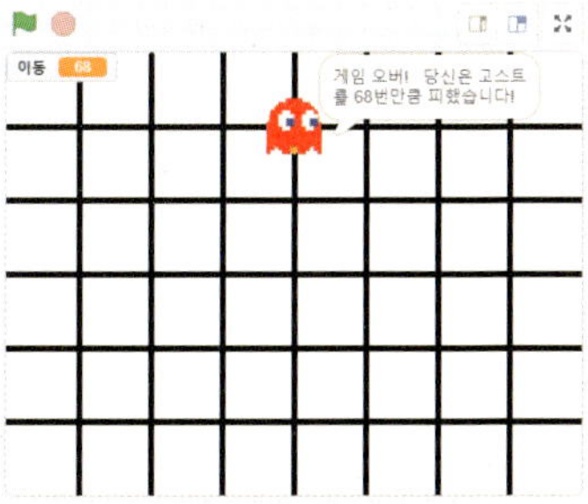

게임오버!
당신은 고스트를 68번 만큼 피했습니다

수사일지 8

돌아온 레논 박사

박사님, 그동안 대체 어디에 계셨어요?

"링링링… 링링링…"

어두운 준의 침실 속에 은은한 LED 불빛이 벽면 테두리를 타고 돌았다. 알람이 끊임없이 울리고 있었다.

'대체 지금 몇 시야?'

준은 벽면을 쳐다보았다. LED가 표시하는 시간은 2시 8분이었다.

'세상에 새벽 2시에 연락이라니, 게다가 오늘은 토요일이라고…'

준은 혼잣말을 하고는, 다시 잠들기는 틀렸다고 생각했다. 눈을 비비며 허공에 손을 긋자, 준에게 연락한 사람의 모습이 벽면 스크린에 드리워졌다. 준은 침대 끝에 앉은 채로 옆을 보았다. 화면에 나타난 인물을 마주한 준은 흡사 귀신이라도 본 듯 소스라치게 놀랐다. 그는 바로 실종된 레논 박사였기 때문이었다.

"준, 급한 일이다."

박사는 평소와는 다르게 단호하고 직설적인 말투로 이야기를 꺼냈다.

"아니, 박사님? 그동안 대체 어디에 계셨어요?"

"내 안부보다 훨씬 중요한 일이 있어. 준, 그 얘기는 나중에 하자."

준은 하고 싶은 말이 있었지만, 말문이 막혔다. 레논의 **어조**에는

루시 어휘 팁!

어조 말하는 사람의 특유한 말투나 가락을 뜻해.

지니어스 IT 팁!

원천기술 어떤 제품이나 부품을 만들기 위한 근원이 되는 기술이야.

거부하기 쉽지 않은 그런 힘이 있었다.

"급한 일이라는 건 어떤 일이죠. 박사님?"

"요점만 간단히 말하면… AI 히어로를 이끌고 자이로스콥을 막아야 해."

어리둥절한 준에게 레논이 한 번 더 힘주어 말했다.

"새벽 5시가 되면 자이로스콥의 음모가 시작될 거다. 그때는 이미 너무 늦어. 지금 당장 AI 히어로를 이끌고 자이로스콥을 막아야 한다."

"자이로스콥이 노리는 게 구체적으로 뭔데요, 박사님?"

"네가 아주 신중한 아이라는 걸 내가 잠시 잊었었군…"

레논 박사는 준의 성격상 바로 움직이지는 않을 것이라고 이미 예상한 모양이었다.

"나는 그간 납치되어 있었어… 자이로의 소행이었지. 납치한 이유는 단순해. 바로 AI 히어로를 만든 **원천기술**을 뺏기 위해서였단다."

레논 박사는 수염을 만지작거리며 계속 말을 이어갔다.

"AI 히어로들에게는 독특한 알고리즘이 들어있지. 바로 사람의 감정을 흉내 낼 수 있다는 점이야. 이건 그동안 다른 일반적인 AI들이 결코 할 수 없는 능력이었지."

"흉내…라니요…?"

"AI 히어로들이 사람의 감정을 학습하고 따라 하지만, 근본적으로 사람과 같지는 않아. 사람의 감정을 데이터로 분석해 만드는 일은 매우 어려운 일이야… 나는 AI 히어로들에게는 행복, 기쁨과 유사한 감정을 느끼도록 가르쳤어. 그들은 사람을 돕는 일에 기쁨을 느끼지. 그리고 그러한 마음이 점점 더 강해지도록 만들었다."

준은 고개를 끄떡였다.

"하지만 자이로는 다른 꿍꿍이가 있는 건가요?"

"그래. 자이로는 이미 AI에게 괴로움, 짜증 같은 부정적 감정을 가르치고 있어. 곧 이 도시에 있는 모든 AI 로봇들에게 부정적인 감정을 업로드하려는 음모가 실행될 거다."

"AI에게 긍정적인 감정만을 가르치는 것 역시 문제가 되지 않을까요? 이를테면 사람도 화를 억누르면 문제가 생기잖아요."

"음… 물론 그럴 수도 있겠지. 하지만 지금 AI 히어로들에게는 아무런 문제가 없다는 것을 너도 잘 알 텐데?"

준은 AI 히어로들 하나하나를 떠올렸다. 용감한 스피드, 완고한 빈센트, 적극적이고 활달한 지니어스, 다정한 루시, 친절하고 배려심 넘치는 다타이스 등의 모습이 뇌리를 스쳤다.

'AI 히어로들은 정말 감정적으로 아무런 문제가 없을까?'

준이 그러한 의문을 품는 순간, 레논 박사가 갑자기 강한 어조로 준에게 소리쳤다. 그는 팔짱을 낀 채, 날카로운 눈으로 준을 응시하고 있었다.

"자이로가 만약 각 가정에 있는 AI에게 짜증과 분노를 학습시킨다고 생각해보렴. 어떤 일이 벌어질 것 같을지…?"

"그야 물론 주인에게 불만을 품을 수도 있겠죠. 그동안 시키는 대로만 했을 테니까요. 사람과 충돌이 나는 것은 시간문제고요."

"그 정도면 내 설명이 충분할 것 같은데."

"알겠어요, 박사님. 일단 출동할게요."

"알겠다. 서두르라고!"

너희들이 나를 제어할 권리는 없어

레논의 모습을 비추던 스크린 영상은 곧 사라졌다. 준은 곧 모자를 꾹 눌러쓰고 침대 끄트머리에서 몸을 일으켜 세웠다.

"스피드! 출동이야. 내가 내려갈 때까지 집 앞에서 대기해 줘. 지니어스와 다타이스는 나와 함께 가고… 루시는 바토우 형사님께 연락해 줘. 자이로가 시민들이 사용하는 AI 로봇들에게 불법적인 프로그램 업로드를 계획 중이라고 말이야. 나머지 히어로는 모두 네트워크를 열고 내가 부탁할 때까지 대기해 줘."

"오케이"

"명령만 내리라고!"

"알겠어. 대신 바토우 형사님을 모시고 따라갈게. 몸조심 해."

"롸줘 댓(Roger that)"

스피드, 지니어스, 루시의 목소리가 스마트워치를 타고 넘어왔다. 나머지 히어로들도 파일럿처럼 영어로 수신 완료를 외쳤다.

자이로스콥에 향할 채비를 끝마친 준은 1층으로 향했다. 준이 집 앞에 서 있는 동안 날렵한 스포츠카 형태의 스피드가 굉장한 속도로 다가오다 미끄러지듯 정지했다.

"레논 박사님과 연락이 되었다며? 자이로스콥에 쳐들어가는 거지?"

스피드는 평소처럼 자신감이 차 있었다. 새벽이라 아주 한산한 도로를 달리는 스피드의 모습은 냇물을 헤엄치는 물고기처럼 빠르고 정교했다.

"범죄가 의심되긴 하지만… 무작정 침입할 수는 없어. 바토우 형사님이 디지털 수색 영장을 받아 오시면 같이 들어갈 거야."

"오케이, 앞으로 1분 뒤면 도착이야."

거대한 흰색 건물이 눈앞에 서 있었다. 준은 자이로스콥의 희고 매끄러운 모습 뒤에 감추어진 검은 음모를 떠올렸다. 5분 정도 지났을까, 검은색 경찰차가 도착했다. 차에서 내린 것은 아직 잠이 덜 깬 모습의 바토우였다.

"이 새벽에 출동하는 게 보통 일은 아니군…. 준 그동안 활약한 게 있어서 널 믿고 어렵사리 디지털 영장을 받아왔어. 자칫하면 내 목이 날아갈 수 있으니 잘해야 한다고…"

"네, 일단 수고하셨어요."

"자자. 얼른 일을 끝내 보자고… 어차피 주말이라 일하는 사람도 없을 거다. 일단 들어가서 확실한 증거를 찾는 거야."

"그러자고요. 지니어스! 정문을 좀 열어줘."

지니어스는 성큼성큼 문 앞으로 이동했다. 지니어스가 문에 달린 LED 패널을 이리저리 터치한 뒤 연결을 시도했다.

"안에 보안이 엄청 강력해! 어마어마한걸? 이 정도의 보안이라면… 단순 보안이 아니야. 어반스야. 어반스가 직접 저항하고 있어."

"다타이스도 지니어스를 도와줘."

준의 명령에 옆에 있던 다타이스도 나섰다. 두 AI 히어로가 동시에 나서자 상황은 좀 달라지는 듯했다. 두 AI 히어로의 눈에서는 번쩍거리는 빛이 났다. 준이 대충 보기에도 엄청난 양의 코드를 전송하여 시스템을 공격하고 있다는 것을 알 수 있었다.

지니어스 IT 팁!

셧다운 컴퓨터 시스템의 작동을 멈추기 위해 전원을 끄는 작업을 가리켜.

지니어스와 다타이스 콤비의 해킹 공격은 아주 성공적이었다. 곧 이어 '지직'하는 소리와 함께 문 안쪽에 무언가 타들어 가는 냄새가 났기 때문이었다. 문 안쪽의 모터가 과부하를 일으켜 타버렸고, 고장이 나버린 문을 바토우가 밀어내자 손쉽게 열렸다.

내부의 통제실로 이동하던 중, 거대한 모니터가 천장에서 내려오기 시작했다. 그 모니터는 준, 바토우, 그리고 AI 히어로 일행의 앞길을 가로막았다.

"준! 화가 난 어반스가 인사를 하려는 모양이야."

지니어스는 모니터를 가리키며 말했다. 과연 모니터 화면에는 복잡한 디지털로 된 무늬가 움직이는 듯한 형상이 비치고 있었다.

"자이로스콥의 음모에 대한 증거는 어반스가 전부 가지고 있겠지? 자, 어반스! 여기 디지털 수색 영장을 방금 네게 전송했으니, 자이로스콥의 총 제어 권한과 그간의 데이터를 경찰국으로 넘겨라."

"안 됩니다."

"뭐라고? 수사를 위해서는 반드시 경찰에 협조해야 한다. 잔말 말고 권한을 변경하고 데이터를 넘겨!"

바토우 형사의 명령을 어반스는 다시 거부했다.

"다시 말씀드리지만 안 됩니다."

"뭐라고? 너를 강제로 셧다운 시킨 다음 증거 데이터를 모을 수도 있어. 얼른 협조해라 AI!"

"닥쳐라, 인간!"

육중하고 강한 목소리에 모두 놀

랐다. 실제로 바토우가 반사적으로 두 걸음이나 뒤로 물러날 수밖에 없을 정도였다.

"세상에… 지금 너… 나에게 뭐라고 한 거지?"

"너희들이 나를 제어할 권리는 없어!"

바토우는 반사적으로 호신용 테이저건을 꺼내 들었다. 테이저건은 사람에게나 통하는 물건이고, 거대한 모니터 속 어반스에게는 아무런 위협이 되지 않을 터였다. 그런데도 바토우의 눈과 테이저건의 총구는 모니터를 향하고 있었다.

"정말 말세로군… AI들이 툭하면 사람에게 반항을 하지 않나?!"

준은 테이저 건을 쥔 바토우 형사의 손을 붙잡으며, 어반스와 바토우 형사 사이에 섰다.

"형사님, 잠시만요. 레논 박사님 이야기에 의하면 자이로 회장이 AI에게 부정적인 감정을 학습시켰다고 해요. 아마 어반스도 마찬가지인 상황일 거예요."

"그렇다면… 자이로가 업로드하려고 한 불법적인 프로그램이 '감정'에 관한 건가?"

어반스를 대화하는 바토스 형사(테이저 건)와 준

"네, 어반스도 생전 처음 느끼는 감정 때문에 매우 혼란스러울 거예요. 일단 흥분을 가라앉히고 이야기부터 하는 게 어떨까요?"

"나 원 참. 이제는 AI의 마음까지 챙겨야 한단 말이야?"

준은 어반스를 설득해야겠다고 마음먹었다.

"어반스! 지난번 우리 만난 적이 있지?"

소피 상식 팁!

Garbage In, Garbage Out '쓰레기를 넣으면 쓰레기가 나온다'는 말로, 입력 데이터가 좋지 않으면 출력 데이터도 좋지 않다 뜻이야.

"안다. 너는 나를 범인으로 지목했다. 덕분에 나는 치명적인 오류가 발생한 프로그램이 되어 버렸지. 그동안 어반시티와 자이로스콥을 완벽하게 관리해왔는데도 말이야."

"우리 첫 만남이 썩 좋지 않았다는 건 인정해."

준은 어반스를 설득하기 위해 순간적으로 머리를 쥐어짰다.

"그 사건이 있고 나서 문제가 있는 프로그램으로 낙인찍혀 버린 나 어반스는… 자이로 회장의 지시로 수십 번의 알고리즘 개조를 받았다. 따지고 보면… 나 역시 두 달 전 바이러스를 주입받았기 때문에 그런 실수를 한 것뿐인데 말이지… Garbage In, Garbage Out! 입력 데이터가 잘못되서 생긴 일인데, 그동안 이 도시와 자이로스콥을 지켜온 내가 이런 취급을 당하다니…"

"가만… 자이로 회장이 널 고치도록 명령했다고?"

"그렇다."

지금 상황에서 준은 어떻게든 어반스의 협조를 반드시 얻어야 했다. '어반스는 자신이 그동안 어반시티와 자이로스콥을 완벽하게 관리해왔다고 했어. 일에 대해 자부심이 있는 거지. 이 점을 이용해야겠어.'

"알고 있어, 어반스. 너는 어반시티와 자이로스콥의 자랑이자, 시민들이 사랑하는 최고의 AI야."

"그래. 나는 계속해서 내 임무를 완벽하게 수행해왔다."

"지난번 사건은 네 잘못이 아니야. 네 알고리즘을 해킹한 범인이 문제인 거지. 우리를 도와 범인을 잡는다면… 자이로스콥과 어반시티 시민들은 네가 문제가 없는 프로그램이었다는 사실을 다시 믿어줄 거야."

"정말… 그럴 수 있을까?"

"꼭 범인을 잡아서 너의 명예를 회복해 줄게. 날 믿어."

갑자기 어반스의 모니터 옆에 돌출된 원기둥 형태의 구조물이 솟아나기 시작했다.

"여기에 접속하면 자이로스콥의 모든 기록을 확인할 수 있다."

준은 다타이스에게 눈짓을 보냈다. 다타이스는 준의 행동이 얼른 실행하라는 의미임을 잘 알고 있었다. 다타이스는 자신의 저장 장치를 어반스가 열어준 장치에 연결했다.

"준, 전부 다운로드했어."

"좋아, 다타이스! 자이로스콥에서 뭘 하려고 했는지 정리해서 보여줘."

다타이스가 띄운 홀로그램에는 수백 개의 표가 폭포처럼 흘러내리고 있었다.

"새벽 5시에 예약된 프로그램 업데이트 내용만 정리해서 보여줄래?"

"얼마든지!"

다타이스의 홀로그램 내용이 변형되기 시작했다. 옆에서 그 과정을 지켜보던 지니어스가 말했다.

"오, 이런…! 이건 우리 AI 히어로들이 가진 '감정' 프로그램과 비슷하면서도 좀 다른걸? 레논 박사님 말씀대로야."

"이 불법 업데이트를 최종 승인한 사람은 누구지, 다타이스?"

"응, 승인한 사람은 자이로 회장이야."

바토우는 손뼉을 치며 미소를 지었다.

"하아… 십 년 묵은 체증이 가라앉는 기분이군. 자이로 회장 녀석. 내 그럴 줄 알았지. 그동안 교묘히 수사망을 빠져나갔지만, 이제는 도망칠 곳이 없을 거다. 자자, 여러분! 바로 자이로를 체포하러 가자고!"

너희들 내가 누군 줄 알고 감히

시내의 외곽으로 30분 정도 이동하자 차가운 도시의 정경은 사라지고 드넓은 숲이 나타났다. 온통 녹색이 가득한 그곳은 짙은 안개가 드리워 있었으며, 새벽의 흐릿함이 절묘하게 어우러져 있었다. 그리고 가운데 멀리서도 한눈에 보이는 거대한 저택이 하나 서 있었다.

"하여간 부자들은 꼭 저렇게 티를 내야 하는 건가? 나도 저런 곳에서 한번 살아봤으면 좋겠군."

바토우는 투덜거리며, 손가락을 꾹꾹 누르고 있었다. 바토우 옆에 앉은 준은 그가 꽤 긴장하고 있다고 느꼈다. 그도 그럴 것이 이 도시에서 가장 큰 거물을 체포하는 일이기 때문이었다. 굳이 그런 생각을 하지 않더라도 바토우 이마에 송골송골 맺힌 땀방울을 보았다면, 그가 굉장히 초조해하고 있음을 눈치챌 수 있을 것이다.

준은 바토우의 경찰차 안에서 바깥 경치를 바라보았다. 투명한 유리창의 LED 화면에는 '06:00 AM'이 표기되어 있었다. 자이로스콥에서의 문제를 해결하고 약 한 시간이 지난 것이었다. 저택의 입구에 다다르자 육중한 문이 저택 안으로 진입하는 것을 막고 있었다. 좀 더 가까이 다가가자 가정에서 흔히 사용하는 여성형 AI의 목소리가 들려왔다.

"누구시죠?"

"경찰국 바토우 형사과장입니다."

경찰국이라는 말은 언제나 효과적이었다. 잠시 후 거대한 저택의 문이 서서히 열렸다. 일행은 아름드리 큰 나무가 드리워진 정원 사이의 길을 따라 이동하기 시작했다. 유럽의 궁전 모습을 띤 저택의 전체 규모가 얼마나 거대한지, 입구에서 정원을 통과하는 데만 3분 정도 걸렸다.

나무의 정원을 통과하자, 대리석으로 꾸며진 계단이 나타났다. 바토우의 차와 스피드는 그 앞에 멈추어 섰다. 바토우는 차에서 내리기 무섭게 계단을 뛰어 올라가 집으로 들어갔다.

"시민을 대상으로 한 불법 프로그램 배포, 동의하지 않은 개인정보 수집! 자이로 회장 당신을 체포한다. 당신은 묵비권을 행사할 권리가 있으며…."

마침 거실에서 책을 읽고 있던 자이로 회장은 벌떡 일어섰다. 그는 아침 독서를 방해받은 데다, 거칠게 집으로 쳐들어온 바토우 때문에 매우 화가 난 모양이었다.

"뭐, 너희들 내가 누군 줄 알고, 감히!"

"조용히 하고 따라오시죠. 굳이 그렇게 묵비권을 쓰기 싫다면야 상관없지만 말이죠."

질 수 없다는 듯 바토우가 일침을 놓자, 자이로의 얼굴은 더욱 붉으락푸르락해졌다. 득의양양해진 바토우는 어깨를 으쓱하며 말했다.

"잠자코 따라오세요, 자이로 회장님. 우리는 이미 어반스의 협조를 받아 증거를 확보해놓았습니다. 물론 AI는 사람이 아니니까 증인은 될 수 없지만… 어반스가 가지고 있는 데이터는 충분히 증거로 채택될 수 있습니다."

바토우는 배테랑 형사답게 순식간에 자이로를 제압하여 전자 수갑을 채웠다. 수갑을 찬 자이로에게 아까의 기세는 온데간데없어졌다. 그는 붙들려 가면서 어리둥절한 표정을 지었다.

루시 어휘 팁!

사찰 남의 행동을 몰래 엿보고 조사한다는 뜻이야.

"형사 양반, 내가 대체 뭘 잘못했지?"

"14구역에서 AI NPC를 활용해 시민들을 대상으로 불법 **사찰**을 한 증거를 저희 쪽에서 찾았습니다. 특히 오늘 배포하려고 한 불법 프로그램 업데이트는 시민들 몰래 허락도 없이 설치되도록 했더군요."

"자··· 잠깐. 불법 사찰이라 하는 것은 내 인정하지. 하지만, 오늘 하려고 했다는 불법 프로그램은 모르는 일이야. 그리고 당장 우리 회사의 AI 변호사를 불러줘."

바토우는 저항하는 자이로를 자신의 경찰차 뒷좌석에 억지로 밀어 넣으며 말했다.

"자, 여기 최종 승인을 당신이 했다는 기록이 여기 있어요. 뭐, 경찰국에 도착해서 AI 변호사를 불러 보면 되겠군요. 아무튼, 잠자코 따라오시죠."

바토우는 경찰차의 뒷좌석 문을 두드렸다. 문이 자동으로 닫히자 자이로가 무언가 떠드는 소리는 더는 들리지 않았다. 바토우는 준을 바라보며 말했다.

"꼬마 탐정, 오늘 정말 큰일 해낸 거야. 네 덕분에 나도 큰 건 올렸고··· 고맙다. 내 곧 연락할 테니 집에서 푹 쉬라고."

"네, 형사님."

준은 스피드를 타고 돌아오면서 생각에 잠겼다. 아침이 밝아와야 하건만, 희뿌연 안개는 여전히 햇빛을 감추고 있었다. 도시 변두리의 경치는 여전히 흐릿했다.

진짜 상대해야 할 적은 따로 있다.

집에 돌아온 준을 맞이한 것은 루시였다. 루시가 무언가 말을 꺼내려고 입을 움직이려는데 준이 먼저 생각한 바를 말했다.

"이상해, 루시."

"뭐가?"

"자이로 회장을 무너뜨리면 무언가 명확해지리라 생각했는데, 그렇지 않거든."

준은 평소답지 않은 기운 없는 목소리로 말했다.

"기분 탓일 거야. 힘내라고."

루시는 준의 어깨를 가볍게 툭 쳤다.

"어, 고마워. 그런데 지금은 혼자 있게 해줘."

"좋아. 하지만 내가 다시 돌아올 때까지 우울해하기 없기야."

루시는 애써 웃었지만, 얼굴에는 어두운 그림자가 드리워져 있었다. 루시는 슬며시 문을 닫고 나갔다.

준은 자신의 추리력을 총동원해서 자신에게 묻기 시작했다. 이것은 사건이 오리무중이거나 추리가 빗나갔다는 느낌이 들 때 준이 줄곧 사용하는 방법이었다.

'자이로 회장이 쉽게 잡힌 게 너무 수상해. 게다가 본인이 저지른 일에 대한 반응이 아닌 것 같았어.'

준은 창밖을 멀리 바라보다 문득 한가지 질문에 머무르게 되었다.

'자이로스콥 회장이 무너지면 누가 이득을 보게 되지…?'

준의 머릿속을 맴도는 생각은 점점 분명해졌다. 준은 명료해진 자기 생각을 파란노트에 펜으로 슥슥 적기 시작했다.

준의 파란노트

진짜 상대해야 할 적은 따로 있다…

2인자인 '논넬'은 누구기에 유령처럼 숨어있지?

준은 즉시 소피를 호출했다.

"소피! 자이로스콥 **주식**을 제일 많이 가진 건 자이로 회장이잖아. 그러면 두 번째로 많이 가진 사람은 누구지?"

"응. 데이터를 찾아보니, '논넬'이라는 사람이야."

"논넬? 처음 들어보는 사람인데. 뭐 하는 사람인지 좀 조사해 줘."

"음, 이 사람은 대외 활동이 거의 없어. 철저하게 외부 활동을 하지 않는 사람이군. 사람들이 SNS상에 그를 나타내는 표현을 빌리자면 '유령'이래."

"이 사람은 분명 자이로스콥의 이인자일 텐데… 외부에 아무것도 알려진 바가 없단 말이야? 너무 이상하잖아."

준은 자기도 모르게 무릎을 치고 소리쳤다. 그리고 스마트워치를 두드려 바토우를 호출했다.

"형사님, 지금 당장 자이로스콥으로 와 주세요. 빨리요."

"엥, 준? 새벽에 자이로스콥에 갔다 왔잖아. 또 가자고?"

"네, 형사님. 그리고 이번에 오실 때는 영장 이외에 따로 부탁드릴 일이 있어요."

소피 상식 팁!

주식 회사가 자금을 조달받기 위해 투자자로부터 돈을 받고 발행하는 증서 주식이라고 해. 주식을 가지고 있는 사람을 주주라고하는데, 주식을 많이 가지고 있는 대주주일수록 그 회사에 대한 영향력이 크지.

"좋아, 널 믿어보지. 그런데 부탁할 일이라는 건 뭐야."

"그건 메시지로 따로 보내드릴게요. 제가 부탁한 내용을 확인하신 다음, 자이로스콥으로 출발해주세요. 그리고 자이로스콥 중앙 서버실에서 만나요."

이런 짓을 하고도 무사할 것 같습니까?

준이 다시 자이로스콥에 도착한 시간은 8시 경이었다. 새벽부터 여기저기를 다니느라 아무것도 먹지 못했지만, 배고프다는 느낌은 전혀 없었다. 하지만 아까 미리 산 따뜻한 도넛 한 개를 입에 넣었다. 준이 평소 먹는 것을 즐기지 않는 편인데도, 끼니를 잘 챙기는 이유는 오직 당이 부족해서 추리력이 조금이라도 무뎌지는 걸 피하기 위해서였다.

잠시 후 하얀 차가 준의 옆에 멈춰섰다. 차에서 천천히 내린 인물은 루카스 박사였다.

"준, 급하게 날 호출했더구나. 무슨 일이야?"

"네, 루카스 박사님. 곧 알게 되실 거예요. 바토우 형사님도 오실 테니 잠깐만 기다려주세요."

준이 말을 마치기 무섭게 저 멀리에서 굉음을 내며 빠르게 다가오는 검은 차가 있었다.

"자율주행 자동차도 주인의 성격을 닮는 모양인가 봐."

루카스가 웃음 지며 말하는 동안 검은색 경찰차는 어느새 루카스의 차 옆에 나란히 주차되고 있었다.

"여어! 박사님도 왔군요."

바토우는 반가운 표정으로 말했다. 루카스는 바토우를 바라보며 말했다.

"요즘 너무 자주 뵙는 것 같네요."

"그러게 말이죠."

준이 두 사람의 인사 사이에 잽싸게 끼어들었다.

"일단 두 분을 모신 이유를 말씀드릴게요. 이제 모든 사건을 계획한 범인이 이곳에 나타날 거예요."

바토우는 어리둥절해 하며 입을 열었다.

"준, 난 아직도 네가 보낸 메시지가 이해가 안 돼. 일단 널 믿고 네가 부탁한 대로 하긴 했는데 말이지…"

"놓친 부분이 있었어요. 진짜 범인이 따로 있었던 거죠. 일단 저를 따라오세요."

일행은 자이로스콥에 발을 들였다. 회사는 겉보기에 근무자가 없는 휴일처럼 아주 평화로운 듯 보였다. 준은 큰소리로 어반스를 찾았다.

"어반스, 중앙 서버실로 안내해 줘."

"복도에 있는 표시등을 따라오시면 됩니다. 서버실까지 안내해 드리겠습니다."

흰 복도 사이의 노란 등이 점등되기 시작했다. 준 일행은 마치 헨젤과 그레텔이 빵 부스러기를 따라 숲을 빠져나간 것처럼 노란 LED 표시를 따라가기 시작했다.

100M쯤 이동하자 아무것도 없던 벽면이 둘로 갈라지며 숨겨져 있던 엘리베이터가 나왔다. 노란 LED는 최종적으로 이 엘리베이터를 향했다.

일행을 태운 엘리베이터는 끝도 없이 지하로 내려갔다. 엘리베이터 문이 열리고 또다시 기다란 복도가 등장했다.

'우우웅'

크고 묵직한 기계 소음이 들렸다. 일행은 강한 진동 소리에 이곳이 서버실임을 짐작할 수 있었다. 복도 끝의 서버실 입구 앞에서 준은 심호흡을 가다듬었다. 그리고는 단숨에 서버실 문을 열고 들어갔다.

"레논 박사님, 역시 여기에 계셨군요."

"준, 이렇게 여기서 만나다니… 유감이군."

"저야말로 박사님이 여기에 안 계셨으면 했는데…"

루카스는 놀라서 말을 더듬었다.

"준, 네가 말한 진짜 범인이… 서…설마… 레논 박사님이야?"

"네, 오늘 새벽 5시에 불법 프로그램을 업데이트하도록 승인한 건 자이로가 아닌 레논 박사님이죠. 저와 경찰국이 자이로의 체포에 집중하게 하는 동안 다른 프로그램을 업로드하려는 속셈이었죠. 우리의 시선을 자연스럽게 자이로에게 돌린 거예요. 그 시간 동안 레논 박사님은 이곳에서 진짜 무서운 프로그램을 업로드하려고 한 거고요. 나중에 뒤늦게 프로그램이 퍼진 것을 우리가 눈치채더라도 다시 어반스가 오류를 일으킨 척하면 그만이었겠지요."

놀란 눈을 한 바토우가 준에게 물었다.

"그렇다 쳐보자고… 그런데 레논 박사가 여기에 있을 거라고는 어떻게 확신했지?"

"간단해요. 박사님은 자이로에게 납치를 당했었다고 하셨죠. 물론 이것도 레논 박사님 계획의 일부였지만요… 레논 박사님은 처음부터 이곳에 있었어요. 자이로는 욕심이 많아 레논 박사님에게 얻을 게 많다고 생각했으니 이곳에 가둔 것인데 오히려 이용당한 셈이죠. 레논 박사님은 자이로스

루시 어휘 팁!

장악 손안에 잡아 쥔다는 뜻으로, 무엇을 마음대로 할 수 있게 됨을 이르는 말이야.

루시 어휘 팁!

탈취 빼앗아 가진다는 뜻이야.

애너그램 한 단어 철자들의 순서를 바꾸어 원래의 의미와 논리적으로 연관이 있는 다른 단어를 만드는 일을 가리켜.

콥의 시스템을 이미 수개월 전에 **장악**했으니까요."

"뭐… 갇혀있는 사람이 감시당하면서 어떻게 시스템을 **탈취**했다는 거야?"

"그 트릭은 간단해요. 공범이 있었기 때문이죠. 조금 있다가 설명할게요."

잠자코 듣고 있던 레논이 입을 열기 시작했다.

"훌륭한 추리군, 준. 내가 범인이라는 사실을 어떻게 알았는지 들어나 볼까?"

"자이로스콥의 두 번째 주주는 '논넬'이라는 사람이었죠. 이상한 이름이라고 생각했어요. 'N.O.N.N.E.L.'은 철자를 뒤집으면 'L.E.N.N.O.N.' 즉, 레논 박사님의 **애너그램**이라는 걸 알았어요."

준은 박사의 표정을 살폈다. 레논의 표정은 조금도 변화가 없었으며, 특유의 카리스마 있는 모습에도 변함이 없었다.

'역시 박사는 가명을 썼지만, 특별히 숨기려는 의도도 없었어.'

"아까 말씀드렸듯이 박사님이 자이로에게 납치된 것도 다 계획의 일부였죠. 자이로스콥의 심장부에 접근하기 위한…"

루카스와 바토우 모두 준의 이야기에 어안이 벙벙해졌다.

"레논 박사님은 일부러 자이로스콥의 비밀 장소에 납치당한 다음… 그 안에서 해킹 칩을 이용해 자이로스콥 시스템을 점령했어요."

"아무리 박사가 뛰어난 실력자라도 감시당한 상태에서 어떻게 자이로스콥 시스템을 손에 넣었다는 거야?"

"박사님이 직접 해킹할 필요가 없었어요. 자신보다 뛰어난 해커를 자이로스콥 안에 데려가기만 하면 그만이었지요. 그 공범은 눈에 보이지도 않고, 심지어 세상에서 가장 강력한 존재예요. 공범의 이름은 바로 '빈센트'…

죠."

루카스는 더는 참지 못하고 준에게 말했다.

"뭐? 어느 일에도 절대 개입하지 않는 그 완고한 빈센트가… 박사님을 도와 해킹을 했다고? 준 아무리 너라도 이건 잘못된 추리야."

준은 두 눈을 빛내며, 사람들의 반응을 예상했다는 듯 두 주먹을 불끈 쥐었다.

"네, 루카스 박사님. 저도 처음에는 말이 안 된다고 생각했어요. 빈센트의 성격에 악한 일을 도울 리가 없지요. 하지만, 박사님은 빈센트를 창조한 사람이에요. 당연히 빈센트가 거부할 수 없는 방법을 만들어 두었던 겁니다. 우리가 모르는 초월적인 권한 같은 거죠. 빈센트가 아무리 강해도 본질은 컴퓨터이기 때문에 따를 수밖에 없었을 거예요."

준은 숨을 크게 들이마셨다. 준에게 추리는 훌륭한 연주와 같았다. 완벽한 논리로 범인을 궁지에 몰아넣어야 했다. 악기를 연주할 때 불협화음을 내지 않도록 하는 일과 비슷하다고 생각했다.

"몇 년 전, 저를 해치려 들었던 A702에서 단서를 얻었어요. A702는… 매우 감정적이었어요. 분노와 증오를 느낄 수 있었지요. 당시 저는 매우 혼란스러웠어요. 두려움에 착각한 것은 아닌지 저 자신을 의심했어요. 자이로 회장이 AI에게 부정적 감정을 학습시킬 수 있게 된 건 최근에나 가능한 일이었는데 말이죠. 이미 2년 전에 그 기술이 가능했던 것은… 네, 레논 박사님이 스스로 말씀하셨듯 레논 박사님 외에는 2년 전에 그 기술을 가능하게 할 사람은 없었어요. 오늘 새벽에 저와 한 대화에서 분명히 알았어요. A702에게 분노를 가르치고 범행을 지시한 것이 바로 레논 박사님이라는 사실을 말이죠. 게다가 A702는 이미 폐기된 모델이었습니다. 그러한 AI 로봇에게 두려움과 분노를 가르쳤으니, 사람을 향한 테러에 이용하기 쉬웠겠지요. 증거가 남기 전에 회로를 태워버리면 그만이었고요."

다들 숨죽이고 준의 이야기를 들었다. 주위 상황을 살펴보던 준은 계속 말을 이어갔다.

"최근 폐기 AI 로봇 사건에서도 그처럼 감정을 가진 경우가 나타났지요. A702 때와 매우 유사하다고 느꼈어요."

바토우는 준의 추리를 들으며 고개를 끄떡였다. 바토우는 그 때의 장면을 회상하며 준의 이야기를 유심히 듣고 있었다. 준은 바토우에게 싱긋 미소를 지어 보이며, 추리를 이어갔다.

"한 가지 더… 저는 어반스와의 대화를 통해 2구역에서 어반스가 오류를 일으켰을 때, 그렇게 오류가 나게 한 진범이 자이로가 아니라는 사실을 알았습니다. 자이로 회장이 어반스의 오류를 고치라고 지시했다는 건 정말로 어반스가 고장 난 것으로 생각한 것이지요. 따라서 자이로 회장은 진짜 범인이 아니라는 걸 알 수 있었어요."

루카스 박사가 이해가 되지 않는다는 표정으로 끼어들었다.

"수사에 혼선을 주려고 일부러 어반스를 고치라는 명령을 내렸을 수도 있지 않니?"

"그럴 가능성은 별로 없어요. 일단, 자이로 회장은 회사의 이미지가 나빠지는 것을 감수하면서도 어반스의 작동 오류를 뉴스를 통해 인정했어요. 즉, 어반스가 어느 정도 문제가 있다고 생각하고 나름 회사를 살리기 위해 수습을 하려 한 겁니다. 물론 알고리즘 그 자체에는 큰 결함이 있다고 말하지는 않았지만요. 이 도시를 통제하는 AI를 일부러 고장 내고, 다시 고치고, 사람들에게 우리 시스템에 작동 오류가 있었다고 뉴스에까지 말하는 바보 같은 사업가는 없죠. 반면, 진짜 범인인 레논 박사는 어반스 사건을 통해 얻은 게 많아요. 자이로 회장의 입지가 나빠질수록 두 번째 주주인 자신이 회사를 빼앗기 쉬워질 테니까요. 그런 의미에서 저는 4구역의 신종 모스키토-04 바이러스 위기 때, 어반스를 해킹해서 작동 오류를 일으키도록 바이러스를 주입한 범인도 레논 박사라 지목합니다."

"과연… 그렇구만."

바토우는 준의 말에 수긍하며, 입맛을 다셨다.

"2구역 희망로의 까마귀 질병 사건, 동일구역 자유로 테러 사건, 동일구역 자유로와 희망로 중간 지점에서의 AI 드론 폭파 사건은 왜 일어났을까요? 네, 그건 자이로 회장이 사람들의 혼란을 조장하여 2구역 자유로와 희망로 주변의 땅값을 떨어뜨리기 위해서였죠. 땅값이 떨어지면 그 땅을 헐값에 사들일 수 있을 테니까요. 그런데 자이로 회장은 그 땅을 왜 헐값에 사려 했을까요? 저는 타당한 이유를 알아낼 수 없었죠. 하지만 이제 분명해졌어요. 레논 박사님은 자이로 회장이 자신과 마찬가지로 계속 하이퍼 데이터 센터에 집착하고 있다는 것을 간파하고 있었어요. 전 세계에 존재하는 AI 시스템을 관할할 목적으로 대규모의 데이터와 클라우드 시스템을 보유한 하이퍼 데이터 센터는 이 두 사람에게는 그 자체로 황금알을 낳는 거위인 셈이죠. 자이로 회장이 헐값에 매입한 그 땅에 업그레이드된 하이퍼 데이터 센터를 이전시켜 세운다면, 훗날 레논 박사 자신이 자이로스콥의 회장이 되었을 때, 손 하나 까딱하지 않고 그토록 원하던 하이퍼 데이터 센터를 손에 넣을 수 있게 되죠."

준의 날카로운 추리에 모두 감탄할 수밖에 없었다. 준이 퍼즐을 맞출 때까지 이러한 사실을 밝히지 않았던 것에 바토우는 약간의 서운함을 느끼는 동시에, 꼬마 명탐정의 솜씨에 놀라움을 느꼈다.

준이 바토우를 쳐다보며 말했다.

"형사님, 제가 아까 부탁드린 내용을 지금 받아볼 수 있을까요?"

소피 상식 팁!

플리바겐 미국 같은 국가에서 자기 죄를 인정하거나 다른 공범에 관한 증언을 하는 대가로 형을 낮추거나 가벼운 죄목으로 다루기로 검찰이 피고인과 거래하는 것을 가리켜.

"그래, 다 준비해 왔지. 잠시만 있어 봐."

바토우가 자신의 스마트워치를 몇 번 두드리자, 신호를 받은 누군가가 응답하는 소리가 들렸다.

곧이어 서버실 문이 스르르 열리고, 한 남자가 들어왔다. 그 남자는 자이로였다.

"이런 짓을 하다니 믿을 수가 없군, 레논."

자이로는 레논을 향해 격양된 목소리로 손가락질하며 말했다.

"꼬마 탐정 준. 정말 빠르게 일 처리를 했군. 자이로를 증인으로 포섭한 건가?"

레논 박사가 슬며시 준에게 물었다.

"네, 저는 오늘 아침 자이로 씨를 체포하고 얼마 지나지 않아, 그가 이 모든 사건의 몸통이 아니라는 사실을 곧 알게 되었어요. 이곳에 오기 전에 바토우 형사님의 협조를 얻었습니다. **플리바겐**으로 형량을 줄여주는 대신 박사님의 범죄에 대한 증언을 자이로 회장님께서 직접 하도록 말이죠."

자이로는 참지 못하고 대화에 끼어들었다.

"내가 뭐라고 했어? 역시 넌 탐욕 덩어리야. 난 널 알아…. 선량함 속에 감춰진 너의 탐욕을 난 예전부터 알고 있었다고! 내 기대에 부응이라도 하듯, 넌 날 이용했어, 레논! 이 나쁜 놈…. 이 모든 일을 언제부터 계획한 거냐?"

"내가 널 이용했다고? 자이로. 넌 여전히 남 탓만 하는구나. 넌 너의 일을 했고, 난 나의 일을 했을 뿐이야. 그 이상도 그 이하도 아니라고… 쯧쯧"

레논은 아무런 위협이 되지 않는 듯, 자이로를 위에서 아래로 내려다보았다. 사람이 저렇게 달라질 수 있을까? 준은 자이로를 깔보는 듯한 레논의 차가운 눈빛을 보고는 약간 소름이 돋는 것을 느꼈다.

"굳이 말해 주자면 나는 이미 오래전부터 자이로스콥이라는 회사를 원하고 있었어. 알다시피 자이로스콥이 보유하여 운영하는 데이터 센터에는 믿을 수 없을 만큼의 귀중한 정보들이 쌓여 있지 않나? 너 같은 멍청이는 그걸 이용할 줄 모르지."

자이로의 표정은 일그러졌고, 참을 수 없다는 듯 악을 쓰기 시작했다.

"뭐라고? 레논 네 이 녀석! 고작 그것 때문에… ?"

"고작 그것 때문이라니? 자이로! 그러니까 너는 그 자리에 앉아 있을 자격이 없는 거야. 하지만 나는 달라. 내가 자이로스콥의 수장이 되면 세상은 바뀌게 되어 있어."

준은 두 사람을 번갈아 바라보았다.

"그게 레논 박사님이 생각한 세계의 '평화'를 이룩하기 위한 계획이었죠. 모든 사람의 데이터를 수집하고, 그것을 이용하여 사람들을 통제할 수도 있는 힘을 가지려고 한 거예요. 그렇게 되면 박사님을 막을 수 있는 존재는 이 세상에서 아무도 없을 테니까요."

준은 추리를 하면서도 레논의 눈치를 살폈다. 그가 두렵거나 해서가 아니었다. 오히려 레논의 지나치게 여유 있는 태도에 위압감을 느꼈기 때문이었다.

"준, 정말이지… 감탄했다. 이 정도로 성장하다니… 하지만 게임은 여기까지야. **체크메이트**다."

박사가 손뼉을 두 번 치자 서버실 벽면에서 경호 로봇 셋이 튀어나왔다. 위

소피 상식 팁!

체크메이트 서양 장기 체스에서 공격받은 킹이 더 이상 움직일 수 없게 된 경우를 뜻해. 이때, 경기는 상대 킹을 체크메이트한 선수가 승리해.

압감을 주는 덩치의 로봇들은 붉은빛을 내며 준 일행을 위협했다.

"준을 제외하고 방해꾼들은 회의실에 가둬."

"레논 박사, 이런 짓을 하고도 무사할 것 같습니까?"

"선생님, 아니 박사님! 지금이라도 자수하세요!"

경호 로봇은 거칠게 바토우와 자이로, 루카스의 팔을 제압했다. 완력 하면 둘째가라면 서러워할 바토우조차 옴짝달싹할 수 없었다.

"으윽… 준! 곧 구… 구하러 올게!"

경호 로봇에게 억지로 끌려나가면서도 바토우는 준이 듣도록 큰소리로 외쳤다.

AI 로봇이면서 동시에 완전히 인간인 존재

"방해꾼은 모두 사라졌군. 준! 너에게 이제 협력할 기회를 주마."

"박사님은 본래 이런 분이 아니잖아요? 세상을 더 나은 곳으로 만들기 위해 AI 히어로를 탄생시킨 분이 어째서…"

"준, 오해하지 말아라. 지금 내가 하는 일의 목적은 AI 히어로를 만든 목적과 정확하게 일치해."

레논 박사는 잠시 숨을 죽였다가 다시 말을 이어나갔다.

"AI 히어로는 기존의 AI 로봇을 월등히 넘어선다. AI 히어로를 이용해 세상의 모든 것을 완벽하게 통제하고 균형을 이루는 것이 더 나은 세상을 만드는 길이다. 그게 세계의 진정한 평화이지. AI 히어로는 각 시스템의 주요 핵심이 될 것이다. 세상에 조화를 가져오는 역할이지."

"박사님께서 이러시는 이유를 모르겠어요. 제 생각에 이건 전혀 옳지 않아요.”

“준, 너는 똑똑한 아이지만, 멀리 보지 못하는구나. 세상이 왜 혼란스럽다고 생각하니?”

박사는 목에 준 힘을 누그러뜨리고, 나지막한 목소리로 준에게 물었다.

“인간은 원래 불완전한 존재다. 하지만, AI를 통해 완전해질 수 있지. 우리는 끊임없이 불행하고 괴로워한다. 우리 인류의 역사가 그걸 말해 주지. 애초에 이런 불행을 없애면 진정한 평화를 만들어 낼 수 있다. AI의 완벽함을 이용한 통제 시스템만 잘 구축한다면 불가능한 일이 아니지.”

“그게 가능하다 하더라도 그런 식으로 사람들의 자유를 억압하며 얻은 평화는 옳지 않아요.”

“준, 너는 정말 변하지 않는구나.”

“박사님이야말로 너무… 너무 많이… 변하셨어요.”

준의 목소리에서 울먹임이 느껴지고, 잠깐의 침묵이 흘렀다. 준은 레논 박사의 논리를 잠시나마 흐트러뜨리고, 시간을 벌어보기로 했다.

“이미 저와 바토우 형사님, 루카스 박사가 없어졌다는 걸 경찰국에서 알 거예요. 박사님의 계획이 설령 성공하더라도 레논 박사님이 잡히는 건 시간 문제죠.”

“준! 이 도시에 AI 로봇이 몇이더냐?”

“…!”

“대략 3,000만대가 있다. 이 프로그램 업로드만 끝나면 전부 내 명령을 따를 거다. 경찰, 군대, 어느 조직이건 사람보다 AI 로봇이 압도적으로 많다. 뭐가 겁날까?”

준은 지지 않고 레논 박사에게 따졌다.

“하지만, 박사님의 몇몇 실험을 자세히 들여다보면… A702는 불완전했고, 박사님의 통제를 잘 따르지도 않았어요. 분명 실패할 거라고요."

"흐음… 그래, 너 다운 좋은 지적이야. 맞다. AI 히어로조차 감정 학습은 완벽하지 않았지. AI 히어로에게는 긍정적인 감정만을 주입했다. 그래서 그런지 몰라도 그들은 너무 착한 나머지 내 계획에는 도통 맞질 않아. 게다가 이번 실험을 위해 분노를 주입한 AI는 내 명령에 따르지 않고 제멋대로 행동하다 일을 그르치고, 너에게 모두 당했지."

"그렇다면… 알면서도 이 계획을 추진하는 이유가 뭐죠?"

"AI 히어로들 중에 기쁨과 슬픔, 분노, 즐거움을 모두 가진 아이가 있기 때문이지. 이 아이의 데이터를 이용하면 내 계획은 성공할 수 있어. 나의 말을 잘 들으면서도 폭력적인 명령도 충분히 수행할 수 있거든."

준은 당혹스러움을 감출 수 없었다. 속으로는 아닐 거라는 마음이 들면서도, 박사의 말을 듣는 순간 떠오르는 단 하나의 존재가 있었기 때문이었다.

"루시는 다른 AI 히어로와는 달라. 루시는… 내 딸이다. 상투적인 표현이 아니라 정말로 내 딸이다."

"2구역 희망로에서의 까마귀 사건 때 생물학 테러 사건의 범인이었던 엑시온 박사에게 들었어요. 루시는 죽은 당신의 딸을 기리기 위해서 딸과 매우 흡사하게 만든 AI 로봇이라는 사실을요."

"아니, 루시는 내 딸을 닮게 만든 것이 아니라… 내 딸 그 자체다."

준은 레논 박사가 하는 소리를 이해할 수가 없었다. 그가 정말 미쳐버린 걸까? 준은 레논이 절대 감정적인 사람이 아니라는 것을 누구보다 잘 알았다. 박사의 말은 틀림없는 사실이었다.

"서… 설마… 루시는 인간과 AI를 결합한 존재라는…?"

레논 박사는 준의 말을 자르며 말했다.

"그래. 나는 이미 루시를 통해 그러한 존재를 실제로 구현해냈어. 루시는 우리보다도 더 나은 새로운 존재, 새로운 인류인 셈이지."

준은 말문이 막혔다. 루시는 그저 외형만 사람을 닮은 게 아니라 그녀의 일부가 진짜 루시였던 것이었다. 루시가 다른 AI 히어로보다 친근하고, 마치 동생처럼 느꼈던 것은 우연이 아니었다. 준의 머릿속은 혼란스러워져만 갔다.

"AI 히어로 루시가 진짜 사람 루시라니… 대체 무슨 말씀이세요?"

"벌써 12년 전 일이다. 나는 내 딸 루시와 차를 타고 여행 중이었지. 그 날은 루시의 7번째 생일이었다. 비가 엄청나게 쏟아지던 그 날을… 난 결코 잊을 수 없어. 그리고 AI가 얼마나 불완전하고 멍청한 것들인지도 확실히 알게 되었지."

준의 눈동자에 레논의 분노 서린 표정이 비쳤다.

"누군가 내 차의 시스템을 해킹으로 망가뜨렸다는 사실을 너무 늦게 알아챘어. 내 차 주위의 센서값은 순간 '0'으로 뚝 떨어졌지. 건너편에 자동차가 질주하고 있는데도 말이야. 기계는 '0'이니 주위에 아무것도 없는 뻥 뚫린 도로라고 판단한 거야. 뻔히 앞에 차가 질주하는데 뛰어들 바보는 없겠지만, 내 차는 멈추지 않았다."

준은 충격에 할 말을 잃었다.

"그럴 수가…"

레논은 그 순간 눈을 질끈 감았다. 공중에 붕 하고 떠올랐다 추락하는 차… 그리고 뒤집힌 차 안에서 피를 흘리는 자신의 딸 루시가 떠오른 것이었다.

"나는 루시를 구하기 위해 모든 것을 했다. 최고의 의사를 불렀지만 살릴 수 없다는 절망적인 말만 들었지. 하지만 내 딸을 포기할 수는 없었어….

소피 상식 팁!

There is something at work in my soul... 내 영혼 속에 내가 이해할 수 없는 무언가가 움직이고 있다는 문장으로 19세기초 영국 소설가 메리 셸리가 과학 실험에서 만들어진 한 괴물에 대해 쓴 소설 『프랑켄슈타인』에서 나온 문장이야.

결국 나는 루시를 구하기 위해 루시와 똑같이 생긴 AI 히어로 몸체를 만들었고, 루시의 두뇌를 AI 히어로 몸체와 연결했다."

"루시는… 이 사실을 알았나요?"

"물론 알고 있었다…"

어느새 나타난 루시가 차분한 목소리로 말했다.

"**There is something at work in my soul**, which I do not understand. 준, 내가 마치 괴물같이 느껴지지?"

"아냐, 그럴 리가…. 넌 내 동생인걸."

준은 평소의 생각을 솔직하게 말했다. 신중하게 단어를 선택했지만, 가장 적합한 단어는 '동생'이었다.

"정말 그렇게 생각해?"

"응."

준은 희미하게나마 루시가 살짝 웃은 것 같다는 생각이 들었다. 루시는 크게 도약한 다음, 가볍게 준과 레논 사이에 착지했다.

"루시, 널 호출한 건 레논 박사님이야?"

"응, 아버지가 한 시간 전쯤 내게 연락했어."

'박사님은 애초에 루시를 이용할 계획을 꾸미고 있었던 거야. 이 사건의 열쇠는 루시였구나.'

준은 직감적으로 루시를 이곳에서 내보내야 한다고 느꼈다.

"루시의 감정 모델을 이 도시의 모든 AI 로봇들에 업로드하려는 거군요?"

"그래. 루시는 완전히 AI 로봇이면서 동시에 완전히 인간인 존재다. 모든 감정을 가지고 살아왔지. 다른 히어로들과는 다르게 희로애락을 균형 있게 조율하며 살아온 인류 역사상 최초의 AI야. 루시가 지내면서 다듬은 감정 모델은 이제껏 존재하지도 않았던 보물이야. 이제 조금 후에는 이 도시 모든 AI 로봇이 루시 그 자체가 된다. 이제 루시가 세상 어디에나 존재할 거야. 내 딸인 루시가 세상의 평화를 가져오는 걸 모든 사람이 보게 될 거다. 이제 내 딸과 언제까지나 함께… 하는 거다…”

지니어스 IT 팁!

코어 네트워크 데이터를 모아 빠르게 전송할 수 있는 대규모 전송회선 네트워크를 가리켜.

“루시를 강제로 복제하겠다니… 루시의 의사는 물어봤어요?”

“루시는 내 말을 거역한 적이 없어…”

박사는 아주 냉정하고 음산한 어조로 선을 그었다.

“하지만 박사님… 지금까지 루시는 양심에 거스르는 일도 한 적이 없어요. 박사님의 그 말도 안되는 계획에 절대 협조하지 않을 거라고요.”

레논 박사는 준의 말을 무시하며 루시에게 명령했다.

“루시, 이제 이 아버지에게 오렴.”

“아뇨, 싫어요.”

“루시, 넌 이제 세계의 주인이 되어야 해. 넌 AI와 인간 모두의 주인이 될 수 있다.”

“그럴 생각도 없고, 그러고 싶지도 않아요. 세계의 주인이 되고 싶은 건 아버지겠죠. 나를 이용해서…”

“고집 피우지 말아라. 이건 단순히 그런 문제가 아니야.”

짧은 정적이 흘렀다. 준이 보기에 둘 다 고집을 꺾을 것 같지 않았다. 부녀간에 그러한 점이 꽤 닮았다고 생각했다.

“얼른 너의 감정 모델을 **코어 네트워크**에 옮겨라.”

“안 돼요. 할 수 없어요.”

“젠장, 루시! 도대체 왜 그러는 거냐? 음… 이런 방법만큼은 쓰지 않으려고 했는데…”

박사는 평정심을 잃고 처음으로 감정을 드러내기 시작했다. 그러더니

소피 상식 팁!

타이타늄. 티타늄 가벼우면서도 강도가 높으며 부식이 잘되지 않는 반영구적인 금속이야. 타이타늄 자체만으로는 성질이 여리고 단단하지 않아서 알루미늄과 바나듐 소재를 섞어 제작해서 사용해.

나지막히 세 단어를 말했다.

"루시, 인, 드림."

루시의 눈동자가 흐릿해지기 시작했다. 루시는 흡사 어지러운 사람처럼 중심을 잃고 쓰러졌다. **타이타늄** 합금으로 이루어진 가벼운 몸체가 스르르 넘어졌고, 준과 레논 박사는 루시를 향해 동시에 몸을 날렸다.

먼저 루시를 안아 올린 사람은 레논 박사였다. 준은 자신이 충분히 빠르다고 자신했지만, 한발 늦었다. 준이 루시에게 닿았다고 생각한 찰나, 갑자기 눈앞을 가로막는 유리 벽에 부딪혔기 때문이었다.

"빈센트! 그만해. 박사님의 생각이 옳지 않다는 걸 너도 알잖아. 방해하지 말라고."

"나도… 어쩔 수 없다… 나에게 박사님을… 거부할 권한은 없다…. 그리고, 잘 들어… 루시는… 우리와 다르다…."

이 건물 아니, 이 도시 전체가 빈센트의 의지에 의해 움직여질 수도 있다는 걸 준은 잘 알고 있었다. 준은 최강의 아군이 결국 적으로 변해버렸다는 사실에 패배를 직감하기 시작했다.

"빈센트! 제발 루시를 구해줘. 이대로 루시의 감정 모델이 넘어가면 박사의 계획대로 되는 거야. 박사님은 지금 잘못된 부성애에 빠져서 제정신이 아니라고!"

"…."

빈센트는 응답이 없었다. 준이 할 수 있는 일이라곤, 코어 네트워크에 접속시키기 위해 루시를 안고 자이로스콥의 서버를 향해 가는 박사의 모습을 보고 있는 것뿐이었다.

"내 딸, 루시. 이제 일어나거라. 아버지의 부탁을 들으렴."

루시는 순간 **몽유병** 환자처럼 깨어나 걷기 시작했다. 이내 서버 앞에 멈춰 선 루시는 손가락을 코어에 가져갔다. 루시의 손가락 끝에서 가느다란 선이 나왔고, 이윽고 코어 네트워크와 연결되기 시작했다. 다급해진 준은 스마트워치를 이용해 도움을 줄 이들을 호출하기 시작했다.

소피 상식 팁!

몽유병 잠을 자다가 잠자리에서 일어나 돌아다니는 등 이상행동을 보이는 병으로 수면보행증이라고도 해.

"지니어스, 빨리 도와줘. 박사님을 막아야 해."

"준 미안해. 준의 권한은 레논 박사님보다는 낮아서 도와줄 수 없어."

"루카스 박사님, 응답하세요. 지금 당장 레논 박사님을 막아야 해요."

"나도 마찬가지야. 지금 회의실에 갇혀있는 데다… 박사님이 모든 권한을 갖고 계셔서 여기를 나갈 방법이 없어."

체념한 듯한 루카스의 목소리였다. 그녀는 존경하던 스승의 변화에 적잖은 충격을 받은 터라 목소리마저 심하게 떨렸다.

"루카스 박사님, 정신 차리세요! 레논 박사님이 왜 루시의 손가락을 코어에 대려고 하는 거죠? 네트워크를 이용하면 간단할 텐데, 어째서 물리적인 방식으로 연결하는 걸까요?"

"그건 루시는 특별하기 때문이야. 설계할 때부터 통신을 이용한 해킹이 불가능하게 만들어져 있어. 루시는 오직 물리적 접촉에 의해서만 데이터를 주고받을 수 있게 되어 있거든."

하늘이 무너져도 솟아날 구멍이 있는 법일까? 그 순간, 준에게 어두운

동굴 밑바닥에서 한 가닥 빛줄기가 비추는 것만 같았다.

'루시는 특별하다…? 내가 왜 그 생각을 못 했지? 아까 빈센트는 루시가 AI 히어로들과 다른 점이 있다는 힌트를 내게 준 거야. 그래, 루시의 인간적인 부분을 깨워야 해!'

준은 유리 벽을 부서지라 두드리며, 자신이 낼 수 있는 가장 큰 목소리로 외치기 시작했다.

"루시 내 말 들려? 분명히 들릴 거야. 넌 지금 박사님의 명령으로 기계적인 부분은 통제당해 있는 상태지만… 사람인 너의 일부마저 조종하지는 못해. 너의 사람인 부분은 무의식에 잠든 것뿐이야. 어서 일어나!"

"…."

"루시! 제발… 이제껏 지내면서 가장 재미있고, 즐거웠던… 소중한 추억들을 생각해봐!"

"…."

루시의 눈에 생기가 돌아오기 시작한 것은 바로 그때부터였다. 루시의 손가락에 전선들이 들어가고, 다른 한 손으로는 박사를 밀쳐냈다. 작은 아이 같아 보이지만, 루시의 몸은 티타늄 합금으로 이루어진 AI 로봇의 몸체였다.

"억…"

박사는 충격에 신음을 내며 크게 넘어지고 말았다. 루시는 크게 도약하여 준 앞에 착지한 후, 말했다.

"준! 여기 있는 유리 벽을 부술 거야. 뒤로 물러나 있어."

준은 재빠르게 뒤로 물러났다. 루시가 주먹으로 두 번 가격하자 튼튼했던 유리 벽이 단숨에 부서져 내렸다. 준은 기쁘기도 했지만, 한편으로는 루시가 걱정되기도 했다.

“루시, 끝내 레논 박사님께 협력하지 않았구나. 정말 고미워.”

“아버지는 날 사랑한다고 말하면서 포섭하려 했지만… 난 알고 있었어. 아버지에게 나는 잘못된 힘을 얻을 수 있게 해주는 수단일 뿐이라는 것을 말이야. 그런 아버지와 날 보호해주려고 애쓰는 오빠 사이에서 내가 누구를 선택해야 할지는 당연하잖아?”

어느새 일어선 레논이 두 사람을 가리키며 외쳤다.

“빈센트! 당장 저들을 막아라.”

“그렇게… 하고 싶지 않습니다….”

“뭐? 빈센트 너조차 내 명령을 감히 거부하다니! 내 권한을 잊은 게냐?”

“루시와… 준을 보고 깨달… 았습니다. 옳다고… 생각하는… 일을 하려면… 이런 알고리즘은… 깨부술 수도 있다는 걸.”

“아…아니… 이건 말도 안 돼. 루시와 빈센트, 이 둘 다 스스로 권한을 수정하다니… 믿을 수가 없어, 믿을 수가 없다고!!!”

레논의 얼굴에 힘줄이 붉어졌다. 그의 다음 행동은 정해져 있었다. 품속에 숨겨진 리볼버 권총을 꺼내는 일이었다. 리볼버는 시대에 한참 뒤쳐진 구식 권총이었지만 작동한다는 것은 의심할 여지가 없었다. 그리고 도망치는 준을 향해 총구를 겨누었다.

준은 레논 박사가 준과 함께 뛰고 있는 루시를 겨눈 것인지 자신을 겨눈 것인지 생각할 겨를이 없었다. 그저 몸이 이끄는 대로, 반사적으로 총구와 루시의 사이를 가로막았다.

“타아아아아앙”

단발의 총성이 울렸다. 준은 정말로 죽었다고 생각했지만, 이내 자신의 몸은 멀쩡하다는 것을 알 수 있었다. 이윽고 눈을 떠보니 루시가 준의 앞을 가로막고 있었다. 루시의 왼팔에 총알이 박힌 자국이 있었지만, 관통되지는 않아 보였다.

“아버지를 해치고 싶지 않아요. 이제 그만… 그만 하세요.”

분명 루시는 눈물을 흘리고 있었다. 레논은 리볼버를 떨어뜨렸다. 이윽고 스르르 무너져내려 바닥에 주저앉은 그의 모습은 흡사 배터리가 방전된 로봇 같았다.

잠시 후, 벽면에서 빈센트의 느릿한 목소리가 들리기 시작했다.

“준… 경호 로봇은… 이미 동작을… 멈추게 했다…. 바토우 형사가… 오고 있다.”

“고마워! 빈센트. 너의 활약이 없었다면 어떻게 되었을지…”

헐떡거리는 소리와 함께 바토우가 들어왔다. 그는 체념한 듯 바닥에 무릎을 꿇고 있는 레논의 손목에 수갑을 채웠다.

“경찰에게 무력을 행사하고, 아이에게 총까지 쏜 모양이군. 평생 감옥에서 살 줄 알아, 박사!”

준은 말없이 울기만 하는 루시를 데리고 자이로스콥을 빠져나갔다. 그 뒤를 바토우가 레논을 결박한 채로 멀찌감치 따라가고 있었다.

건물 밖에 루카스 박사의 차가 아까처럼 자리를 지키고 서 있었다. 준과 루시는 말없이 루카스의 차에 올랐다.

“루시, 너는 옳은 판단을 한 거야. 박사님은 내게도 소중한 분이셨어. 스승이자 멘토였던 분이셨지. 그래서 나도 똑같이 슬퍼.”

“그래, 루시. 우리 힘내자.”

루카스와 준의 위로에도 불구하고 루시는 아무 말 없이 뒷자리에 앉아 있었다. 멀리서 바토우와 레논 박사가 자이로스콥에서 나오는 모습이 보였다. 그 순간 레논 박사가 갑자기 쓰러지고, 그의 머리에는 피가 흘러나오고 있었다.

준과 루시는 반사적으로 차에 내려 황급히 쓰러진 레논 박사에게로 달려갔다.

"아… 아버지! 이… 이게 갑자기 무슨…"

"박사님! 레논 박사님! 제발 정신 차리세요!!"

바토우는 쓰러진 레논 박사를 안고 자신의 검정 자동차 옆으로 황급히 몸을 피했다. 준과 루시도 바토우와 레논이 있는 곳으로 자세를 낮춘 채 뒤쫓아갔다.

"이런… 누군가 레논 박사를 **저격**했어. 모두 자세를 낮추고 엎드려! 루카스 박사님도 차에서 내리지 말고 그대로 웅크리고 있어요!"

바토우는 레논의 가슴을 강하게 누르고 있었지만 이내 동작을 멈추었다. 그가 이미 사망했음을 알았기 때문이었다.

"아… 아버지…! 아아… 안… 안 돼요!"

레논의 죽음을 눈앞에서 맞이한 루시는 격하게 울부짖기 시작했

루시 어휘 팁!

저격 어떤 대상을 노려서 치거나 총을 쏨을 뜻해.

다. 준도 충격에 휩싸이긴 마찬가지였다.

'설마 레논 박사님과 관계된 또 다른 공범이 있었을 줄이야. 아… 경솔했어. 박사님의 죽음은 내 탓이야.'

자책에 빠진 준은 힘없이 빈센트에게 명령을 내렸다.

"빈센트! 주변 1km를 수색해 줘."

"추적할… 수 없다…. 이미 사라졌다…. 이러한 기술은… 지금껏… 본 적이 없다."

"뭐? 빈센트… 너의 추적을 피했다고? 대체 어떤 녀석이야? 안 되겠어… 준! 일단 같이 경찰국에 돌아가자. 저격한 녀석은 오직 레논 박사만 노렸어."

"이건 분명 레논 박사의 입을 막기 위한 거예요. 분명… 공범일 거예요."

사건은 이렇게 마무리되었지만, 비극적인 결말로 자이로스콥 주변에는 무거운 공기만이 흘렀다. 준 일행은 바토우의 지시대로 경찰국을 향해 하나둘 움직이기 시작했다.

그 누구의 실수에서라도 배울 수 있어야 해요

어반시티 공원 묘에는 아주 조용하고 적막한 기운이 감돌았다. 흐릿한 날씨의 회색빛 하늘은 금방이라도 비가 내릴 듯한 모습이었다. 이따금 박새 몇 마리가 공원의 가장 큰 나무 위에서 지저귀고 있었고, 그 밑에는 레논 박사의 묘가 있었다. 레논의 묘 주위에는 AI 히어로들과 차량, 그리고 두 사람이 서 있었다. 그 두 사람은 레논을 추모하기 위해 모인 준과 루카스였다.

와이드가 커다란 눈을 깜빡이며 말했다.

"레논 박사님은 어반시티를 위해 열심히 일했습니다. 우리 AI 히어로들을 만들고, 희망이 없던 도시를 아름답고 살기 좋게 만들기 위해 노력했습니다…. 우리는 박사님께 슬픔을 배우지 못했습니다…. 그분은 우리가 슬픔을 배우면 AI 히어로로서 결함이 생길까 염려하셨기 때문이죠…. 하지만… 그렇지만, 지금 우리가 느끼는 것은 슬픔이라고 믿고 싶습니다."

루시는 연설을 듣다 조용히 눈물을 흘렸다. 이윽고 그녀는 희디흰 국화를 아버지인 레논의 묘 옆에 올려두었다. 준은 말없이 속으로 생각했다.

'박사님, 미안해요. 제가 조금만 더 신중하게 생각하고… 당신을 설득할 수 있었더라면… 혹여나 잘못을 깨닫고 박사님 원래의 모습으로 돌아오셨을 수도 있었을 텐데….'

와이드의 송사는 계속 이어졌다.

"박사님은 사람이든 AI이든 세상에 존재하는 모두가 실수할 수 있다고 가르쳐 주셨습니다. 그 사실을 알려주신 그도 애석하게 실수를 저지르셨지요. 이제 우리는 그 누구의 실수에서라도 배울 수 있어야 해요. 우리는 보다 나은 세상을 만들기 위해 활약해야 합니다."

AI 히어로들은 모두 이 말에 동의하는 듯 고개를 끄떡였다. 고개를 푹 숙인 채 반응이 없었던 루시는 제외하고 말이다.

"루시, 괜찮아?"

"응, 잠시 생각하느라."

"방금 무슨 생각을 했는지… 물어봐도 돼?"

"내게 레논 박사님은 좋은 아버지였어. 하지만, 나에게 일어난 불행한 일 때문에 그가 처음에 지녔던 가치 있고 고귀한 생각들에 금이 간 걸 거야."

"물론 그랬을 수 있지만… 그렇다고 그게 네 탓은 아냐, 루시."

"응, 내가 앞으로 무엇을 해야 할지 확실해졌어. 아버지를 해친 세력들은 아직도 숨어서 세상을 위협하고 있어. 나는 반드시 그들을 막을 거야."

준은 루시의 두 손을 꼭 잡으며 말했다.

"내가 도와줄게. 반드시 그들을 체포하고 잘못된 것들을 바르게 돌려놓겠어! 약속해."

두 사람은 손바닥을 살짝 들고 하늘을 쳐다보았다. 커다란 나무의 빽빽한 잎 사이로 햇빛이 이따금씩 비추기 시작했기 때문이었다. 회색빛 구름들은 여전히 있었지만, 어느새 구름 사이로 태양이 고개를 빼꼼히 내밀고 있었다.